"全学习"课程改革与育人模式创新实践研究

ZOU CHU YONGCHANG
YI JIAOSHI ZHUANBIAN YINLING XUEXIAO BIANGE

走出庸常

以教师转变引领学校变革

李志欣◎著

江蘇鳳凰教育出版社
Phoenix Education Publishing, Ltd

图书在版编目（CIP）数据

走出庸常：以教师转变引领学校变革/李志欣著.
—南京：江苏凤凰教育出版社，2017.11

ISBN 978-7-5499-7025-4

Ⅰ.①走… Ⅱ.①李… Ⅲ.①教师—教学改革—影响—学校—教育改革—研究—中小学 Ⅳ.①G632.0 ②G639.21

中国版本图书馆 CIP 数据核字（2017）第 303178 号

书　　名　走出庸常——以教师转变引领学校变革
作　　者　李志欣
责任编辑　雷利军　沈倩倩
封面设计　天之赋设计室
出版发行　江苏凤凰教育出版社（南京市湖南路 1 号 A 楼　邮编 210009）
苏教网址　http：//www.1088.com.cn
照　　排　北京世纪鸿文制版技术有限公司
印　　刷　三河市九洲财鑫印刷有限公司
厂　　址　河北省三河市灵山大口
开　　本　787 毫米×1092 毫米　1/16
印　　张　16.5
字　　数　270 千字
版　　次　2018 年 6 月第 1 版　2018 年 6 月第 1 次印刷
书　　号　ISBN 978-7-5499-7025-4
定　　价　40.00 元
网店地址　http：//jsfhjycbs.tmall.com
邮购电话　025-85406265,85400774　短信　02585420909
E - mail　jsep@vip.163.com
盗版举报　025-83658579

序

绘制向光而行的教师“成长地图”

究竟什么才是推动一所学校实现可持续发展的核心力量？什么才是一所学校走向“日新日进”的强力引擎？

或许，在席卷而来的“未来教育”浪潮中，作为一所学校的“掌舵者”，都会面临一种新的选择。对于北京育英学校密云分校的李志欣校长来说，一直保持头脑的冷静和理性，在瞬息万变的表象中找到教育“不变的方向”，始终紧握一根“定海神针”——关注人的价值，“以教师的成长驱动学校变革”，正是他温和而笃定的回答。

在李志欣校长看来，人的价值永远高于技术的价值，教师才是“未来教育”中最核心的支撑力量。这正是其书稿《走出庸常——以教师转变引领学校变革》所传递给读者的一个重要信息，也是作者在日常教育实践过程中所秉持的教育理念。

全书以教师成长为主线，共分为五个部分：“课堂变奏——教师生命的重塑”“教育解放——教师良知的唤醒”“精神升值——教师成长的自觉”“理念创新——教师适合的管理”“现场透视——教师变革的追问”。沿着作者观察、思考与实践的轨迹，不难发现其目光所及不仅仅是教师的教育行为，更多的是力图通过解读行为背后的心灵密码与精神图像，在风景更深处找到那束关乎成长的隐秘“光源”。

作者为何会在书中花费大量笔墨聚焦于课堂？当一页页细细读来，方明白其中所蕴含的价值与深意。

诚然，学生 80％的时间是在课堂上度过的，如果课堂不改变，学校的教育就不可能改变。所以，教师的成长应该首先体现于课堂。从一名普通英语教师一步步走来、从未脱离课堂的李志欣校长，深谙其中的奥义。正是基于这种认识，他将课堂之于教师的重要意义放在了第一位。

他在书中这样定位课堂之于教师的意义："课堂魅力重重、神秘重重、问题重重，课堂教学蕴含着无限的可能、无限的不确定、无限的意味。教师只有全身心地创造属于自己且属于学生的课堂形态，才能创造出一片崭新的教学天地。"

在课堂上，李志欣校长最关注的不是教师的讲，而是学生的学，是"无限的不确定"中即时生成的问题。"我在听课时常会发现，学生在回答的问题中往往会生成新的问题，诞生精彩的观念。此时，我希望教师能把教学进度放慢下来，给学生反思、辩论和展示的机会，但令人失望的是，教师要么没有注意到这稍纵即逝的问题，要么没有给学生尽情展现思维的空间，就转入下一个教学活动和任务了。"

他认为，一节课最关键、最核心、最精彩的地方和最重要的价值就是不同的问题能生成、精彩的观念能诞生，就是教师和学生处理这些问题和观念的过程与智慧。因此，他对一堂好课判定的标准，并不仅仅在于任务完成得如何完美，方法策略如何多样，学生配合得如何流畅，课堂容量如何丰满，而是学生有没有问题生成的情境，有没有精彩观念的表达机会，有没有思维碰撞的机遇。"问题"会把学生引进一个比他们的经验和自我世界更宽广的天地。

从中我们似乎可以窥见作者对"学生立场"的深度思考，也不难看出其教育敏感来自对学生的深刻认识和精准把握。一直以来，学校教育往往在口头上喊着"儿童立场"，却常常以成人惯有的思维，把成人的需求当作学生的需求，以成人的兴趣代替学生的兴趣，最终以牺牲学生的幸福和快乐为代价，实现预定的教育目标。而本书所要告诉我们的，正是如何将"学生立场"无处不在地渗透于课程、教师、管理这一教育的"铁三角"内的一些实际做法。在日常工作中，帮助教师养成追问深究的习惯，树立"学生立场"的思维方式，锤炼研究学生的基本功，也成了作者的"日课"。

李志欣校长不仅善于追问、勤于反思，更敏于行动、敢于尝试，总能在且"破"且"立"中独辟蹊径，寻找解决问题的有效途径。他不仅描画出理想课堂的样子——以问题为主体的课堂，是尊重差异、注重对话、关注生命成长的课堂，是知识、生活、生命产生深刻共鸣的课堂，更重要的是，他探索出了具有较强可行性的一些方法和策略。为此，他还调整了自己随堂听课的方式，改为“学室学习走访”，即由过去过分关注教师的“教”转移到主要观察学生的“学”，观课完毕，把观察到的学生情况反馈给学生，让学生了解自己上课时的优点和缺陷。

他组织了“翻烂一本经典，主攻一个专题，精研一位名家”的“三个一”读书行动，建立了“教师成长志愿者共同体”自组织，组建了“零作业下的教学改革研究”微信群，参与了“中教之声蒲公英评论”“教博读书联合会”“全国本真教育研究会”等微信群，通过聚集志同道合者，共建交流圈，形成价值共同体……

他力图通过各种形式的学习，让教师们明白，“教师在工作和成长中仅有强烈的愿望还不行，更关键的是，当自己的教育观念和行为遭遇阻碍时，要善于自觉地审视自己，重建教育观念，转变行为方式”。他精心设计各种活动，引导教师们形成自己的教学风格，把自身的智能、情感、精神和意志等与学生和教学建立起联系，从而产生一种深刻影响学生心灵的力量，让教学“真正地发生”。

春风走过，大地知道。成长，不能“被设计”，但可以“被唤醒”；成长，不能“被培训”，但可以“被点燃”。成长就像一粒种子，一旦给予其适宜的阳光、空气和水分，丰饶的土壤，就会按照自己的节奏破土而出。或许，这也正是一所学校要“走出庸常”的奥秘所在。

在李志欣校长眼中，虽然每一名教师都是一粒不一样的种子，但都有向教育家不断靠近的可能。而他，也用自身的成长经历做出了生动的诠释。华东师范大学的陈玉坤教授认为，教育家的成长途径有三条：敏于教育发展的盲点，善于把握社会需要与自身优势的结合点，勇于探索教育的难点。早在山东省利津县北宋一中担任校长期间，李志欣就找准了教育的盲点和难点，开始了一场以“零作业”为切入点、撬动学校整体变革的大胆探索。面对相对落后的校园环境，他非但没有放弃践行“学校的职责就是领导学习”“让教师学习领导变革”的理念，而且在深入探索学校制度与机制变革、构建教师学习型组织和研究实践新课程理念下的实际行动中走出了一片新天地。

在教师成长必经的路途上，校长究竟应该担当什么样的角色？李志欣始终信奉苏霍姆林斯基的一句名言："对学校的领导首先是教育思想的领导，其次才是行政的领导。"他深信，学校领导者教育思想的影响力永远都超过行政职务的影响力。因此，无论是在山东省利津县北宋一中，还是在北京育英学校密云分校，他都奉行这样的理念："谁有思想，谁就是学校的领袖。让教师思想中流淌出来的价值观和行为文化，作为学校新旧传统的桥梁，实现学校传统文化的流程再造。"

如果说本书为读者构筑出了一幅立体生动的"教师成长地图"，那么作者的这种思想则是照亮整张地图的一大"光源"。沿着这一光源，也似乎让读者看到了一股源源不断、生机勃勃的力量正在从生命深处涌起、回旋、激荡、蒸腾、生长。

张桂玲

目 录

第一章 课堂变奏——教师生命的重塑

第二章 教育解放——教师良知的唤醒

第三章 精神升值——教师成长的自觉

第四章 理念创新——教师适合的管理

第五章　现场透视——教师变革的追问

第一章

课堂变奏——教师生命的重塑

教学改革需要教师的真实参与

听了几位课改成功学校校长的讲座，我为他们“铁腕”治校的勇气与智慧叫好。这些校长坚信，对于教学改革，学校所有人员都要坚决执行，只有如此，改革才能顺利进行，才能获得成效。他们不怕得罪人，虔诚地用实际行动描画着教学改革的图景。有的学校一跃成为全省乃至全国的课改名校，前往参观访问者络绎不绝，校长成了名校长，不少教师也成了名师。但静心一想，又觉得对于这些学校的广大教师来说，改革其实是外力控制下的一种行动，甚至可以说是校长一人思想引导下的改革。

每一位教师都有自己的教学风格，学校统一模式下的教学改革，其效果肯定因人而异。某些教师能够把握好这一模式，并指导学生在这种模式下更好地学习，但其他教师呢？

有的课堂，把学生请上讲台，而教师走下讲台，基本不说话，完全由学生主导。甚至在有的课堂上，教师连教室都不进，学生变成了教师。这样的课堂看似还给了学生，但教师的作用该怎么发挥又成了一个新问题。教师的不讲是大有学问的，需要教师暗中去影响学生，需要教师人格的熏染、智慧的启迪、情感的触动和方法的点拨。同时，课堂不能只有学生的活动，还要有学生“静悄悄的思考”。

学生在课堂上的展示与表现，虽然可以培养其合作、交流、表达等能力，但也可能带来这样的问题：为了一时的展示，学生会把精力过多地投入展示内容的准备工作中；出于展示的需要，学生往往追求正确的答案和精彩的表现，这样难免会有意无意地回避问题的出现，从而影响思维的深化。

时下的课堂，由过去的依赖教师变成了现在的迷信学生。把教学改革的方向定位于转变学生的学习方式是没有错的，但要避免走极端。统一的课堂教学模式肯定是有问题的，教师所应该做的是要努力探索适合每个学生的教育，在开发每个学生的潜力、促进每个学生发展的前提下，切实改革教学方式；同时，因材施教、因类指导的教学传统，是万万不能丢弃的。在这种思想指引下的自主、合作、探究学习方式，才是符合新课改精神的。

以上种种问题，与统一模式的教学改革有很大关系。我认为，学校内部的改革，尤其是课堂教学的改革，应该从管理驱动走向研究驱动。教师有兴趣去研究和思考课堂，就会主动地改变自己的课堂。作为校长，我们应该做的就是创建一个引导、促进教师自主思考、参与研究的平台，及时捕捉教师的创造性经验并进行整合、提炼和推广，在可能的情况下，把它变成学校的改革项目，支持一部分教师共同攻关、协同解决问题。这样，学校有多少基于问题解决的类似项目，就会有多少创造和收获。

我崇尚自下而上的“草根式”教学改革，也就是有教师热心参与、积极推动的教学改革。当然，平心而论，目前出现的由校长强势推行的教学改革，是在应试教育背景下的一种不得已而为之的学校行为。这种被逼出来的教学改革如果缺少教师的真实参与，不会走得太远，更不会有实质性的成效。

课堂是教师自我修炼的重要场域

课堂魅力重重、神秘重重、问题重重，课堂教学蕴含着无限的可能、无限的不确定、无限的意味。教师只有全身心地创造属于自己且属于学生的课堂形态，才能打造出一片崭新的教学天地。

教学相长，师生相长，课堂教学是师生在生命交流中不断成长的过程。通过自己的学识才情、人格气象、道德修养等唤醒学生生命成长的自觉；启迪学生的灵魂，引导学生发现、拓展其创造性。这些谁能做到？唯有教师。

教师的智慧能引发学生的创造性。教师能创造令学生终生难忘的学习场景，让学生体验到思考的艰辛与愉悦；点燃学生探索大自然奥秘的激情，让学生领悟生活的意义和人生的价值。学生的生命状态与能力发展方向在很大程度上关乎课堂教学的效果与质量，而课堂教学质量又关系着学生精神品质的塑造与幸福指数的提升。

对于这些本来能享有的经验财富和精神财富，不少教师却不知道珍惜，不懂得自己去积累、总结和提升，往往只是期待专家对其实践经验进行梳理提炼，渴望领导给予关注重视，憧憬媒体给予宣传推介。试想，自己丰富的甚至独创的教学经验，却要依靠外部力量进行挖掘提升，缺失了自我总结、自我提炼、自我提升的历程，这或许是这些教师教了一辈子书却还是一个“教书匠”的缘由所在，也是现在农村学校很难出现教育家的真实原因。

教师教学水平的提升是一个厚积薄发的过程，课堂教学不只是一种简单的技术操作。教师只有拥有广阔的专业知识背景，才能透视并了解教育的本质，才能理解课堂的真谛，使自己的课堂充满智慧与活力。遗憾的是，不少教师不想、不愿，更不能做到及时汲取新知，丰富和提升自我，致使其文化知识的积累不仅没有增加，反而在逐渐减少。

苏霍姆林斯基说过这样一句话："如果你想让教师的劳动给教师带来一些乐趣，使天天上课不至于变成一种单调乏味的义务，那你就应当引导每一位教师走上从事研究这条幸福的道路。"那么试问，我们考虑过自己的教学研究重点是什么了吗？我们是否有自己的教学主张？我们的教学研究方向和专业发展目标是什么？

德国教育家第斯多惠曾在《德国教师培养指南》中提出，教师要团结互助、互通有无、取长补短，经常交流教学经验，双方相得益彰，提高教学水平。他认为，青年教师应该每星期抽出一个晚上的时间，约请几个知心朋友欢聚一堂，研究基础学科，按顺序探讨，最好根据一个教师的教学笔记进行研究，交流经验，尤其是一些细节……每月用一天的时间或半天的时间参加教师联合会活动，参加所有小组的活动。在团队学习的浸润与影响下，个人成长才会有丰厚的土壤与适宜的气候。而这样的组织，这样的生活，我们参加了吗？我们感兴趣吗？

教育是科学，需要求真；教育是艺术，需要创造；教育是事业，需要奉献；教育是生活，需要激情。我们的工作要为学生的终身学习奠基，为学生的终身发展奠基，为学生的终身幸福奠基。我们准备好了吗？

名师的精神财富中包含的素养可能并不全面，但他们对学生一定有强烈的发自内心的热爱和尊重，一定在某一教学领域达到了艺术的境界，有自己独特的理论体系与创新精神，就像孔子、苏霍姆林斯基、陶行知等人那样。当走进他们的世界时就会发现，原来他们曾经都是那么普通和平凡，只是他们都长久地站在自己的课堂上，他们都满怀激情与梦想挚爱着教育事业，他们都敞开博大的心胸包容和接纳学生。走进他们的世界，我们读懂了教育家的精神实质：奉献于教育，痴迷于教育，坚守于教育，创造于教育！我们是否有他们那样的情怀和素养，能否像他们一样耐心地守望呢？

这些都是我们一线教师要寻找的一种光源——能够引领教师超越庸常生活、唤起心灵觉醒的力量的光源。我们每个人的心灵深处都隐藏着不计功利、基于人性自然生长的成长愿望，但是已经埋得太深太深。我们要创设属于自己的光源，努力维护自己的那份独特的精神财富，这样才是作为一名教师的精神与人格本色。

明天的课堂是什么样子的呢？我们不期望它没有变化，也不期望它能在一天或一年之间发生根本性变化。我们只希望一线教师要明确自己的课堂教学方向，敬畏自己的课堂教学价值，坚定地走自己的路，不再过多地依赖他人、听命于他人。

明天的课堂可以多一点生活的味道，多一点人性的关怀，多一点思想的培育……请记住，这些都是我们一线教师独特的精神财富，我们要保护、积累、提炼。实践总归要与理论对接，理论必须服务于实践。如此一来，未来的教育家就是你。

在教材解读中弭除“本领恐慌”

综观近几年的中小学教学改革，从课程理念到具体的课堂教学，确实发生了很大的变化，教师和学生都有很多的收获，可以说，新课程的实施为深化素质教育、推进课堂教学转型提供了一个很好的运行平台和实践载体，特别是课堂的有效性得到了极大的改观与提高。

但是，通过对目前很多教学问题的思考与分析，我们可以隐约地感到，应试教育的弊端仍然存在，片面的人才观和学生观还大有市场，刻板的评价机制抑制了教师和学生的主动性和积极性。这些因素导致了“千人一面”“千校一面”，教师和学生难以得到充分自由的发展。

对中小学实施的教学改革，我们应该有这样一个基本的认识和判断：教学改革要始终以学生智慧成长和教师专业发展为价值旨归和最终目的；教学改革的核心要素是“教与学”，最为关键的实施载体是“课程与课堂”，最重要的支持因素是“教师专业成长”，最重要的实施路径是“一切从实际、实践、实效出发，按教育规律办事，向科研要质量”。

我认为，不管进行什么样的教学改革，谁也绕不过“课程”与“课堂”这两个领域，否则，任何改革都会偏离航向，成为无源之水、无本之木；而“教与学”和“教师专业成长”问题，也必须围绕课程与课堂展开，以聚焦“课程”与“课堂”作为解决问题、改变师生生活样态和提升师生生命质量的着力点。

在推进素质教育和新课程改革的背景下，课堂自然成为改革实践和检验成果的主阵地。因此，各个学校都纷纷进行课堂教学改革，于是各种各样的课堂教学模式如雨后春笋般冒了出来，如洋思中学的“先学后教，当堂训练”、杜郎口中学的“三三六”自主学习、潍坊第十中学的“小组合作学习”等。“自主、合作、互助、探究”正在成为学生的主要学习方式，教师在课堂上不再是滔滔不绝的讲解者，而是变成了“导演”，在课堂上少讲精讲，尽量把学习和展示的时空留给学生，学生越来越活跃、越来越开心、越来越聪明了。这种教学景象，似乎正是我们所期待、所追求的。

由此看来，似乎我们的改革是很成功的，没有什么问题，但是事实并非如此。当我们聚焦某一节课的时候，却发现存在这样的问题：一是教师的教学设计以教材内容为中心，教学目标单一。知识与技能目标强，过程与方法目标、情感态度与价值观目标弱。二是教学方式与方法运用单一。活动内容机械重复，活动形式多为一问一答，从活动效果上看，教师评价多，内容方面的精选整合、联系生活的实际应用、针对个体的分层指导、多元互动的评价交流少。三是师生、生生深度互动性不强，合作学习环节实效性不高，忽略了人际交往因素对学生发展的作用。四是学生课堂学习机会差异较大，部分学生跟不上课堂进度。五是课堂教学密度小、节奏慢、容量少、效果不理想。这些低效、无效甚至呈负效的种种问题，使课堂出现了许多不和谐的因素，从而导致教学质量出现滑坡、下降。

之所以会出现上述现象，我认为并不是因为教师缺乏有效的教学策略。很多优秀教师曾经探索了许多有效的教学策略，如有的注重学习目标的全面性，提高目标达成的有效度；有的注重学习过程中选择学习材料的多样化，激发学生主动参与的有效性；有的注重探索学习方式自主化，提高师生互动的有效性；有的注重学习评价的激励性，有效激励学生自主学习；等等。但是，事实往往与理想相悖，无效性在很多时候还是占据了上风。教师在苦苦追寻课堂教学有效性的道路上，似乎忽略了一个重要的内容——教材解读。实际上，教材解读是实现有效教学的支撑点，缺了它，有效性就不会保持长久，就无法构建真正的有效课堂。

教材解读是教育教学中的一项基础工作。这种基础性，使得它被多数教师忽略，甚至遗忘。教材是课程理念、教学思想、有关知识的“集结体”，也是教师开展课堂教学的一个基本依据。对于目前正在实施的新课程改革，不少教师希望能得到具体的指导，获得成功的实验经验；希望能有更多的外出培训机会，与外界交流，不断更新自身的教育理念；希望有科学的评价机制；希望加大宣传力度，让社会和更多的家长理解改革；希望循序渐进，因地制宜；希望各级管理部门给予重视，提供更加完善的教学资源；希望得到学校对教师专业成长的长期支持。从这些希望中，我们可以感受到教师们正在遭遇前所未有的“本领恐慌”。

要消除这一恐慌，大多数教师想到的是依赖外部的力量，而较少考虑如何通过自己的力量来更好地解决问题。我认为，解读教材就是一种有效的破解“本领恐慌”的方法，是有效教学的保障和支撑。如果不能踏踏实实地研究教材、理解教材、使用教材，就不可能有合理的批判、科学的质疑，当然也就达不到“用教材教”的境界。

由于应试教育的长期影响，大部分教师解读教材只是停留在“以课就课”的层面，把精力过多地放在解读习题和教辅材料上。我建议，教师在创造性地解读教材时，应该认真研究诸如国家课程标准中提出的目标在教材中是如何体现的、单元知识间的联系和内在逻辑关系、各个知识板块的起始点和发展方向、教材编者的意图、如何梳理知识网络图等问题，挖掘隐含在教材中的有用信息，掌握学科教学的规律。

教材是一个常研常新的知识文本和情智文本，它需要教师不断进行补充和丰富，需要教师加入自己的思想和智慧，需要教师与之进行平等的、真实的对话。教材观的变化，其实就是教师专业自信的回归，专业自信带来的是课堂的有效运行。

因此，对于教材解读，我们应该潜下心来，精心研究，让它成为破除“本领恐慌”的力量源泉，激发实施有效教学的热情和智慧，以此促使专业发展进入一个自由境界，同时也让它成为构建教研文化的一种新型的有效形式。

教材解读能使课堂更有效，有效的课堂则会带来教师的专业自由，专业自由则会让师生有更广阔的成长时空。

在教材的破与立中提升英语课堂对话品质

在英语课堂中，对话教学是最重要、最常见的一种教学策略。对话教学是对传统课堂教学中教学目标、教学方式等方面的革命。它是互动的、交往的教学，是沟通的、合作的教学，是创造的、生成的教学，是敬畏每个生命、以人的发展为目的的教学。但是，根据多年来对自我教学的反思和对同事课堂教学的观察，我发现大多数教师在准备课堂教学对话时，基本上仅围绕教材和教参，首先确定好教学重难点，再选择相关的操练方式，目的主要放在了任务的顺利完成和内容的熟练程度上。

我认为，要想实现提升英语课堂对话品质这一目标，必须站在课程的高度，从教材的破与立中寻找突破口。

其一，基于课程标准整体设计对话教学，再造课堂流程，展开对话。课程标准限定的是学生的学习结果，基于课程标准的对话教学设计，就是教师根据课程标准对学生规定的对话结果来确定教学目标、明确评价方案、设计对话活动，要求教师整体思考课程标准、教材、教学与评价的一致性。因此，我在准备对话教学时，打破了传统的课堂流程，把课堂按照对话内容及其功能和特点进行流程再造。新的课堂流程共分为五个环节：一是目标定向，即师生共同明确对话和探究方向，确定核心问题及对话话题；二是学生先学，即学生根据教师提供的对话材料进行生本对话，为合作对话做准备；三是合作对话，即在班级内形成小组内部成员之间、小组之间、生生之间、师生之间的广泛多向对话，以满足不同层次学生的学习需求；四是点拨拓展，即教师依据合作对话情形和学生的展示效果，适时点拨、梳理和引导，与学生展开深度对话；五是反馈评价，即对课堂教学效果进行反馈与评价，对学习成果和对话过程予以精当点评。

为了使课堂对话更加高效，提高学生课堂互动的可控性，我开发了与课堂流程相一致的学与教的载体——课堂学习模板。模板明线是学生学习的流程，暗线则是教师教学的流程。通过课堂学习模板，引导学生发现问题、提出问题，进而在课堂上展开讨论交流、合作对话。内容不仅有适合学生操作的学习目标，而且提供了根据课程标准和学生学习实际而设计的对话文本、对话方法和对话形式等。

这样，整堂课的活动不再是按照教材编排顺序展开，而是根据对课程标准、教材、教学与评价的统整思考，以及对学与教的过程、课前自主学习与课后巩固的思考，进行的一体性设计。师生便能不囿于教材，根据课堂流程自由展开对话，更容易建立新旧知识之间的联系，随机产生灵感，进行思维碰撞，生成一些精彩且充满智慧的课堂对话。

其二，把对话导入现实生活，通过艺术形式和手段实现对话创生功能。英语学习的普遍规律大体上可以概括出下列几点：由原结构到新结构、由单模式到复模式、由接受到表达、由模仿到创造。英语作为一种语言，来源于生活，必须运用于生活。英语学习是艺术性活动，艺术是生活的结晶。英语的学习、发展及运用，既具有艺术的所有基本特征，如创造、美感、节奏、灵感等，又包括在英语学习中各种专门艺术形式和手段的运用，如英语游戏、英语歌曲、英文诗歌、英语图画、英语情景剧等，其内容都与学习者的思想、感情、修养等相和，产生共鸣。

为此，我经常把这些英语学习的艺术形式和手段作为设计对话的载体，积极创设教学情境，实现文本知识与现实生活的对接，模仿和再现英语文化语境，将英语学习由生硬的、枯燥的文本导向鲜活的、有趣的生活。这样，学习者就会很容易进入真实的、自然的、自由的语言对话之中，扮演艺术再创造的角色，从而在不知不觉中掌握英语。

除了灵活运用多种英语学习的艺术形式和手段之外，我尤其把情景剧表演作为提升对话品质的主打项目，经常鼓励并指导学生根据教材内容或课外阅读文本选择剧本自行编排，布置简易的场景，准备简单的道具，设计富有表现力的动作和旁白进行表演。有时让学生在课堂上表演，有时干脆带领学生走出教室，到操场、草地、商场等地方去表演。

这种形式的对话教学，同样打破了教材的编排顺序和内容，根据需要重新寻找和创新对话形式和内容，给学生提供了较大的活动空间和想象余地，激发了学生主动说英语的积极性，开阔了学生的视野，增长了学生的见识，有利于学生灵活运用所学的知识，能够培养学生的审美能力与合作精神，训练学生良好的心理素质，因此，对话品质也自然得到提升。

其三，以学习型组织为载体，捕捉生发资源，构建对话新意义。目前英语对话教学存在两个误区：一是教师认为对话即“谈话”，夸大了学生的自由，出现主题缺失的对话局面，忽视了对话的共生性；或者认为对话即“问答”，交流受到正确答案的限制，对话的思路受到阻塞，学生不能充分地表达自己的思想与观点。二是对话过程中学生由于散落在课堂里，学生的集体共享思维过程缺失，课堂上缺乏科学的组织管理，有效的合作意识难以形成。

为了摆脱英语教学中的两个误区，追求高品质的对话，近几年我创建了一种课堂组织形式——学习型组织。它是按照教学相长的原则组建管理单位，在综合分析学生特点的基础上，将班级中的学生分成10个左右的单元合作学习小组，每个小组一般由4人组成，4人分别属于A、B、C、D四个层次，每个学习小组就是一个学习型组织，每个学习型组织都有自己的组织文化和组织结构。

这就方便了对话的具体操作，英语对话教学中常见的师生对话、生生对话、生本对话，很容易形成一个以学生为核心的完整的网状对话结构，打破了传统教学中单一的师生对话以及合作学习中单一的生生对话，最大限度地为学生提供对话合作的机会。

比如，在我探索实践课堂教学的五大环节中，“学生先学”环节就是实现生本对话的自由阵地。在这一环节中，学生根据第一步“目标定向”师生共同设定的学习目标，在自主阅读文本的基础上，揣摩作者和编者的意图，进一步深化认识，为师生对话和生生对话提供对话素材和问题。在这一环节中，教师指导学生在文本的基础上进行联想，对其中的“不定点”进行生发。

“合作对话”环节，是实现生生对话的主要场域。在这一环节中，学生以学习型组织为基本单位，或在组织内部进行对话，或在组织之间展开对话。在对话的过程中，首次机会要让给层次较低的学生，一人代表本组发言时如果有漏洞或不足，本组其他成员可以及时补充。鼓励组织内部的创新与生成，如果组织中某一成员有创造性发挥，当堂为该组织加分，并将分数记入课堂评价档案，每周进行汇总表彰。奖励不以个人为单位，而以组织为单位，本组 A 层次学生与其他组 A 层次学生比，本组 B 层次学生与其他组 B 层次学生比，以此类推，每个人都有获得表彰的机会。因此，学生为了本组织荣誉而都积极主动地参与到对话活动中来。

“点拨拓展”环节，则是实现师生深度对话的主要空间。在这一环节中，教师充分发挥自己的水平，结合自己的文化背景与生活经验，在与学生对话中进行点拨、梳理和引导。对话的过程也是开展“头脑风暴”的过程，学生在这种情境里，思维容易被迅速激活，表达的欲望强烈，会出现奇妙的智慧生成，会促使学生自觉构建新的对话意义，课堂对话场面会精彩纷呈、高潮迭起。

由于英语学习环境的缺乏，学习语言知识本身会出错，语言的交际运用更加会出错，这导致英语课堂相较于其他学科的课堂有更多的错误。我把学生在对话中出现的错误当作一种难得的课程资源，对纠错者与答错者同样给予鼓励，这样就会加深他们对正确知识的理解和记忆，不但使学习变得有趣，也使学生的思维得到了空前的调动。课堂对话中产生错误的时候，正是师生在课堂上对教材重新调整、生发学习资源的最佳时机，妥善地处理错误是提升对话品质的一个重要且有效的策略。

在这样的课堂上，教师面对的不再是一个个学生，而是一个个团队，学生之间的对话也是以团队形式出现的，因为每个团队都有严密的组织原则，加上多元评价思想的渗透与以人为本、民主思想的观照，课堂上的对话体现了师生与生生之间平等、民主、和谐的关系，激发了学生主动参与对话的愿望，从而提高了学生的英语学习质量。

对话不是强制的，不是被人操纵的，而是双方的一种合作。同时，教师自身自觉的专业化成长是提升对话品质的基础，教师要不断地进修学习、读书反思，提高自己的跨文化交际能力和英语文化修养，不断提升自己的听说读写能力，及时把握最新的教学思想和方法，了解最新的阅读、对话资源；同时也要鼓励学生通过不同渠道多读书、多研究，融入生活和世界中去，丰富自己的人生阅历。这样，师生才能在基于课程的高度上创造性地运用教材，才有能力在对教材的破与立中提升英语课堂对话品质，实现英语课堂教学的有效性。

建构以问题为主体、实现生命对话的教学

学生时代的课堂留给我的印象主要有两点：一是教师的风格，如幽默、严谨、富有智慧、饱含激情等；二是教师的素养，如会写一手漂亮的毛笔字、会说一口标准的普通话、会唱几段京剧等。此外，就是对一些诸如表扬或批评感触较深的细节。而对教师的教学行为，尤其是课堂上生成的、师生共同关注的问题，大都已失去印象。那时，每个教师的课堂教学基本遵循如下流程：复习旧知—导入新课—讲授新知—巩固训练—布置作业。学生的学习行为不外乎被动听课、回答提问、做题背诵、完成作业等。从小学到中学，似乎没有多大的变化。

这其实就是典型的以教师为主体的课堂行为表现。这样的课堂，教师处于绝对权威地位，学生失去了自主学习的权利和意愿。课堂不是以思维性问题为主线，而是跟随着教师的讲授学习知识，听不明白的即是课堂问题。

好在过去以教师为主体的课堂行为之不足已被多数人认识到，于是新课堂行为应时而生。新课堂以学生学习与成果展示为主，甚至让学生走上讲台主持课堂教学，教师走下讲台，做学生学习的辅助者。这样的课堂就是以学生为主体的课堂。

在大家纷纷推行以学生为主体的课堂改革中，我发现了一种普遍的现象：为了尽快在全校落实以学生为主体的教学行为，学校往往强硬要求全体教师采用统一的教学方法、执行统一形式的教学方案等，目的是逼迫教师给予学生更多的自主学习时间，以落实以学生为主体的要求。

我认为，这种要求全校所有教师在统一模式的框架下实施的教学，抹杀了教师教学的鲜活个性，忽略了教师应起的引导与影响作用。在这样的课堂上，学生就像驯兽师训练出来的动作程式化的动物。这样的课堂不是

定位在问题这一主体上，而是定位在把课前或课后已经解决的问题拿到课堂展示上，只是为了教而教，课堂因此缺失了育人功能和心灵呼应，无法体现其本真价值和意义。

过去是教师自发控制学生，现在是学校通过控制教师来控制学生，实际上，以教师为主体的课堂和以学生为主体的课堂都是专制下的思想禁区，都不是心灵自由的课堂。殊不知，真正的理想课堂应该是在平实自然的教学秩序中，学生在教与学的互动中，切实享受安全与舒适的求知氛围，更享有精神与智慧上的追求、兴趣上的保持、情感上的温暖。试想，这样的课堂效益能不高吗？

我越来越感受到，课堂中应该有第三种形式的主体起作用。也许课堂既不应以教师为中心，也不应以学生为中心，在课堂上，教师和学生应该同时专注于这一主体，从而自觉地形成一种新的课堂秩序。在这样的课堂上，教师不再依赖教材来维系教学，师生都在追求智力发展和精神愉悦。教师不会通过控制学生的思维来管理课堂，而是凭借自身的专业魅力牢牢地抓住学生的好学之心。教师的教始终追随着学生的学、服务于学生的学，师生共同沉浸在思维碰撞的极度兴奋状态中。那将是一种怎样的教学境界啊！

基于上述思考，我在课堂教学实践中将学习点拆成有思考价值的问题，实行学习赋权，通过学生不同的学习方式，不断暴露新问题。于是，问题就成为课堂的主体，成为师生、生生思维碰撞的导火索。这样，伴随着问题这一主体的真实存在，课堂上，教师可以当学生，学生可以当教师，彼此借助问题向对方表达自己的见解，展示自己的思维成果。

当然，无论是教师还是学生，在设计问题时，都要努力避免大量的机械训练，观照知识的来龙去脉与知识之间的相互联系，为独立思考和探究新问题创造机会。在这样的课堂上，学生不仅会自主发现问题，生成精彩的观点，掌握其中的规律、性质和联系，还会独立地、清晰地表述自己探寻问题的过程与思路。

以问题为主体的课堂是能真正实现生命对话的课堂。在这样的课堂上，学生不会被忽略，问题会把他们引入一个比他们的知识与经验更宽广的世界。教师也不会被忽略，教师的任务就是激活课堂主体，把自己的知识和经验与学生已有的知识和经验自然对接。由此，教师和学生就能够直接进入彼此的思维系统与生命背景中。

我在听课时常会发现，学生在回答问题时往往会生成新的问题，诞生精彩的观点。此时，我希望教师能把教学进度放慢下来，给学生反思、辩论和展示的机会，但令人失望的是，教师要么没有注意到这稍纵即逝的问题，要么没有给学生尽情展现思维的空间，就转入下一个教学活动和任务了。

很显然，这意味着教师没有理解和把握以问题为主体的课堂的真正内涵。评课时，与一些教师沟通，常常听到这样的解释：没有注意到这些生成的问题和观点，怕停下来完不成教学任务，怕自己控制不了课堂，备课时没有准备这些问题，等等。

而我认为，一节课最关键、最核心、最精彩的地方和最重要的价值就是不同的问题能生成、精彩的观点能诞生，就是教师和学生处理这些问题和观点的过程与智慧。

一堂好课，并不仅仅在于任务完成得如何完美，方法策略如何多样，学生配合得如何流畅，课堂容量如何丰满，而是学生有没有问题生成的情境，有没有精彩观点的表达机会，有没有思维碰撞的机遇。

课堂真正有价值的学习资源不仅是教师事先准备的材料，不仅是教师期望学生说出的正确答案，也不仅是学生识记的知识和那些所谓的秘诀和技巧，而是课堂上生成的问题和观点，是批判性思维的培养与展现。

因此，我认为，想要构建以问题为主体的课堂，教师要引导学生运用批判性、创造性、多元性的思维去进行质疑，鼓励学生在学习过程中提出问题、分析问题、解决问题，做自己思维的主人，不畏权威，不受束缚。

作为教师，我们需要直面生命个性，了解学生的真实兴趣和情感；需要创造机会让学生生成观点，敢于质疑，构建自己的立场；需要尊重和欣赏学生的选择和幼稚，把错误作为教育资源和真正学习的起点；需要跨学科整合课程，为学生提供更有意义、更有价值的学习。

由此可见，以问题为主体、实现生命对话的课堂是今后教学改革的必然趋势，有助于提升课堂的内在品质。让问题、思维、对话成为课堂教学的主要元素，如此，我们才能真正获知和理解学生的学习，最大限度地促进学生的学习，让课堂上思维随处可见、学习真正发生。

在自主课堂中用好“自主学习”

我一直认为，课堂上的学习是以学生自主学习为主的。我不提倡整堂课都以小组为单位展示学习为主的所谓合作学习，即使需要这么做，也应该建立在课前自主学习或课上自主学习与思考的基础之上。教师要想提高自己的课堂效率，务必研究与探索自主学习的奥秘。之所以有此观点，也是源于当下对自主学习的一些误解与低效地实施。下面我根据多年来自己的实践体会，谈谈对自主学习的理解。

自主学习具有主动性。当学生对学习产生了浓厚的兴趣，体验到学习这一脑力劳动给他带来的愉悦与享受时，学习活动便不再是一种负担，自主学习就容易在学生身上发生。在平时的教学中，我喜欢把学习的一些权利交给学生，比如，我一般不领读，而是请那些口语好的学生代替我领读，因为我想给学生更多的训练机会。我一般也不讲解问题，当把批阅完的试卷发给学生时，我会请学生先讲解，甚至让他们进行辩论。我认为这样会让学生充分认识到学习是自己的事情，是一种义务和责任，由此学生会产生对学习的积极态度和敬业精神。这种情感驱动下的学习才是一种真正有效的自主学习。

自主学习需要尊重差异。每个学生都是独立的生命个体，都有展示和表现自己独立学习能力的欲望。但是，当下不少学校不给学生自习时间，不少教师包办代替严重，导致学生的学习缺乏逐步独立的过程。同时，面向全体学生“一刀切”式的教学方式，忽略了学生的个性，没有做到尊重差异，也影响了自主学习的独立性。

自主学习需要有思维含量的优质问题。我一直提倡构建以问题为主体的教学，教学中的问题发现与设计至关重要，因为产生学习的根本原因是问题。在听课过程中我发现，教师设计的多数问题缺少思维含量，基本都是机械训练性的问题，教师虽然不断地启发并激励学生积极回答问题、提出疑问，但是学生表现得不够主动，甚至不愿意回答问题。而当教师突然提出了一个具有批判性思维特点的问题时，学生的眼睛亮了起来，纷纷举手抢着回答。这就说明课堂有没有问题，有没有能诱发和激起求知欲望的优质问题，是多么重要。课堂上应该把问题看作学习的动力和起点，并将问题作为贯穿学习过程的主线；同时，要注重学习过程中生成的问题，并创造机会让学生发现、提出、分析、解决这些问题，也就是让思维可见，让学习可见。

课堂上少有自主学习的场景与机会，不外乎三种原因：一是教师信奉讲授式教学，喜欢一讲到底，习惯告诉学生答案；二是过于强调合作学习，课堂追求表面的热闹与形式；三是教师不懂得如何进行适时的点拨、引导与点评。另外，有些教师对自主学习存有一种偏见，认为自主学习就是让学生自己背诵、阅读、做题等，从而限制了学生自主学习的空间，使学生被动地参与课堂学习。

下面我举一个案例，是我撰写的评课反思。课堂上，教师好像时刻在努力实现有效教学，运用了自主、合作等学习方式，但理性地看，其中存在很多自主学习下的低效甚至无效因素。

2009 年 2 月 18 日下午第一节课，我走进了张老师的思想品德课堂。首先映入眼帘的是，学生每六人为一小组，相向而坐；全班共有七个小组，教室南北两侧各三个小组，中间一个小组，看起来非常整齐，像古代军队的方阵一样。看来这个班正在实验小组合作与自主学习。

张老师在“方阵”之中穿梭，一边走动，一边检查学生的自主学习情况，学生的表现非常精彩，回答流利熟练。

这一环节之后，张老师布置了一项任务，学生立即开始准备，大约两分钟后，张老师开始检查。令人惊奇的是，张老师不是点学生的名字，而是只喊第几小组，如喊第 2 组，第 2 组的一名学生立即站起来回答；喊第 3 组，第 3 组的一名学生立即站起来回答……

整堂课效率较高，容量较大，节奏较快。小组合作运用自如，学生自主学习意识强烈，根据题目内容，该谁回答就谁回答，层次性较强。课堂教学以学生展示为主，教师敢于大胆地让学生表述，自己退居幕后，担任

“导演”的角色。

但仔细观察便会发现，课堂上存在低效性甚至无效性劳动的迹象。如在提问学生时，有的学生看着事先准备好的答案回答，看似效果很好，但隐藏着潜在的危机：学生因能看着答案回答，便有在课下“投机”的机会，其勤奋程度会大打折扣。而此时教师只是把关注点放在了答案的正确性上，没有发觉学生看答案回答这一现象。

还有一个问题就是，教师在学生回答完所有问题后，问学生是否有持不同意见的，此时没有一个学生提出异议，看来应该是学生全部明白了，但是教师又从头讲了一遍。我认为这是不必要的。

希望今后教师能根据学生的实际情况，坚持以学生自主学习和展示为主，以小组互动和评价为手段，关注每一个学生的生命体验。教师要注重学生思维的生成性，不该讲的不要讲，该让学生做的让学生做，灵活掌控教学的节奏。在学生需要过程体验的时候，要学会耐心地等待，等待迟开的花朵，等待“丑小鸭”的表现。迟开的花朵同样是春天的骄傲，丑小鸭终有一天会蜕变成白天鹅。

在提问时，应要求学生合上手头的材料，教师不仅要关注问题，更要关注学生的学习表现状态；不仅要关注回答问题的学生，更要关注全班所有的学生。教师要鼓励学生大胆地提出不同意见。教师要有自信心，相信自己，更要信任学生。

无疑，自主课堂是践行“以学生为中心”教育理念的课堂，其指向重点是培养学生的学习能力、思考能力、学习兴趣和自我约束能力，而不是知识的机械灌输。在这样的课堂上，教师应成为学生的指导者和朋友，学生应该成为自律的学习者，成为对自己学习行为负责的求知者。这样的课堂，其教育目的是造就终身好学、会学的自主学习者，造就对学习有持久的好奇心的主动学习者；学生可以参与教学，课堂上自主、合作、探究，有质疑和发表观点的自由和权利，而不是一味地服从或信奉教师和教材等。说到底，就是教师主动给予学生学习的自主权和选择权。

那么教师应该如何竭尽全力寻求方法去满足学生的需求，从而创建积极的自主课堂呢？美国的里德利、沃尔瑟所著的《自主课堂：积极的课堂环境的作用》一书中提出以下几点。

一是要创造让学生有足够的安全感的情绪环境，使学生具有迎接学习中挑战的勇气。教师还要创建一种承认自己有知识的漏洞或学习中的过错的交流场景，把学生的错误作为一种课堂学习资源。这样，教师和学生就会成为教学过程中的合作伙伴。

二是要努力使教学变得生动有趣，注重设计的问题、任务与学生生活的联系。教师要用一些灵活多样的方式向学生提供信息，让学生参与到学习活动之中，有机会用自己所学的知识来做事，使学生感受到学习的过程是有趣味、有意义、有收获的。

三是要帮助学生树立学习的自信心，要以某种有建设性、激励性的方式给予学生及时、准确的反馈，不断给学生创造各种学习的机会；要不断指导学生如何有效设定学习目标，如何依据自己确定的目标一步一步走向最理想的发展方向。

四是要使学生感到自己有价值，有与他人联系的机会且能受到他人的尊重。教师要始终支持自己的每一个学生，不论是与学生课余时间的交往，还是通过所讲的课程与学生对话，都要关注各种水平的学生，让每一个学生都感到有收获。

五是要大胆赋予学生某些职责，让学生人人有事做，这有助于学生从另外的角度看待学校。学校也是一个社会组织，而不仅仅是单纯学习知识的地方，学生来学习是需要交往的，需要通过一些活动任务练就合作能力、团队意识、独立解决问题的能力等。

六是培养学生的选择能力。教师应乐于听取学生的意见，让学生拥有参与、选择课堂活动的权利以及与教师共享管理课堂的权利，规则一起制定，执行互相监督，甚至惩罚也是学生自己说了算。共同创设一些课堂活动，让学生进行自我评价。

备课中隐藏着提高教学质量的全部秘密

走进办公室，看到每一位教师都在忙碌着，感动之余便不好意思去仔细检查他们的备课情况。走进教师的课堂，却让我大失所望：他们到底在办公室里忙些什么？是否只是抄去年、前年的备课笔记，以应付教务处对教学常规的检查？

我们还会经常发现这样的情景：不少教师因忙于一些琐碎事务，上课铃一响，便迅速整理一下教材，粗略浏览一下将要教授的内容，就直接拿着教材或教辅走向教室。无疑，这样的课堂显然是没有准备的，自然课上得不会流畅生动，甚至还会出现一些知识性的错误。课后，有责任感的教师若静下心来反思，肯定会深感惭愧和遗憾。

当前教师备课主要有两种弊端：一是缺乏灵活性。教师主要备的是自己要讲的东西，而不去认真研究课程标准、解读教材、分析学生。二是缺乏创造性。教师把备课变成了写教案，而不是运用多种课程资源、教学素材和学习工具，使自己的教案师本化，甚至生本化。虽然教材是重要的课程资源，也是进行教学的重要依据，但不是唯一的课程资源。教师完全可以因地、因时、因人对教材进行增删、取舍、简化、重组和创造，这样才能设计出好课。教师备课要源于教材、尊重教材，但必须跳出教材，才能创造性地使用教材。

教师是一项富有创造性的职业，创造源于备课，有了创造性的备课，教师才会创造性地驾驭课堂、创造性地指导学生，才会产生创造性的教学成果。

鉴于以上认识与分析，我要求教师必须改变传统的备课方式。过去，教师常常按照教学目标、教学重难点、教学方法、教具准备、教学步骤、板书设计、布置作业这些项目备课，写出每一个教学环节和师生双方的活动。那么如何改变呢？在学习借鉴教学改革先进学校成功做法的基础上，我与教师们按照新课程标准的要求，创造性地自主开发了三种学习载体，以代替过去传统的备课方式、教学方式和学生常规的课外生活方式。这三种载体是“单元自主学习指导纲要”“课堂学习指导纲要”和“双休日（节假日）生活指导纲要”。

一备“单元自主学习指导纲要”。主要是引领学生课下自主学习，以此对课堂教学起到重要的辅助作用。内容具体分为“教材分析”“知识建构”“背景知识”“问题展台”“学习评价”五个板块。它解决了教师平时课下向学生发放大量资料，布置各种形式的机械性、重复性书面作业的问题。

“单元自主学习指导纲要”不同于一般意义的课前预习。以前的课前预习，往往是让学生对将要学习的内容有所了解，更多的是让学生接受现成的结论。而“单元自主学习指导纲要”是以单元为单位，以研究的方式对将要学习的内容展开探讨，更多的是让学生展示自己的想法和疑问。教师仅仅提供纲领性的学习内容，并提供学习方法和学习目标，让学生自主思考、寻找问题、自主评价。尤其是“背景知识”环节，为学生提供了丰富的课程资源。这就实现了课前学生真正地进行自主学习，课堂不再是知识学习的开始，而是学习的进一步延续与深化。

二备“课堂学习指导纲要”。遵循“以学定教”的原则，整体优化“目标定向”“学生先学”“合作探究”“点拨拓展”和“反馈评价”（小学为“课堂风向标”“自主展示台”“合作探究营”“魔法炫秀场”“七彩回音壁”）五个环节，保障学生的学习当堂达标。

“课堂学习指导纲要”是根据前置自主学习情况、提供的背景材料或设置的活动、发现的问题进行的可操作的学习行为设计，以此引导学生发现问题、提出问题，进而在课堂上讨论交流、合作探究。其明线是学生学习的流程，暗线则是教师教学的流程。内容不仅有适合学生操作的学习目标，而且提供了根据课程标准和学生学习实际而设计的学习资料、学习活动、学习问题和学习方法等。

“课堂学习指导纲要”体现的价值主要有四个方面：一是重视学生的课前自主学习，课堂学习任务的实质是将学习点拆成思考的问题，不仅仅是知识梳理，更重要的是认知铺垫。二是实现学习赋权，创造条件让学生充分展示，以便了解其学习进展、暴露其学习中的问题。课堂上的问题呈现也是一种学习，课堂上由学生主持学习活动。三是小组学习机制。学生之间能够合理分工及互助，小组间产生积极意义的竞争，绝不放弃每一个学生。四是精神激励与自我管理。学生精神品质的张扬、学生自我管理能力的形成等课堂生成品质，表现得淋漓尽致。这样就实现了从课堂教学到课堂学习的转型。课堂基本要素体现为前置性学习任务、诊断性预习梳理、关键性递进问题、针对性共同作业、生成性学习指导。

三备“双休日（节假日）生活指导纲要”。以一周为单位，为学生提供丰富多彩的综合实践活动。要求教师为学生提供广泛的学习资源，并开展有益于学生健康成长的实践活动，做好学生的生活指导工作，真正把时间、健康和能力还给学生，让他们过一个既充实又轻松且有收获的双休日或节假日。国家课程与实践活动有机结合，是一种新型的校本课程建设的尝试与探索。

从以上三个纲要的设计意图与实际操作中可以看出，我们把新课程改革期待的自主、合作、探究的学习方式巧妙地融合在三个纲要中，课堂内外自始至终遵循“以学定教”和“问题主体”原则，课堂管理是以“学习共同体”的形式开展合作学习。三个纲要相互衔接、相互补充，实现了课内与课外的有效衔接，教师因此有了课程开发的意识与智慧，开始用自己研发的课程上课，实现了国家课程的校本化。备课、上课等行为变为研究与实验，教师不再是专家的依附者，而是拥有专业自主权的教育者、研究者。

备课观念与方式的变革，是突破现在流行的导学案弊端的一种新的思考与实践，它实现了课堂教学流程的再造，是新课程改革在实践中的一种大胆尝试。它破解了提升教学质量的全部秘密，而这也正是当前基础教育走出误区、新课程改革顺利推行的关键。

从单一目标走向“全局性理解”

在论述“核心素养”如何在教学中渗透这个问题之前，教师首先需要厘清两方面的问题。一是“双基”、三维目标和核心素养三者之间的关系。简单地说，它们不是谁代替谁、谁否定谁，而是育人目标、学科育人价值在不同教育阶段的具体体现。二是学生学习知识是为了当前分数，还是为了未来生活。“核心素养”的出现，很好地解答了这两个问题。

教师需要从关注知识、关注学业成就转向关注育人、关注素养，需要从教学走向教育。多关注与生活相关的知识、知识内涵的掌握和知识的实践运用等，也就是让知识成为素养、变成智慧。

首先，教师应该有一种自主意识，能突破传统教育教学观念的局限，主动挖掘非常规教学内容的学习价值，去拓展日常教学内容的边界。

教师要敢于超越基础知识与基本技能，直指培养学生必备的核心素养；敢于超越传统学科与彼此割裂的学科，面向新兴的、综合的、有差异的学科，进行跨学科的课程整合；敢于超越区域性学习观念，直指面向世界的学习理念；敢于超越对单纯知识的掌握，能够观照现实世界与未来生活的内容；敢于超越既定内容的学习，为学生提供多元的课程与学习选择。

其次，教师应以“未来智慧”的视角看待教学，用“全局性理解”来重构学习的知识。

《为未知而教，为未来而学》一书的作者戴维·珀金斯认为，“全局性理解”包括“深刻见解、采取行动、进行道德判断和机会”四个方面。比如，“民主”概念是如何体现“全局性理解”的呢？

深刻见解：“民主”的相关概念为我们提供了关于不同国家和人民的状况、关于世界一体化的深刻见解。

行动：对“民主”概念的全局性理解让我们能够通过主张解决哪些问题、追求何种方式来采取行动（如表明立场、表达抗议、经过深思熟虑后投票等）。

伦理道德：对“民主”概念的全局性理解能够激发对有效民主模式和民主实践的道德性追求。

机会：当今世界，有很多机会让我们能够仔细考虑民主问题，如你的祖国发生了什么事、其他国家时局如何、某些机构空间的民主说辞等。

从一个问题、一节课到一个单元、一套课程，再到整体的跨学年课程、面向全球和现实世界，运用“全局性理解”这一概念来思考和实施教学，一定会提炼出具有创造性、开放性的问题，让知识在生活中融会贯通，帮助教师建立一种新的单元体系，不断更新学科、重构学科，促进从“学习主题”到“学习工具”的转变，为有效教学创造良好的机会，从而为学生发展核心素养做好准备。

教师要学会搜集、整合大量的关于课堂的有用信息，使之为自己所用，学会运用线上学习的方式快速领略名师的经典教学经验与成功案例，积极主动参与或承担学校的一些教学改革项目，这对快速提升教学能力，做到从单一目标走向“全局性理解”，大有裨益。

做课堂教学改革的“业余爱好者”

想到这个题目，尤其是想到“业余爱好者”，是缘于我与一位普通老教师的邂逅。这位让我无比敬佩的教师就是躬身于课堂教学改革，倾心于自己一生热爱的教育事业，因摔断肩胛骨却发现了一套全新的课堂教学理念与方式而闻名全省的焦胜玉老师。

2010 年，我曾真诚地邀请焦老师到我校把他的实践与思考呈现出来，从而让我校的教师都能有所启发，都能受到教益。

称焦老师为课堂教学改革的“业余爱好者”，对此我必须先做一说明。“业余”是本业之外、工作之余的意思，焦老师身处教学第一线，本不应该称其为“业余爱好者”，但这是鉴于对当下教育情形的思考。时下，很多一线教师并不十分热爱自己的职业，仅把每天的工作当作公事来干，对自己所教的学科几乎没有兴趣，把本来充满生命气息和创造机遇的教育事业干得乏味枯燥。加之目前教育界诸多所谓的创新、改革，也大多数是基于学校和上级主管层面的行动，教师这一职业就更是变成了被动的事业，哪来主动性和爱好可言？

焦胜玉老师那年已经 52 岁了，在我所见到的教师中，这么大年龄的教师大多已经退居后勤，即使在一线课堂上奋斗的，也是四平八稳地等待退休，谁还想到改革？谁还想在课堂上有所创新？焦老师的第一学历是高中，他没有接受过专门的师范教育，他的身体并不好，患有糖尿病，但是这些本来也许会制约其事业发展的消极因素并没有阻止他奋力前进和创新思考的步伐。

焦老师把课堂教学改革视为自己生活的一部分。他把生命献给了课堂，他说：“我有时为了备课、准备材料，常常半夜 12 点以后才休息，但是我并不感觉累。”做自己喜欢的事情，当然不会感觉劳累。我想，任何人专注于自己的业余爱好活动时，都不会感觉劳累。因此，我称焦老师为课堂教学改革的“业余爱好者”便自然成立，同时这种称呼也彰显出焦老师的人格魅力、对事业的追求以及对人生的姿态。既然做了教师，就要如焦老师一样，把自己的事业当作爱好，尽其一生的精力去好好呵护、经营它。

焦老师的课堂被称为“精彩主持，智慧生成”的课堂，关于这种课堂的详细操作与实录，在此不再赘述。在他与教师的交流中，我对以下思想和话语感悟颇深。

第一是“舍弃”。在课堂上，教师要舍得给学生留出思考与展示学习成果的时间和空间。很多陈旧的东西，如果不能舍弃，就会成为负担。

第二是“获取”。获取不是“得”，不是把别人成功的经验拿来为自己所用，而是用别人的经验来验证自己。要尊重自然的力量，尊重学生自然发展的规律。课堂上要相信学生，教师唠叨得多了，学生就不能按自己的思路学习了。教师还要相信自己，大胆进行课堂创新的尝试；放下师道尊严的架子，如果总是认为自己是课堂的主宰，就无法和学生平等地交流。因此，课堂上要放开，要放给学生主持的权利，放给学生管理的权利。

第三是“陪伴”。教师要转变自身的角色，成为学生的引导者、评价者和服务者，其中更重要的角色是服务者。教师要陪伴学生高效地学习、快乐地成长。

焦老师曾说：“学生精彩主持，不应该是让主持人代替老师讲课，而应该是学生大胆提出问题，进行补充质疑，大胆展示，表达出自己的观点，也就是创造一切机会让学生表现。精彩主持的关键是表达，‘主持’前面加上‘精彩’，是对学生的激励。学生们通过辩论表达，就能达到智慧生成。探讨得出的一切新的东西，就是智慧生成。课堂上想要保证效果，就要接受检验，让学生自己检验自己的学习情况。”焦老师的课堂上，到处潜藏着对学生的激励。在课堂上建立一种超越传统课堂的新规则，这种规则并不都是教师指点的，而是即兴产生的。焦老师只是简单地向学生交代他们的主持任务，这种任务就是鼓励学生想方设法主持课堂学习，看怎么样学好这堂课的内容。学生的智慧使课堂的流程出现了一种规则：学生主持，教师点拨调控、评价服务，学生精彩展示。在这种课堂上，教师始终站在讲台下，把讲台让给了学生，教师成了平等关系中的一员，陪伴学生学习，为学生提供表达的机会。

我在观摩了焦老师的课堂教学后有如下感受：学生能主持课堂；学生有无限潜力；学生的合作欲望强烈；教师放权给学生成为可能；教师要学会引领，有服务意识；学生主持，教师能有更多的精力和机会点拨、指导学生；教师彻底离开了讲台，这是一场革命性的改革；课堂管理空间和力量明显加大；学生的思维得到了解放，智慧生成异彩纷呈；学生的阅读素养有了发挥的土壤；等等。

其实，课堂上学生默不作声不是学生的本性，而是教师压抑了学生，是陈旧的教育思想扼杀了学生自然展示表达的天性。焦老师的课堂教学改革，其可贵之处，或者说是其本质，就是顺应了学生的天性，还原了课堂的本来面目。

焦老师的基本功并不很好，他不会说普通话，但是他穷尽一生实践的课堂，充分展示了他坚守课堂、研究课堂、创新课堂的精神，我被这种精神彻底折服了。焦老师充分展示了他的课堂教学改革的智慧和思想，他的改革是一种宝贵的财富，我们要永远保存这笔财富，用以指导今后的教学改革行动。

我愿如焦老师一样，永远做一名课堂教学改革的“业余爱好者”。

教学改革是教师职业生活的风向标

很多教师总是反映自己的职业生活枯燥乏味，每天重复着备课、上课、批阅作业、监考等毫无趣味性与创造性的工作，于是感叹自己命运的不济。时间久了，就开始厌倦自己的职业，不再思考自身思想的进步和专业的提升。

不少中小学教师的头脑里有这样一种观念：教师是他人思想和知识的消费者，有专家的研究成果，有现成的教材和教辅，有新课程理念和历史传留的教学原则等，自己不需要再去创造，在教室里复演并传递给学生就行了。他们认为读书是学生的事情，研究是专家的工作。

这是当下基础教育界存在的一种极其令人担忧的思想，甚至可以说，这种状况是应试教育的流毒。一旦教师走错了生活的道路，背离了正确的方向，教育就会产生众多意想不到的问题。如果不进行重建，坚决实施基于新课程理念的教学变革，就难以真正实现教书育人的目的。

其实教师是最自由的一种职业，教师的自主空间是非常大的。杭州师范大学教育学院的张华教授认为，教学实践应该由传递别人的知识变为创造自己的知识，它应该是实践自己研究成果的过程。其研究成果就是教师自己开发的课程。这才是真正的教学，这样的教学才叫研究，这才是新课程理念下的教师应该具有的生活方式。

而山东省利津县北宋一中崔金英老师的教学经历就能够凸显教学思想转变的重要性，因为思想的转变会带来专业思维和行为的变化。据崔老师说，从教开始的几年，她抱着初生牛犊不畏虎的态度从事语文教学，拼命地备课，积极地听课，将教参上名家的分析仔仔细细地抄在课文的空白处，借来老教师的备课笔记学习借鉴。她日复一日的努力换来了课堂上的从容，上课时讲话不再结结巴巴、困窘不堪了，可以像一名老教师一样，手拿教参或教材，胸有成竹地站在三尺讲台上大讲特讲：从字音到字形，从划分层次到概括段落大意，从课文内容到文章主题，对每一篇课文，都会用三四节课的时间细细地筛过、慢慢地肢解。当时她还以此为荣，四处炫耀，以此证明自己备课是多么充分，工作是多么努力。

过去，崔老师在教学中一直信奉付出和所得成正比的道理。为了让学生考出好成绩，她几乎把所有的课余时间全用在了读教参、抄教案、选试题、批改作业上。课堂上口若悬河、口干舌燥地讲，学生们机械地记着笔记、背诵着段落大意和中心思想，埋头做着一张又一张的试卷。从这些十三四岁的孩子身上，她感受不到他们的青春朝气与生命活力。现在看来，当时的教学没有个性、没有创造，只有不停地“复制”与“粘贴”：她“复制”了别人的想法，在课堂上“粘贴”给学生，学生再把它“粘贴”在试卷上。师生间没有思想的交流与个性的碰撞，只有呆板的演讲人和冷漠的听众。无数的试题、参差不齐的分数横亘在师生之间，夺走了本有的尊重与和谐。

长期落后保守、低效循环的教学生活让她的教学热情渐渐被枯燥乏味所取代，思想也箍上了死板的标记，且越来越感觉到，教学生活逐渐走进了一片死寂的荒漠，她多么渴望营造一片属于自己的教学中的“胡杨林”啊！

于是，她四处寻觅着，每天思考着。是洋思中学的“先学后教、当堂训练”教学模式给她注入了第一口新鲜的教学改革血液，也让她第一次开始了教学变革的尝试。崔老师说：“学生在听到我发出‘大家先自己学’的声音后，茫然地抬头看着我问道：‘老师，您让我们学啥？咋学?’我一愣，对这个问题我从来没有考虑过。可怜的我，整个学生时代一直没有享受过自学，从小学到大学都是听老师讲，更不要说考虑让学生去自学。我张张嘴，一个字都说不出，‘还是由我来讲吧’，第一次‘拿来’实验以失败告终。”

崔老师热衷于学习，她目睹了杜郎口中学的“三三六”课堂教学模式后，被那种“乱哄哄”的课堂场景所震撼：学生竟然可以相向而坐，大声讨论，镇定自若地在讲台上演讲，旁若无人地在地上书写。为一个问题，小组成员争论得面红耳赤；为抢夺一次展示的机会，他们高举双臂，齐声呐喊。她鼓起了再一次实施教学改革的勇气。她分享了自己的一次经历：

"我要求学生六人一小组，相互交流分享读课文的感受。学生惊讶地抬起头，目光中充满了惊喜。他们兴奋地凑在一起讨论。穿梭在此起彼伏的讨论声中，我心中涌起满满的喜悦。但这种表面的热闹掩盖不住失败，尝试了一个月后，我发现课堂效率低下，学生考试成绩下滑，于是不得不迅速收拾残局，再次回归传统的教学。"

两次教学改革的尝试都失败了，但是也引发了崔老师深入的思考。那种靠让学生拼命挤时间学习来提高成绩的时代已经过去了，语文课堂不但要培养学生听说读写的能力，更要提高学生的语文素养。教学改革不只是教师的事，更需要学生的主动参与。因此，教师应该充分激发学生的学习兴趣，引导学生善于采用自主、合作、探究的方式学习，这对提高课堂效率相当重要。

她开始清醒地认识到：一味地照搬别人的经验，不考虑自己的教学风格与学生的学习实际，缺乏学校的支持，没有学校提供的改革创新环境和机会，这种个人层面的教学改革收效甚微，甚至会以失败告终。崔老师积极响应学校提出的"零作业"教学改革，大胆进行改革创新。

在课下书面作业为"零"的情况下，教学应做怎样的调整？教师的"教"和学生的"学"究竟会发生什么样的变化？据调查了解，大多数学生不清楚自学的内容和方法，迫切希望得到教师的引导。也有许多学生反映，课堂上老师讲得太多，他们只能呆呆地坐着听，就像木偶一样，久而久之，也就不想说、不爱动了。为此，崔老师设计了"课堂学习指导纲要"，共分为五个环节：目标定向、学生先学、合作探究、点拨拓展和反馈评价。每个环节主要通过活动或问题的方式来解决学习内容，突破重难点，进行拓展归纳，对于学生在自主、合作和探究的过程中不能解决的问题，教师才提供必要的帮助。

下面我简要介绍一下她所设计的《变色龙》这节课的纲要中的一个片段以及她在课堂中的实施情况，来证明她在教学改革中的成果。

她把其中一个问题设计成以下活动，并放在"合作探究"环节中：假如第1～4组的同学受赫留金的委托，作为他的律师，状告奥楚蔑洛夫徇私枉法；第5～8组的同学受奥楚蔑洛夫的委托，为他的行为辩护。请小组合作，为各自的委托人整理出精彩的辩词。通过辩论，你认为奥楚蔑洛夫是否会受到惩罚？

学生对这样的辩论很感兴趣。学习任务刚刚下达，他们就以四人小组为单位，三个同学负责搜集材料，一个同学负责整理发言。崔老师则加入两个小组以进行必要的引导。正方的一个小组只搜集了一条（小狗咬伤赫留金的手指，侵犯了赫留金的生命健康权，狗的主人理应赔偿，但奥楚蔑洛夫因为小狗的主人是将军的哥哥，就把罪名怪罪到赫留金头上，实在没道理），然后就陷入了沉默。崔老师引导他们走进文本，阅读第 8 自然段和第 12 自然段相关人物的语言，他们很快找出了关键句："我要拿点颜色出来给那些放出狗来到处乱跑的人看看。那些老爷既然不愿意遵守法令，现在就得管管他们。"一名组员说："这句话给我们的信息就是放出狗乱跑是违反法令的。"另一名组员说："从第 12 自然段赫留金的话'他的法律上说得明白，现在大家都平等啦'中得知，当时法律明确规定人人平等，既然将军的哥哥随便放出狗到处乱窜是违反法律的，就理应受到惩罚，但最后奥楚蔑洛夫没有让狗的主人承担责任，那就是徇私枉法。"

学生经过精心准备后，辩论开始了！每组推选一名代表，与其他组的代表组成辩论的正方或反方，采取陈述和自由辩论相结合的方式进行。在三分钟的自由辩论时间中，学生们表现得异常踊跃，针锋相对，唇枪舌剑，将课堂活动带入了高潮。本来是指定一个小组派出一名代表参加辩论，但随着辩论的进行，越来越多的学生主动站起来补充发言，结果这场本来计划三分钟的辩论又延长了两分钟。经过这场精彩的辩论，学生们理解了文章的主题。这样的课堂并不只是表面的热闹，还有学生真正思考下的探讨。

作为崔老师实施教学变革的见证人，我可以骄傲地说，崔老师的语文课堂越来越精彩，每节课都涌动着创造与灵感，展现着学生的个性与思索，学生充满了朝气和活力。看到学生在自习课上能够自主地预习，课堂上能够融洽地探讨交流、主动地表达、从容地展示，我能看出，她的身心有一种说不出的舒畅，浑身有使不完的劲儿。

是教学变革转变了她的生活方向，引领她不断地学习、思考与创新，使她真正地理解了教师这一职业的神圣与伟大，感受到了教学变革给她的专业成长带来的力量；同时，也促使学生学习与生活的方式悄悄地发生了转变，学生成了学习的主人。

引领教师做一名教学研究者

徐鑫老师是一名从教二十多年的老教师，长期担任毕业班的数学教学工作，年年的教学成绩都在全县名列前茅，被誉为山东省利津县北宋一中毕业班的“定海神针”。

一次与他交流，徐老师说：“我对学生尽职尽责，对课本知识把握得准确无误，可以说对教学工作游刃有余。但是我总认为自己只是同事、学生和家长眼中一名成功的‘教书匠’，整天感觉无所事事，缺乏幸福感。”徐老师还说：“我心中始终有一种不安，我经常想要手把手地带一位年轻教师，把我的教学方法、数学思维方式传递给他，这可是我的财富啊！但是我的短板就是不知道怎样述说自己的教学经验，没有能力把自己的教学思想梳理成清晰的文字，不明白怎样用最简单、最科学的方法指导年轻教师。这几年，心中的不安、彷徨、迷茫时时伴随着我，无法向任何人诉说，感觉自己教了一辈子书，却什么也没有留下，无力把自己的思想传达出去，真是有一种‘一贫如洗’的感觉。”

我对徐老师说：“这其实是不完整的教师生活，您还不是一名真正意义上的教师，真正的教师应该是一名终身学习者、一名教学研究者。教师是有知识的，尤其是他的课堂教学知识，是无穷无尽、美妙动人的，这一点我们谁也不能否认。每一名教师所掌握的知识就是一门课程，教师应该把自己多年的教学智慧和经验积淀成自己独特的课程，并用自己的课程来教学，而不是‘消费’他人的知识与经验。”

徐老师听后激动地说：“李校长，您的一番话直抵我长期困惑的灵魂，破解了我多年工作中的问题，真诚地教给了我职业生命成长的密码。原来是因为我的教学没有系统的理论做指导，是的，我深刻地感受到，教师不能依赖教参、考纲和教材来维系教学，也不能通过控制学生思维来管理课堂，而要用自己的学识魅力去牢牢地抓住学生的好学之心。”

我说：“是呀，您一下子就抓住了课堂的本质。听了您的课，我感到您尊重学生的差异，在设计问题时努力避免大量的机械训练，观照知识的来龙去脉与知识间的相互联系，为学生独立思考和探究新问题创造机会。您设计的问题常常会把学生引入一个比他们的经验和自我世界更宽广的世界。在课堂上，您能自觉地把自己的知识与生活经验与学生的已有经验自然对接。”

徐老师听了我说的话后兴奋地说：“平时我只知道埋头教学，没有去思考我的课堂到底遵循了什么原则，没有去研究我的教学规律与特色是什么，有什么价值。现在听您这么一说，我感到心中充实多了，我也要像李校长一样，选择每日与书相伴、与心灵对话的道路。”

我会心地笑了：“徐老师，您的教学知识多么丰富，其实您是完全能成为教育家的。您之所以感觉无所事事，就是因为平时不注重继续学习，不注重管理自己的教学知识。您应该成为一名教学研究者，而不是一名教学模仿者，或者说是消费者。没有学习，哪来创新？没有研究，哪来幸福的教育生活？”

我趁机建议徐老师以后多参加学校组织的一些诸如教师讲教育故事、读书、案例研究等活动，把自己的教学行动拿来研究，尝试把自己的一些做法诉诸文字，进行积累和管理。

我深知，教育研究是将教育的枯燥转化为幸福的重要途径。现在，徐老师不仅自己开始行动起来，还经常和年轻同事们讲：我们应该学会摆脱“教书匠”的狭隘思维，坚持读书学习，做一名教学研究者，走一条研究的幸福之路。

作为校长，努力引领教师做一名学习型、研究型教师，是我神圣的职责、永远的使命。从徐老师身上，我看到老教师更希望自己是一位教学研究者，而不甘心一辈子做“教书匠”。在当今的教育环境下，像徐老师这样具备教育家情怀和素养的教师，更需要引领与鼓励，否则，那些宝贵的教育财富会慢慢流失掉。我想引领这些具有教学经验的教师，努力让他们的精神和智慧变成学校的宝贵财富，一代代传承下去。

新课程理念下的校长听课方式——课堂学习走访

不少校长在管理教学时，为了推行自己的教学理念，改进教学方法，促进教学质量的提高，常常走进教室听课。但是，他们往往把注意力集中在教师身上，评价教师的教态、语言、板书等，把听课作为评价教师的依据，而忽略了学生。

在新课程理念下，校长需要改变以往的听课方法，这主要有三方面的原因：一是大多数校长都是昔日的教学高手，一般情况下，只要听 5～15 分钟就能基本了解授课教师的水平；二是教师的教学行为已发生了质的变化，已把关注的重点转移到学生身上了，校长听课也必须适应这一变化；三是必须体现校长的职责，即找到教师在引导学生学习的过程中还需要什么。

课堂学习走访（Learning Walks）是校长在一定的课堂环境中，以不具威胁性的方式观察学生学习情况的一种方法。走进课堂的校长，要寻找教学实践及学习结果的可观察证据，该过程提供的数据及信息用于反思和对话，以及改善学生学习的决策。

课堂学习走访是非评价性的，它将学校所持的教育理念以及相关计划，与发生在课堂上和学生身上的可观察变化联系起来，是校长进行教学管理、领导教学改革的基础，也是校长通过拉近管理者与课堂的距离，不断提升教学领导能力，进而促使学校产生真正变化的重要一步。课堂学习走访只需 5～15 分钟，而且边走边看，把注意力集中在学生在学什么、做什么上。校长可以利用在课堂上获取的信息安排本校的教师专业发展计划，决定如何给各个教师提供教学支持。

校长可制订一个每天走访三节课的计划，一节课可分为 3～5 个时段。按开始、中间（新授内容、示范演示和巩固练习）和结束阶段搜集案例，并及时写出反思或随笔，与教师交流对话。在教师群体中创设一个相互信任、互助学习的环境，倡导教师们相互之间进行教学观察，使大家对教学达成一定的共识。

当然，要让课堂学习走访发挥作用还需要校长有耐心，能坚持，与教师平等对话、真诚交流，虚心学习，不断接受最新的教育理念，掌握不同学科的要点，避免以偏概全。

以下两则短文是我在走访中采集的案例，并以随笔的形式记录下来，坦诚地交给教师阅读，结果收到了意想不到的效果。这种评课方式打破了以前讲课者与评课者对立的局面。校长处在与教师平等的位置上，真实地描述了课堂上的学生与教师，发现问题，挖掘闪光点，写出感悟，并与教师交流，从而使教师自觉、努力地改进教学方法，加强学习研究，促进自己的专业发展。

课堂走访随笔一：周二，我走访了七年级高振英老师的一节数学课。高老师的课十分注重诱思探究、渗透数学思想，善于培养学生动手动脑的习惯。她从不直接告诉学生是什么，而注重训练学生的思维能力，这样，学生的能力怎么会不逐步提高呢？难怪学生们都喜欢高老师的数学课。高老师十分注重让学生充分展示自我，培养学生的自信心，提高学生的学习兴趣，教学特色鲜明，彰显了以生为本的新课程理念，注重课堂形成性评价，课堂气氛活跃，学生思维敏捷。虽然我仅观察了短短的10分钟，却领略了她的学生主动学习的精彩场面。但感觉略有点遗憾的是，学生“合唱”较多，这样容易掩盖一些细节性问题，使部分学生容易分散精力、滥竽充数。

课堂走访随笔二：我在三次课堂走访中都发现了一个令人深思的问题，即学生的举手情况。

一节是低年级的数学课，一个学生从老师提第一个问题开始就积极地举手，并且举手时倾斜着身子站起，很迫切的样子。课堂进行到第15分钟时，他举了8次手，但是一次也没有被老师点名发言。

另外两节课分别是高年级的语文课和数学课，都是同一个班，我观察了同一个学生。语文课上，他举了6次手，没有被点到；数学课上，他举了5次手，也没有被老师点到。

所谓教育就是一个生命个体在每一堂课上、每一个教育事件中、每一本书中汲取营养，进而成长的过程。在学生成长的过程中，课堂是一个很重要的场所，他们白天的大部分时间都是在课堂上度过的。一堂堂课就这样进行着，他们就在这样的一堂堂课上举手，一直举到对自己的水平产生了怀疑而不愿意再举手为止。学优生可能越举越有自信心，因为有老师的表扬、同伴的羡慕。中等生或许也敢举下去；可是后进生呢，他们在一次次的举手而未获肯定中还有“力量”把手再举起来吗?

如果教师的眼里、心里只有学生，从学生每一个细微的表情、眼神、动作中敏锐地捕捉到他们的心理，就会在课堂上真正关注到每一个学生。

只有顺从课堂，才能驾驭课堂

我认为，要进行课堂改革，追求高效和谐的课堂，若只是单纯地把现成的教学理念灌输给教师，或要求教师必须采用统一的教学模式，都不是研究课堂或操作课堂的关键，无法实现课堂的整体“变奏”，这些“一刀切”式的做法并不会产生持久的效用。真正的课堂追求应该是关注教师和学生的内在需要，遵循其生命成长的规律，也就是说，只有顺从课堂发展，才能驾驭课堂发展。因此，管理者和研究者应该虚心倾听来自现场教师和学生真实诚恳的声音，这样才能发现真正的高效和谐的课堂，这也才是课堂改革应该走的正确道路。

在当下教育界有一种很热门的现象：为课堂冠以“××模式”，将课堂分为几个环节，就称之为课堂改革，就视之为创新课堂，并大肆渲染、吹捧。

这与以前所倡导和开展的教学改革是很不一样的，单说它们的名字，就可知其本质的不同。如情景教学、赏识教学、目标教学、案例教学等，这些课堂教学模式都有其独特的教育思想或理念做支撑，这才是真正的课堂改革。在这些课堂实验的背后，涌现出了许多课堂专家，他们个性鲜明，其教育思想具有生命力，具有从理论到实践全方位的推广和指导意义。而当下一些被命名为“××模式”的课堂，都披着“自主、合作和探究学习”的外衣，刻意追逐规范或另类，其实只是在课程改革和素质教育的大旗下粉墨登场、凑凑热闹而已。

我没有改革的勇气，从不敢让教师们整齐划一地去实验什么，只是在努力探寻教师和学生的课堂到底需要什么，鼓励教师自己去尝试、思考和领悟，让教师通过自己的努力和反思，最终探索出属于自己的课堂教学模式。

为此，我采取了“同课异构”的方式，具体操作如下：首先，在本校每个学科中选出三位教师，让他们分别备课，并在规定时间内同上一节课；其次，聘请外校名师与本校教师进行“同课异构”；再次，选派本校教师到兄弟学校与该校教师进行“同课异构”；最后，要求教师真实地呈现自己的课堂情景，写出课堂实录，总结教学反思，由教研组组长整理出学科组的共同评课材料，收集学生对课堂的评价。下面是我在一次活动后整理的化学、政治、历史和语文四个学科的反思材料，由此来看看当下我们的课堂困惑是什么、需要是什么、优点是什么等情况，从而寻找下一步课堂构建的方向和策略。

【化学】

个人教学反思

这节课，我没有采取“填鸭式”教学法，而是顺应学校教学改革形势，采取小组教学法，充分利用小组合作、小组讨论、小组讲解等方式。学生的知识讲授能力比以前有了明显的提高，他们不但能讲明白解题的思路，还学会了总结一类题的解题思路，进步很大。学生的语言表达能力也比之前有了很大的进步，他们在课上能够大胆地到台前展示自己的想法，不是唯唯诺诺，而是大大方方。

本节课我没有直截了当地教授新课，而是通过实例引导学生一步步了解所学内容。此外，我让学生在释疑的过程中总结出本节课的学习目标，而不是向学生直接出示，加深了学生的印象。

本节课还有一些地方需要改进：虽然在教学过程中注重小组讲解，但还是有因不放心而啰唆的地方。应注重调动学生的积极性，让学生主动展示、补充，鼓励学生大胆参与课堂教学。要及时对学生、小组的表现做出评价，形成系统的评价制度。此外，还要注意引导学生构建知识网络，让学生在学习中少走弯路。

学生评价

刘老师教态自然，态度和蔼可亲。没有通过讲解来传授知识，而是让我们小组合作完成教学任务，这样不但锻炼了我们的思维，还锻炼了我们的语言表达能力。刘老师让我们自己总结出本节课我们所要掌握的问题，也就是学习目标，这种方法让我们对学习的内容印象更加深刻。此外，刘老师注重为我们点拨难点，让我们在学习中少走了很多弯路。

如果刘老师能更放心地让我们进行小组合作，我们会学得更好。也希望刘老师能多对我们进行表扬和鼓励，以增强我们学习的自信心。如果能形成小组对抗机制，相信我们会更有学习的动力。

教研组团体评价

刘老师探索出了一条“预习设疑—分组解疑—谈论再探—拓展运用”的路子（即学生根据前置性自主学习导航预习后，提出自己关于课题内容的疑问，教师分类汇总，罗列出有价值的问题，全体学生讨论交流，在展示中或展示后提出更深层次的问题，根据问题分组探究，学生自主展示讲解，教师适时点拨，最后当堂训练拓展运用），教学效果良好。

课堂上，各个小组互相质疑，并记录、总结其他小组的结果，避免了本小组只顾准备自己的问题而忽略其他小组的讲解的弊端，能充分调动学生的学习积极性。需要注意的是，刘老师需要在活跃课堂气氛、及时评价学生、指导学生总结、形成知识系统、培养学生规范以及提高自身专业水平等方面加以改进。

【政治】

个人教学反思

初中思想品德课不仅是对学生进行思想品德教育的主阵地，更是新课程改革的重要环节之一，这就要求教师在教学理念、教学方法上有重大变革，引导学生在实践中学习、富有个性地学习。对于学生来说，最重要的不再是机械地接收知识，而是学会开展自主、合作、探究式学习，以便为终身学习奠定基础。因此，树立正确的教学理念，采用恰当的教学方法，是教师实现新课程改革的必由之路。在教学实践中，必须彻底打破封闭、单一、机械、以教师为主体的教学模式，激发学生的学习兴趣，调动学生的学习主动性，促使学生积极参与到教学互动中来。

新课程改革对教师提出了越来越高的要求，素质教育让教师感到压力越来越大。教师必须不断适应形势的需要，不断去突破、创新。讲解精练一点，学生自主学习时间充分一点，板书艺术一点，这样，我们的思想品德课才能赢得学生的喜爱，才能提高学生的学习效率。

教师必须结合教材内容，合理地创设情境，要有针对性地分析现实社会及生活中的各种现象或事例，尤其是要善于将当今国内外发生的重大事件、时政热点与书本中抽象的政治理论知识相结合，引导学生勤于思考。教师要善于恰到好处地置疑设问，激发学生探究的兴趣，促使学生在思考、解答、提问的过程中不断培养创新能力，鼓励学生的求异思维，达到理想的学习效果。

在教学过程中，教师还要特别重视学生的主体地位，要想方设法让他们动起来。通过小组合作学习，调动学生的积极性、主动性、创造性，活跃课堂气氛，实现互动式发展，增加课堂容量，提高课堂效率。教师必须指导学生课前充分地预习，使学生自主完成比较简单的内容，学生的预习效果直接关系着课堂教学的质量。

教师还要结合新课程的要求，针对不同的教学内容和教学任务采取形式多样的教学方法。除常规方法外，教师还应掌握现代化教学手段和教学方式，并将其运于教学过程之中。这一点在思想品德教学中体现得更为明显，要求更为迫切。通过多媒体课件等现代化教学手段，或照片、图片、挂图等生动、形象且直观的教学手段，把学生带入某种特定的情境之中，并通过对情感的渲染和传达，使学生更容易接受所学知识并加深理解，同时达到使学生学会对知识活学活用的目的。

学生评价

我觉得这节思想品德课是我上过的最棒的一节课。老师用欢快的歌曲把我们领进了课堂，采取小组竞赛的形式调动了同学们的学习积极性，同学们畅所欲言，课堂气氛十分活跃，营造了健康活跃、积极向上的学习氛围。

这节课之所以能够上得如此成功，一个关键的原因就是课前我们进行了非常充分的预习。以前我从来不预习，老师讲课时我总是跟不上，想回答问题也不会。通过这节课，我明白了课前预习的重要性，只有预习好才能高效率地完成学习任务。另一个原因是采用了小组合作学习的方法，对于简单知识点，在小组内就顺利掌握了，对于难点、疑点问题，通过师生合作探究顺利解决，课堂实效性提高了。

这节课的不足之处在于有些同学没有机会回答问题，有的是因为不想回答，有的明知道正确答案，却不敢回答，还有的是没轮上。希望老师多想点办法，让每一个学生都有展示自我的机会。

教研组团体评价

小组合作学习作为新课程改革所倡导的三大学习方式之一，已被众多教师接纳并广泛应用。这节课充分发挥了小组合作学习的积极作用，调动了学生的积极性、主动性和创造性，课堂气氛活跃，学生争先恐后地举手回答问题。

这节课的设计比较合理，按照“认定学习目标、自主学习提纲、创设情境合作探究、拓展训练”的流程进行教学，紧密联系学生的生活实际和社会热点问题，做到理论联系实际、学以致用。

课上，教师采用了激发学生兴趣的教学方法，开展学习竞赛，使学生在短时间内高效率地完成了学习任务，收到了意想不到的教学效果。

教师还采用了先进的多媒体教学手段，运用歌曲、表演、真实事例呈现等方式，拉近了课堂与生活实际的距离，课堂容量大，教学效果比较好，达到了三维目标的要求。

教师科学、合理、公正的评价是对学生的学习态度、学习效果最好的认可方式。需要注意的是，本节课教师对学生的评价不到位，只注重了对小组的评价，而忽视了对学生个体的评价。有很多学生回答了多次，而个别学生一次都没有回答，这非常不利于学困生掌握好知识。教师应该给每个学生均等的展示机会并在学生学习评价上下功夫。

在教学活动中，我们既不能忽视课堂评价中蕴藏的巨大潜力，又要正视我们在小组合作学习的评价中存在的种种弊端，并要积极改进合作学习的评价手段，挖掘课堂评价丰富的宝藏，以提高课堂教学的效率。

【历史】

个人教学反思

本节课我设计了“回眸历史”“解读历史”“感悟历史”三个教学环节。在“回眸历史”环节，通过学生自学、小组交流，学生基本了解了教材内容。在教学过程中，学生在此环节表现非常好，以一个同学主讲、其他同学补充的形式展示了各小组对教材知识的了解情况，且分工明确，配合默契，讲解清晰。最后由我引导学生构建本课知识结构。此环节完成了本课教学的知识目标。

在“解读历史”环节，通过联系以前所学的知识，结合本节课教学内容，我设计了三个具有一定思维价值的问题，指导学生就此展开讨论、分析、比较，之后由学生向大家讲解、分析，在此过程中，其他学生可以进行补充、修正。针对学生认为有一定难度的问题，由我进行精讲点拨。在此环节教学中，由于个别问题设计得缺乏层次性，对学生而言有一定难度，出现了学生反应慢、感到迷茫的情况。

在“感悟历史”环节，我要求学生就自己的所见所闻，联系生活实际，说说改革开放以来我国在各个方面已发生和正在发生的巨大变化。由于问题贴近学生的生活，所以学生有话可说，表现得很活跃，纷纷抢着发表自己的见解。看来，只有呈现贴近学生生活实际的问题，学生才会积极主动地参与到教学中来。

学生评价

学生一：张老师的课令我记忆犹新，整堂课老师讲得并不多，几乎全是同学们进行小组讨论、交流、展示，但课堂非但没有出现“失控”，相反，同学们一改往日的沉默，积极回答问题。小组内、小组间优势互补，自主探究，共同交流，课堂气氛比较活跃。不知不觉间，已将本节课所学的知识掌握了。张老师对课堂上的45分钟充分利用，把握得恰到好处，但美中不足的是，张老师的普通话水平还有待加强。

学生二：通过这节历史课，我收获了很多。一上课，张老师就用一首《春天的故事》把我们引入了即将学习的内容——改革开放。随后，张老师针对本节课的内容给我们每个组发了一个写有问题的纸条，让小组讨论解决。我觉得这是这节课的一大亮点，充分体现了小组合作。在同学们你一言我一语的讨论中，问题很快得到了解决。接下来的环节就是进行展示，这充分锻炼了同学们的语言表达能力。开始是组长展示，然后是组员展示，几乎每位同学在课上都有展示的机会，信心也增强了。最后一个环节便是联系实际谈感悟，每个同学都抢着发表自己的观点，课堂气氛十分活跃，充分提高了同学们的课堂学习效率。

学生三：我认为这节课老师讲得非常好，很有条理性。同学们的积极性也很高，有许多同学争先恐后地回答问题，不但对其他同学的回答进行了点评，还积极发表了自己的看法，课堂气氛非常活跃。但其中也有一些不足，如有一部分同学不敢站起来回答问题，也许他们有更好的想法，却没有得到展示，这对他们来说是很大的遗憾，对自己的学习也是不利的。希望老师今后在教学中注意充分调动这些同学学习的积极性、主动性。

教研组团体评价

本节课教师采用了小组合作教学法，让学生主动进行交流、讨论、展示，调动了学生学习的积极性。通过播放视频，激发学生的学习兴趣，导入新课的形式较好。课上教师设计了三个学习板块，引导学生由浅入深地学习，符合学生的认知规律。但是有些问题偏难，或者设问角度不当，学生在学习讨论中出现不知所云的情况。此外，教师对课堂时间把控不到位，处理练习题时时间过于仓促。此外，在教学中出现了学生照本宣科的情况。

【语文】

个人教学反思（一）

《最后一课》是法国作家都德的著名短篇小说，由于其主题表现深刻、艺术手法生动，被许多国家选入课本，作为中小学生接受爱国主义教育、了解法国文学的文本。如何在一堂课的时间里把这篇文章完整地呈现给学生，我翻遍了教材和各种参考资料，我所要达到的目的是一课一得，于是我推翻了原来的种种设想，主要从小说三要素入手，把重点放在分析人物形象上，通过分析小弗朗士和韩麦尔先生情感的前后变化，展示法国人民的爱国情感，并且由此联系我国的历史，激发学生热爱祖国之情。

因为要把人物分析作为课堂教学的重点，所以我要做的就是引导学生从人物描写的各种手法和角度去分析人物形象，为此我组织了一次辩论。在人物分析的过程中，由于课前有关于人物描写的准备，学生能找到课文中相应的语句，并能通过“最后一课”前后人物情感的变化领会作者所要表达的思想感情。

分析完人物形象后，为了引起学生的共鸣，我提到了与“最后一课”社会背景相似的我国的一段历史：日本对我国东北三省的文化侵略。联系我国的历史，这是理解课文情感的一个契机，更贴近我们自身，学生也更能感同身受。

新课程标准要求重视学生在学习过程中的情感体验。为了让学生更好地体会课文表达的爱国情感，我把对人物情感变化的分析作为本课的重点。在课堂学习中，学生已经能够较好地体会人物的情感变化，然而并没有达到预想的效果，这与学生对我国的那段历史了解不多有关。

虽然我在设计本课教案时对教材内容、教学方法等进行了详细的思考，但是忽略了学生这一关键要素，备课过程中考虑更多的是我要怎样讲解，怎样让学生体会人物的情感变化，创设什么样的情境，却忽略了学生面对问题时会有什么样的反应。课堂上学生的展示不够理想，我没能进行及时有效的指导，评价不到位。在以后的教学中，我会更加努力，争取上出高效、充满语文味的课。

个人教学反思（二）

这节课总体来说基本上完成了学习目标，学生较透彻地理解了人物形象，品味了优美的语句，理解了重点句子的含义。但就课堂氛围和小组活动情况而言，算不上一节成功的课。小组活动少，对我分配下去的学习任务，组长并没有分配给组员，而是一人包揽，致使组员间的讨论只限于形式，并没有起到小组合作学习的作用。反思这节课，我有以下几个方面没有做好。

第一，忽视了学生朗读环节的指导。

倡导“新语文教育”的韩军老师提出：“文字本是肉做的，有体温、有生命、有动感。传达文字生命动感须诵读。”“诵，乃‘心’在支撑，随心所欲，道法自然。”我自认为学生既然已进行了充分的预习，就可以省去朗诵环节，岂不知这样做隔断了学生与文本的深入接触，使学生理解人物形象时不深入，直接导致了学生“启而不发”的“冷场”局面。

第二，没有充分调动学生的积极性。

一节真正的好课，教师与学生是没有距离的。从课堂的导入到结束，师生间配合默契，教师引导学生解决疑难，学生在教师的指导下自然得出结论，理解、运用等能力有所提升。但在这节课中，尽管我热情地鼓励、微笑着引导，但学生大都安静地旁观，没有积极地参与讨论。在引导无效的情况下，为了完成教学目标，我只得说出呼之欲出的结论。这样“掩耳盗铃”的授课方式真是让人尴尬到极点。

第三，评价语言太单一。

在教学过程中，教师恰当的评价会增强学生的信心，促进学生积极思考、踊跃发言。在课堂上，我对学生的回答采用最多的评价是“好”“很好”“很棒”“说得不错”，这些看似表扬的评语，其实并没有具体指出学生的回答“好”在哪里，缺乏针对性。

总之，在教学中我有很多问题亟待解决，这不但需要多读有关课堂教学的书籍，还需要在平时的教学中多加思考、勇于尝试，征求同事和学生的意见，从课堂中的点滴做起，做一个教育的有心人。

学生反思

“他转身朝着黑板，拿起一支粉笔，使出全身的力量，写了两个大字：‘法兰西万岁’!”

学到这里，听着同学们积极的发言与老师精辟的讲解，我热血沸腾。《最后一课》描写了普法战争后被割让给普鲁士的阿尔萨斯省一所乡村小学，向祖国语言告别的最后一堂法语课，通过一个童稚无知的小学生的自叙，生动地表现了法国人民遭受异国统治的痛苦和对祖国的热爱。作品记叙详略得当，主题深刻。作者将小弗郎士的心理活动描写得细腻动人。教师韩麦尔先生作为一个爱国知识分子的典型，形象栩栩如生。这篇文章被译成多种语言，被选入多个国家的中小学语文教材。小说以普鲁士战胜法国后强行兼并阿尔萨斯和洛林两省的事件为背景，通过一个小学生在上最后一堂法文课时的所见所闻与内心感受，深刻地表现了法国人民深厚的爱国主义感情。时隔70年，当第二次世界大战中德国侵略者的铁蹄再次践踏美丽的法国领土时，面对似曾相识的景象，人们不能不感慨历史的轮回以及战争的无情。本文就是在这一历史背景之下创作的。

通过对这篇课文的学习，我获益匪浅。在学习课文的过程中，老师运用了小组合作学习的方式，我认为十分好。这样不仅调动了课堂上同学们的积极性与主动性，而且能使同学们做到课前充分预习，也增强了同学们的团结互动。

我认为这节课的不足之处是老师对学生的发言缺少及时的评价，使同学们对有的问题理解得不够到位，希望老师在这方面多注意。

教研组团体评价

本课语文味比较缺乏。尽管教师一再强调这节课是建立在学生充分预习的基础上的，但一节语文课如果只注重知识的传授和巩固，而忽视了对学生读课文这一环节的指导，就算不上一节完整的语文课。

学生参与面不够广，因为教师在课上提出了有关小说三要素的问题，致使学生的热情受到影响，尽管教师一再鼓励学生发言，但很多学生不敢大声回答。

这节课分板块教学，但板块间缺少自然的过渡，教学过程中可以围绕一个重点向四处扩散，从而使这节课成为一个整体，衔接自然。

导课环节很重要，可以激发学生的学习兴趣，但时间不宜过长，否则会影响教学任务的完成。

设计的问题最好贴近学生的生活，教学的难点和重点最好通过活动的形式，让学生自己领悟，从而提高能力。

教学过程中要突出学习方法的指导，教师最好引导学生归纳总结学习的思路和方法，从而达到学以致用的目的。

教师的课堂评价太过单一，“好”“很好”等评语太过笼统，并没有真正点明“好”在哪里，因而无法激发学生的学习热情。

此外，教师的精讲点拨要到位，要时时检测学生的学习效果，从而使语文课堂真正做到高效。

第二章

教育解放——教师良知的唤醒

适合学生的教育才是最好的教育

写下这个题目，想到了孔子所说的“因材施教”，也想到了唐代文学家柳宗元写的《种树郭橐驼传》。郭橐驼种树移树，“无不活，且硕茂，早实以蕃”，其他植树人“莫能如也”。有人问郭橐驼为什么会这样，他说最根本的一条是“能顺木之天以致其性”，也就是尊重树木的生长规律。由此给我们教育工作者以启示：教育是“树人”“立人”的事业，必须尊重、遵循学生的身心发展规律，把“适合学生”作为施教的基本准则。

强调“适合学生”，是由教育的本质决定的。教育过程主要是采用课程的方式，通过教师因材施教的有效影响，激发学生的学习潜能，引导学生自觉、自主地提升学习能力和形成创新素质。而能否激发学生学习潜能的关键在于能否“顺木之天以致其性”，即教育内容、形式、方法与手段是否适合学生的认知规律和认知水平。适合的，可以产生数倍、数十倍大于教育本身力量的教育效能；不适合的，教育效能就会很低。而透视时下的教育，却存在诸多“不适合”现象：无视学生的差异，简单地实施标准划一的教育；视学生为知识容器，一味强压硬灌；以管代教，削弱教育的感化效应；教育方法粗放，缺乏精细性。可以说，现行教育的最大缺陷在于，严重忽略了教育的对象——人，漠视了学生生命成长过程中的个性需求，使鲜活的生命个体日趋委顿、渐趋苍白无力，由此缺失了人性的光辉与魅力。

如何让每一个学生享受“适合”的教育呢？我们首先必须要有这样的认识：一个学生就是一个世界，学生不是工厂生产制造的冰冷标准件；如果学生不能把学习当作一种生活乐趣、当作生命成长的必需，便会失去求知和探索的兴趣，逐渐产生学习倦怠感。所以，对学校而言，“适合”的着力点是构建四种教育形态——激发学生潜能的开发性教育、促进学生全面发展的发展性教育、着眼学生个性发展的差异性教育、体现学生主动发展的主体性教育。具体要做四件大事：一是创造积极的教育环境，做到关注差异、注重情感、释放潜能，尤其要做到课堂上尊重差异、课程上体现差异、情感上关爱差异，让差异变成一种有效的教育资源；二是改变单一的课程结构，通过开发实施多样化的课程，扩大学生的自主权利和选择空间，尽可能为学生的按需成长提供条件；三是注重发展学生的四种核心能力，即自主学习能力、主动适应能力、探索实践能力和友善交际能力；四是积极践行“以生为本”“师德为先”“能力为重”“终身学习”的理念，建设无私奉献、德艺双馨的教师队伍。

对教师而言，“适合”的着力点是教育教学必须为学生的学习生活、生命成长提供智慧的个性化服务，这其中最重要的是教给学生生存的智慧和在实践中再学习的能力。人生成败的关键是看一个人是否拥有智慧的人生。智慧的教育才是适合学生全面而有个性地发展的教育，智慧的服务才是教师提供给学生最好的服务。对学生生命的尊重、理解、了知和洞察，才能真正促使我们更好地为学生的个性发展服务。这是教育的本源，也是教育工作者必须为之实践和奋斗的目标。

总之，适合学生的教育是面向每一个学生的个性化发展的教育，是对每一个学生高度负责的教育，是一种大爱的教育，是因材施教的最高境界。它可以促进教育公平的实现，使每一个学生都能成为最优秀的自己。一句话，适合学生的教育才是最好的教育。

是谁蒙蔽了孩子学习的真相

临近放假的一天，我偶然间看到十岁侄子的 QQ 签名："所谓放假，不过是换个地方写作业而已。"这着实让站了二十几年讲台的我吃惊不小，原来孩子们是这样解读自己的假期的，也让我们从中看到了孩子对完成家庭作业的认识与无奈。

孩子放假了，每位教师自然会给孩子布置一些家庭作业，这已经成了中小学教师不可或缺甚至是天经地义的一项常规性任务。日常教学中，课堂中最后一个环节也无一例外是布置课外作业，不管学生是否喜欢，也不管学生有没有时间完成，这已经成了教师的一种习惯。

随着国民经济水平和知识素养的提高，家长对孩子的学习都更加重视，"不让孩子输在起跑线上"已经成了当下不少家长的教育理念。在这种理念的驱使下，节假日为孩子购买教辅资料、电子学习机等学习工具，给孩子额外布置家庭作业的现象已经成为常态。更有甚者，教师还会和家长联手，让家长检查孩子的作业并签字，要求家长给孩子编制练习题、带孩子上各种辅导班，等等。

这是当前学校和社会中存在的一种不争的事实，作业成了中小学生学习的代名词，成了学生童年和少年生活的主要内容。在学校，作业是教师推动学生学习的重要手段；学生回家后，作业是家长监控孩子学习情况的主要手段。因此，学生的学业负担越来越重，作业几乎占据了他们所有的时间。而多数家长和教师认为，如果课下孩子不写作业，不上辅导班，岂不是白白浪费了宝贵的时光？但这种方式真的对孩子的学习有效吗？

美国的艾尔菲·科恩在《家庭作业的迷思》一书中针对美国家庭作业的现状，通过充分的调查（他总共引用了 300 本参考文献），摆出了让人信服的事实。科恩指出，家庭作业不仅是孩子的负担，也是家长的负担。该书引起了人们的深思：到底什么方式对孩子的学习更有益处？我们应该重新审视家庭作业在孩子学习中的作用。

家庭作业的真相是什么？家庭作业存在的原因是什么？我们应如何重新审视家庭作业？科恩在书中陈述的诸多观点和论据或许能够回答这些问题。

科恩计算了家庭作业的成本：不堪重负的家长、重压之下的孩子、家庭冲突、自由时间基本丧失、学习兴趣减弱。科恩指出，不管是小学还是中学，家庭作业都对孩子的学习没有帮助。他悲叹教师给越来越小的孩子布置作业的趋势，还批评了家庭作业有所谓的非学术好处的说法，包括让孩子懂得时间的管理及学习技巧。实际上，强制性的作业只会让孩子抗拒学习，并扼杀他们的智力，泯灭他们喜欢创造的好奇心。

繁重的作业，表面上是为了孩子，其实是在毁掉孩子美好的童年，毁掉他们对学校生活的兴趣、对学习责任的担当。千篇一律的书面作业实质上是套在孩子身上的枷锁，是对孩子快乐生活的戕害，会使孩子对学习产生排斥心理。过多的作业，使我们的孩子拥有越来越少的自由，使家庭产生了越来越多的矛盾。

而放弃布置作业，教师和家长心中会感到恐慌，害怕自己的孩子会落后于他人。殊不知，通过布置作业来管理孩子的学习，是一种掩耳盗铃式的自我安慰；教师布置作业是对课堂教学低效或无效的一种补救措施，是控制孩子学习的一种方式。但是，为什么布置作业在一代代地重演？这种明知故犯的思维惯性为何有如此大的力量？

对此，大家可能都会提出这样的理由：我们不想失职，我们应尽到教师和家长的责任。这样的理由，促使我们想当然地把学习的责任留给了孩子，而不再想通过其他更有效的办法和策略去激发孩子的潜能，点燃他们的学习热情。大家其实都不自觉地选择了一种简单的做法，把作业当作最容易操作的管理孩子学习的方式，认为它看得见、容易控制、能够检测。这无疑是以自己的懒惰态度与对学习实质的误解，来管理孩子学习的一种教育方式。

如科恩所说，家庭作业存在着这样的假象：看似合理的作业背后，有着很多荒谬的逻辑。人们总是假设作业可能带来较高的学习成绩，以及其他诸如自律和责任等美德；可以让父母了解学校的想法、课程内容和方针；有助于改善学习技巧，做好时间管理；是保持学生乃至学校竞争力的基础；等等。于是，看着孩子每天趴在书桌上忙着做作业的情景，我们做教师的、做家长的就会感到心安理得，认为孩子是在“务正业”，做着他们本该做的事情。然而，孩子的未来岂止一个“心安理得”能够搪塞？

而事实是，由于作业多，教师没办法也没时间用心设计更加有效且有创意的作业，因而只能布置一些抄抄写写或是重复性、机械性的作业；甚至因有布置作业的机会而不再认真备课，致使课堂效率低下，只好用作业来补救；批改时，只是标明对错或只是签字、写上日期；学生一直在想方设法应付作业；为了作业失去了身心健康，没有了终身学习的愿望；学校无暇去设计为了实现育人目标的课程与活动，致使学生不能全面发展、个性不能张扬、特长不能培养，缺乏创造力和实践能力；等等。

家庭作业这种假象的后面，其实隐藏着孩子学习的所有真相。但是，这些属于真相的一切有效的思想与行动，一切与之相应的改革与创新，却被无情地忽视了。

到底从何时起，作业成了孩子提高学习成绩的“救命稻草”，成了学校、教师、家长管理孩子学习的主要工具？各个国家都遇到了类似的问题，似乎我们可以把症结归于社会的惯性。《家庭作业的迷思》一书中也隐隐透露出作者的无奈：作者的努力会因社会惯性的力量而化为泡影。

多年来，有关作业改革的教育实验如火如荼地开展着，作业类型不断翻新，如分层型作业、社会实践型作业、探究型作业、听说型作业、游戏型作业等；作业操作方式也在尝试变革，如学生自主选择作业的探索、错题完善作业的创新、家长申诉和学生作业免责制度的尝试等。《国家中长期教育改革和发展规划纲要（2010—2020年）》也将“减少作业量和考试次数”纳入“减轻中小学生课业负担”这一主题之下。

这些改革尝试与国家的法规，似乎都展现了国家与有社会良知的人对孩子课业负担太重的关注以及希望解决这一问题的决心，但遗憾的是，他们都无法跳出“家庭作业的假象”这一惯性思维方式的藩篱，仍然按照以前的传统思维方式来解决老问题，这或许是减负问题越喊越严重、越减负担越重的原因吧？

可喜的是，2013 年教育部出台了《小学生减负十条规定》，其中要求小学阶段不能留书面作业，这就是打破社会惯性的一种突破性规定。

我向大家提一个建议：期望大家能够减少对家庭作业的过度重视，少去研究它、炒作它，比如，不再举行什么作业经验研讨会、作业设计创新评比等活动，因为研究、评比的本质是变着法子去折磨我们的孩子。我们应在全国范围内倡导取消一切家庭作业，中小学都要实施“零作业”（此“作业”是指那些低效、无效甚至负效的书面作业）。我想，“零作业”在目前中国这样的教育价值观和教育生态背景下是可行的，这种举措对所有的孩子来说是一种福音。

北京师范大学的肖川教授说，作业是学习、理解、消化、巩固所学内容的有效方式，但过多的作业，特别是过多的作业汇成的“题海”，使之成为应付考试的常规“战术”的时候，教育就成了一种单纯的训练，成了一种纯工具性的机械的练习和训练，教育就失去了它的本真，教育的这种异化极有可能压垮孩子稚嫩的双肩，换言之，极有可能压垮中国未来希望的脊梁。肖川教授的呐喊体现了一种民族担当精神。如果大家都把精力放在争夺孩子的课下时间上，而争夺的工具是家庭作业，那么争夺的结果肯定对渴求成长的孩子是没有好处的。对成绩好、认真听话的孩子来讲，他的时间几乎全被做作业占据了，他没有多少时间用来发展自己的个性和特长，从而失去了创造、发展的时空。他的思维被限制在重复的作业里面，得不到解放；他的身体陷在沉重的作业里面，得不到锻炼。长久下去，一个本应灵气十足的孩子只会成为一个做题的高手、应试的机器。对成绩稍差但认真听话的孩子来讲，他害怕成绩落后，因而奋力苦学。压力不仅会摧垮他的身体，更会摧垮他的精神。对成绩好但不听话、有个性的孩子来讲，他将是被打磨的对象，用不了多久，他的个性就会被消磨掉。对成绩不好的孩子来讲，这无异于将他们早早地推出竞争的舞台，使他们成为逃学、沉迷于网络的问题少年。

但是，直面当下的中国基础教育，即使是控制作业量，又是何其艰难啊！不少教师或暗示学生完成书面作业，或让学生刻意隐瞒做作业的事实，或将家长牵扯其中，变本加厉地给孩子布置家庭作业。这就是我们基础教育的真实现状，可见家庭作业的变革是多么难！

在《家庭作业的迷思》一书中，科恩提出了“内定政策”这一概念。当前几乎所有学校的内定政策，即规律地指派家庭作业，给孩子布置一些家庭作业是规则，没有家庭作业则是例外。在这种内定政策下，布置作业是成立的逻辑，不管作业内容与形式是什么。他建议，学校和教师应该首先将“没有家庭作业”设为内定政策。只有当作业真的重要而值得时，才能布置给学生。

任何科学的、规律性的东西都是不分国界的。无独有偶，山东省利津县北宋一中改革的基本路径，就是把“零作业”作为学校的内定政策。内定政策一旦确定后，便自然引发教师去思考没有家庭作业后的课堂是什么样子，该怎样备课，学生课后可以做什么、怎么去做，需要家长怎样配合等诸多问题。

内定政策的转变，势必导致改革开始阶段不得不做“减法”。在经历了一段时间的思考和探索之后，似乎找到了这项改革的本质与真相，实际上就是让教育重新从原点出发，革除过去违背教育规律、泯灭人性的无效劳作的负担与行为。在此基础上，又不得不开始做“加法”，去寻找符合教育规律的科学教育之路。

美国著名课程学者威廉·派纳认为，如果不质疑我们身处其中的文化，我们就会湮没在社会表层，就只能得到我们在表面上所能看到的东西。我们应该把倾听过去与展望未来相结合，然后就能理解现在。

由此，我呼吁并倡导推行“零作业”改革的终极目的，是期望有一天能够还孩子学习的真相，重新建构我们的教育。重新建构不是去做一些花样翻新的“加法”，重新建构的目的是唤醒良知，努力让教师创生自己的课程，为学生成长提供适合的课程，最大限度地促进每个学生的发展。如此一来，教师、学生、家长都得以减负，自由的思考回来了，智慧在这里产生，能力在这里锻造，生命在这里绽放。

是谁让教育只剩下了做题

最近突然发现周围有很多人、很多文章在议论“教育简单得只剩下做题了”这一话题。教育只剩下做题，到底是谁之责？提出这个疑问后，我感到了沉重的教育责任。

目前评价教师的一个非常重要的指标就是教学成绩，而做题、加班加点地反复训练，是教师们一致认可的提高成绩的主要方法，因为它见效快、风险小。

在学校里，教师为了自己的教学业绩，在课堂上拼命地讲题，不管学生的学习情绪和状态如何，不管课堂是否有效与有趣。为了抢夺学生的课下时间，还布置大量的作业。在国庆节假期里，我听说有些学生要做的试卷竟达 30 页。我们的教育就这样被恶性地污染着！

有些校长是想努力做点事情的，但他们面临着诸多的困难和压力。在人人追求分数的环境里，你喊师生减负增效，你喊教师专业发展，你喊学校文化建设，你喊课程开发研究，人家可能会说：歇歇吧，说不定明年就会把你调走，自身都难保，还是看得近一点，抓点成绩，面对现实吧。

一线教师也有类似的顾虑：今年我教这个年级，明年不一定还安排我教。此外，这个校长一套，换个校长又一套，还是关注当下成绩最划算，谁也不得罪为妙。否则，我的考核怎么办？我怎么晋级？我的工资待遇怎么提高？

就是教育局局长，也有这样的心理：我得抓好成绩，我得要政绩，否则怎么向领导和社会交代？你校长不出成绩，就要向你问责，不换思想就换人。

而政府领导呢？也是关注每年的成绩，关注考上名牌大学的学生有多少，考上本科的学生有多少，而对如何通过更好地实施素质教育来提升教育教学质量、关注师生的生命成长，就思考得比较少了。

家长的心理，更是如此。孩子一天到晚都学习就是好孩子，至于身体、个性、创新、品质等，家长都不重视，只要成绩好就行。即使孩子有了点空闲时间，家长还得不惜重金为孩子报各种培训班，好让孩子赢在“起跑线”上。

现行的教育模式是一心想让孩子成“才”，却不在乎他们是否成“人”。这不是爱，不是真正的教育。

现在，大家都开始渐渐明白课业负担过重不利于孩子的生命成长，高效课堂的变革能让孩子走“当前成绩好、未来发展优”的“轻负高效”之路。教育不仅仅是应付考试，还包括学生的生命成长与终身发展。但是要将这些教育理念转变为自觉的行动十分艰难。

政府评价应该是考察政府责任是否到位，投入绩效如何。学校评价应该是自我评定，加强学校管理，深化素质教育，促进学校发展。对社会而言，评价则体现公共财政投资情况，保障公民的知情权等。教育行政部门要对学校做好引领，制定科学的评价方案。家长应该顺应孩子天性，摒弃包办思想，还给孩子自由选择的权利，视成“人”教育为重点。

也就是说，政府要办好每一所学校，把“办好人民满意的教育”作为应该达到的基本目标。学校要全面贯彻课程方案，把国家课程方案落实好，素质教育就有了基本保障。教师要全面培育合格学生。我们必须把教育发展、教育质量、学校办学的着力点放在面向每一个学生上，把时间、健康和能力还给学生，在帮学生打好知识基础的同时培养学生的创新能力、实践能力等。

当然，这需要有一种自觉精神，需要有一种民族忧患意识，需要国家建立起公平、公正而富有效率的制度并号召全社会积极贯彻落实。

在营造这种大环境的同时，教师也要责无旁贷地承担起自己的责任，自觉地追求自己的教育理想，倾心倾力进行学习与研究，关注学生的健康成长。那时，课堂就是学生自主学习、师生情感交流、学生个性徜徉、师生质疑探究的地方，而绝对不会只剩下做题！

课堂错误是学生思维的真实展现

课上，学生争先恐后地回答问题，不怕出错，这种勇气让我十分佩服。有错误的课堂才是真实的课堂，偶尔出错的学生才是有学习热情、有创造性思维品质的学生。非常清晰地记得一名学生问过我："老师，您提倡让我们上课时大胆提出问题、积极回答问题，如果我们出错了，您会批评我们吗?"我说："不会的，你们尽管大胆地提出问题、回答问题。"这句话说出后，虽然学生们做到了，而我真的感觉遇到了挑战。有时缺乏耐心，等不及学生回答完毕就越俎代庖；有时看到学生提出一些简单的问题，我讲了好几遍他们还是不明白，自己就开始着急，时常有情绪爆发的冲动；有时对学生的错误只是用一两句话带过，或对个别学生的错误没有及时纠正，从而打击了学生的积极性。

其实，这都是因为一种错误的观念在作祟。在中国教育史上，师道尊严的观念一代代流传，我认为应该从两方面来解读：尊重教师的人格和学养是无可厚非的，但是不敢指出教师和自己的错误就不应该推崇了。在传统的课堂上，教师说的就是"真理"，这就导致了教师"一言堂"的局面，学生总是不敢主动、大胆地提出疑问。

到底课堂上学生出现的错误有没有价值？为什么有些问题学生会经常出错？到底怎么才能解决好这些问题，让这些问题变成可以利用的课堂资源？我一直在思考，如果能正确理解并解决这些问题，就真的为课堂教学改革做了贡献。

传统的课堂崇尚反复讲解、反复训练，直接告诉学生答案，让学生死记硬背，什么动手实验、实践体验、思维碰撞等，统统都来不及考虑，因为考试在等着，评价排名在等着，升学就业在等着，把本来充满想象、充满智慧、遵循孩子天性的课程异化、抹杀了，哪里还容得下孩子出一点儿错？“出错是学习的大忌”，这是传统教育的悲哀！

我们应该正确面对课堂上学生出现的错误，努力将其转化为一种教学资源，为开展教学活动、达成教学目标服务。因为这种错误也是我们教学所需要的资源，是思维活动的关键连接点，是智慧生成的绝妙机遇。

允许学生出错，容忍学生出错，就是尊重学生的劳动。鼓励学生积极探索，能够深化学生对知识的理解，培养学生直面错误、超越错误的创新品质。处理好这些错误，不仅能让学生感受到自己在课堂上的改变和成长，还能让学生体验到人格的尊严、真理的力量、交往的乐趣和人性的美好。

错误的价值不在于错误本身，而在于学生能从中获得新的启迪。错误是机遇，是挑战，是对教育智慧的度量，是对教育品质的拷问。教师艺术地处理即时生成的错误，巧妙地彰显错误的价值，把真正有价值的内涵植入学生的生命之中，这就是高效课堂的魅力。

一名优秀的教师会从学生的错误中积极寻找教育契机，他的备课、讲课、交流等，无不围绕错误运转。只有那些缺乏这种思想的教师、不会寻找这种资源的教师，才会在课堂上表现得气急败坏：“我都讲了十遍了，你怎么还不会？”

我们必须小心翼翼地对待课堂上出现的错误，因为它是一种在特殊情境下因思维走偏而产生的教学资源，也可以说是学习资源。如果处理不当，会给学生带来困难或意想不到的麻烦，从而影响学生的发展。

学生的一个错误，或许正好是教师所需的用以帮助学生发现真知的东西。错误是学生创造的开始，千万不能忽视了这一点。宽容、接纳学生的错误，并不是在容忍学生的不努力、不积极，为他们的错误辩解，任由学生在错误的道路上信马由缰，而是对错误加以利用，从而使学生变得更好。教师要将错误善意地指出来，请学生自己进行反思，小组讨论探究，教师最后加以点拨指正，这有助于培养学生探究的勇气，激发学生的挑战精神和创新激情。

在传统的课堂教学中，教师总是在学生探究前安排大量的复习和铺垫，还有“越位”的提示或暗示。他们总是希望学生能够顺着教师搭建的台阶拾级而上，沿着教师指引的巷道独自前行，在不容回旋的空间里，学生就能得到正确的、教师想要的答案，课堂因此而顺利进行。这可能是由于教师在潜意识中对学生不放心，是由于教师对课堂上生成的错误的惧怕，惧怕出乎意料，惧怕处置不当，惧怕将自己专业功力不够的短处暴露给学生。

心理学家盖耶说："谁不考虑尝试错误，不允许学生犯错误，就将错过最富有成效的学习时刻。"放弃经历错误，也就意味着放弃经历复杂性，远离错误实际上就是远离创造。允许错误存在，实际上是学生认知的自然展开，是给予学生自主处理新问题，学会在复杂情境中进行辨别、分析、判断、推理的机会。所以，教师应在课堂上让学生自由探究，给学生提供出错的时空。

课堂是出错的地方，出错是学生的权利，帮助学生不再犯同样的错误则是教师的责任和义务。当然并不是所有的错误都应当作为课堂资源加以利用，也不是所有可以作为资源的错误都要当堂处理，是否当堂利用错误资源，要看是否服务于本课的教学目标。课堂上关于学生错误的价值判断，一要有利于学生的发展，二是有利于本课教学目标的达成。当堂分析错误资源的性质及其与教学目标的相关性，需要提高教师对教材的解读能力、把握错误性质和临场调控课堂的能力。教师要重视对学生课堂错误的收集、整理、分析、综合、抽象、概括。

正确的解答，可能只是模仿；而错误的解答，却可能是创新。可怕的不是学生犯错误，而是教师错误地对待学生的错误。当然，不怕出错，允许犯错，不等于鼓励和提倡犯错。教导学生少犯错误，仍然是一条必须坚持的原则。只有学生在尽量避免出错的前提下所犯的错误，才可能最具教育价值。

变“教”为“学”是教学改革的不二选择

与朋友谈及上学的趣事时，忽然忆起那首时常唱的儿歌《读书郎》，仿佛就在耳边，便一起吟唱了起来：小嘛小二郎/背着那书包上学堂/不怕太阳晒也不怕那风雨狂/只怕先生骂我懒哟/没有学问哪无脸见爹娘/啷里格啷里格隆咚锵/没有学问哪无脸见爹娘/小嘛小二郎/背着那书包上学堂/不是为做官也不是为面子光/只为读书求学问呀/不受人欺负呀不做牛和羊/啷里格啷里格隆咚锵/不受人欺负呀不做牛和羊。

吟唱结束后，着实让已与学生生活久违的我们激动了一阵子。当时的读书郎有理想，为了不做牛和羊，为了自己的爹和娘，为了不让先生骂自己懒，那种对读书的渴望，那种学习的快乐，真让我们羡慕。看看今天的“读书郎”们，很小就戴上了近视眼镜，书包重得背不动，做作业到深夜，每天都要应付各种考试……这种学习抹杀了儿童的天性，磨灭了学习的快乐，从而失去了歌曲中“小二郎”读书的主动性和坚韧性。

歌词中有一个词让我很感兴趣，就是“学堂”。以前孩子学习的地方叫学堂，不叫教室，但是不知什么时候改成了教室。把学堂改成教室，其实是一种教育思想的变化。学堂以“学”为中心，在前辈们的文章中，我们常常能“听到”朗朗的读书声；而教室以“教”为中心，过分强化教师“教”的功能。

国家课程标准可以说是新时代教育的一个标尺，为我们提供了新的思维，让我们不得不重新思考当下的教育。的确，我们的教育在崇尚改革创新的同时，也应该有所回归，不应该完全抛弃传统经验。

我们上学经历的三个学段“小学”“中学”“大学”，命名就很科学，因为它不叫“小教”“中教”“大教”。把求学者称为“学生”也是科学的；而将教学生的先生称为“教师”就不科学，因为它只点明教师的任务主要是“教”，没有赋予教师这一职业学习的责任和义务。教师的“教”和“学”都很重要，两千多年前，孔子就提出了“教学相长”，看来古人早已看透“教师”这一名词的缺陷了。教师有必要也改改名字，就叫“学师”吧。带研究生的教师叫“导师”，这是值得认可和推广的，它彰显出教师的职责是“导学”，而不是“教学”。

由此，我又想起江苏东庐中学的讲学稿，全国都在学习，不无道理。教师把教案和学案融为一体，师生共用，重视前置预习，提升了课堂效率。这种改革，不只是形式和内容的变革，更重要的是教育思想的变革，它带来的是教师教学行为的变化和学生学习思维的变化。

山东省利津县北宋一中曾进行了一次大胆的改革，就是彻底取消教师们沿用已久，也认为得心应手的教案，借鉴东庐中学的讲学稿，发掘小组团队的优势，设计出了新的教学方式，即“自主互助学习提纲”。

首先，备课组针对每一节课都精心设计学习提纲。以提纲或问题的形式展现每节课所授的知识点，同时精选教材、教辅等教学资料上相关的训练题目并融入提纲中。将提纲印发给相关的每位学生和教师，学生预习时以提纲为依据，有些内容可以在教材上标记，不能直接在教材上标记的问题，用笔写在提纲的空白处；教师的教案由学习提纲代替，学生课堂活动的设计及重点强调的内容写在右侧的空白处。学习过程的重心由课后训练转变为前置预习，真正促使学生进行自主、合作、探究式学习。学生通过自主预习，掌握一些简单的知识，同时对有难度的问题进行合作探究；学生确实解决不了的问题，再由教师通过点拨讲解解决，久而久之，学生就会形成创新思维品质。如语文学科的学习提纲，包括学习目标、方法指导、展示平台、学习反思四个模块。

其次，将班级学生分成五个学部，每个学部由一位任课教师担任导师，选出一名首席组长，由导师和首席组长共同负责。每个学部划分为三个小组，由组长负责，每个组员都是某个学科的代表。学部之间、小组之间展开全方位竞争，小组发展情况要和学生综合素质评价挂钩。

这样，将教案变为学习提纲，充分发挥小组合作互助的功能，实现课堂高效学习、课下自主学习，彻底改变了教师和学生原有的关系，改变了教与学的方式。

校长听课的方式也可以由过去过分关注教师的“教”转变为主要观察学生的“学”，我把这种听课方法叫作“学室学习走访”。

例如，听了孙华凤老师的课后，我及时把学生参与课堂的情况反馈给学生：“这节课同学们都能积极配合老师，非常投入，效率较高。但是，有一点我认为你们做得不够好，我在孙老师讲课时观察了一下，发现只有一个女生把老师讲的和你们讨论的要点迅速记录在自己的笔记本上，而其他的同学只是单纯地听，没有动手记录。这说明，你们没有充分利用课堂上所有的时间，使课堂效率大打折扣。建议同学们养成勤动手、勤总结的习惯，须知好头脑不如烂笔头。”

事后，我又与孙老师进行了交流。我说：“在课堂上，您曾经好几次让学生讨论、整理、提问，但遗憾的是，您为了赶教学进度，没有留给学生充足的时间进行思考。为什么学生都没有记笔记的习惯呢?”听完我的话，孙老师陷入了深思。是的，学生的学习习惯决定于教师的教学方式。

看来，“教”变“学”，大有学问。只有变“教”为“学”，才能真正体现新课程标准的理念，才能真正实现学生自主、高效学习的愿望。这是时代发展的需要，是教育发展的必然选择。

教学之患在于“多”字当头

我多年脱离课堂教学，离开了与学生心灵相遇的地方，总感觉心里空落落的。有几次尝试重回课堂，却总被一些琐事困扰，终未能如愿。

凭借多年的教学经验指导教师进行课堂教学改革，可以说有了些眉目，但是自己的底气越来越不足，要求大家所做的事情到底合适不合适，心里总感觉没谱。于是再次下决心返回三尺讲坛，担任了一个班的教学工作。一开始，自然引来了众多的议论和疑惑：校长有时间上课吗？如果因开会或忙于其他事务耽误孩子的课，岂不是误人子弟？校长能把课上好吗？如果成绩不如人家，看他怎么解释？校长上课有规则吗？要求教师做的事情，看看校长怎么落实？

一双双眼睛盯着我，努力上好课的决心便愈加坚定。白天没时间备课，便晚上加班；没有机会与学生面对面交流，就通过书面批语和电话短信沟通；怕课堂容量小，就尽量准备足够的内容；怕教给学生的知识缺乏联系与系统性，就旁征博引归纳概括；担心学生不会自主学习，就教给他们一些学习方法与策略；教学时间有限，就尽量训练学生运用小组合作学习和“兵教兵”的方法，把学习的自主权充分放给学生。结果，不知不觉间，课堂上给了学生太多的东西。本来十几分钟学生就能学好的问题，我却拖了一节课；本来学生自己会学的，我却喋喋不休；本来一套题就能达到巩固训练的目的，我却选了两套题；本来一套题我只需引导学生解决几个重要的问题，我却从头讲到尾；本来讲完后应该留给学生反思改错的时间，我却把课堂时间占满；本来应进行听说读写的综合训练，我却顾此失彼；本来能当堂解决的问题，我却寄希望于课下……

有太多的“多”的问题与窘况，让我后悔不已，反思后的愧疚之心始终伴随左右。于是，我常常暗自下决心，今后要从“精”上下功夫。因为，教学上的“多”是对学生学习的一害，教师给予的东西多了，学生的自主学习时间就少了，学生的学习权利就会被教师无情地剥夺；学生没有自学的时间，就不会有创新的思维与创造的成果。教师准备太多的东西，属于自己的时间和精力也就少了，少了及时反思的时间，少了分析问题和揣摩学生个体差异的时间，少了精心打磨教学细节的时间，整个教学就会陷于匆忙的状态之中，一切奔着结果而去，过程中的风景来不及也没有心情慢慢欣赏。教师没有自己的时间，就没有机会用自己的学养和人格感染学生，就没有心思投入自身专业素养的提升之中，就不会考虑除了做题之外还有哪些途径来实施教学。

时下，很多教师每天忙碌地游走于教室、办公室之间，忙着备课、上课、布置作业、批阅试卷。因为忙，教学就失去了教育应有的功能；因为忙，教学就变得功利、简单；因为忙，人与人就失去了情感与个性。大家都在“多多”益善。

教学的本质与真谛人人都明白，但是在具体实践中又人人变得糊涂。再次的课堂教学体验让我懂得，一切应从基本和常识开始，只要把教育中的每件事情做到位，不贪多也能实现良好的教学效果。

以上乱象的衍生，正是当今教学存在的重要问题——教学之教育性的缺失。马莹在《论教育性教学与自由开放的教育场域》一文中指出，教育民间概念的演变可以揭示教学与教育的疏离，回顾教学发展的历程可以看到教学与教育疏离的根源：现代社会及教育管理对效率与眼前利益的过度追求，造成了教育场域压抑与封闭的现状。要使教学回归教育性，致力于对理想人与理想社会的追求，就必须致力于使整个教育场域成为一个追求共同愿景的共同体，使其走向自由与开放。

上课时教师忙碌的情景与状态，就是一种压抑与封闭的教育场域。马莹老师的阐释道出了它的根源与未来的希望。

勇敢地走进学生的生命世界

一名好教师应该同时具备以下五面镜子的功能：望远镜——看将来，看发展；放大镜——放大学生的优点和闪光点；显微镜——善于发现问题与不足；多棱镜——从不同侧面对人对事进行分析；平面镜——客观、公正地处理问题。这五面镜子都是立足于教师层面，以教师为主体看待好教师的标准。其实，评价一名好教师的标准，更应该说评价一名成熟教师的标准，应从学生的角度出发，以学生为主体反观教师的观念与行为。

帕克·帕尔默在《教学勇气——漫步教师心灵》一书中指出："教学不论好坏都发自内心世界。我把我的灵魂状态、我的学科，以及我们共同生存的方式投射到学生心灵上，我在教室里体验到的纠缠不清只不过折射了我内心的交错盘绕。从这个角度说，教学提供通达灵魂的镜子"。

2014 年 10 月，因一名女教师请产假，学校把该教师的班主任工作移交给了我。自我感觉教学和管理经验丰富的我，自信地走进了我的班级。但是一开始我就犯了一个大错误，差一点翻了船。

我站在讲台上，扫视了一下我并不了解的学生，以一名"教师"的身份开始了我的就职演说，先声夺人，以宣传我的教育理念和教学主张。在一番慷慨激昂的发言完毕后，我让学生分为正反两方，来辩论我的理念和主张。我本是想让学生通过辩论，理解和认同我的思想，但是意外的事情发生了。

"老师，您的理念我不认同。""您是给我们一个下马威，杀鸡给猴看。"……学生纷纷表达自己的看法和意见。于是我问："那支持的一方是什么意见?""老师，您的想法很理想，不符合我们的实际。""老师，我给您提个意见，您说话时手指总指着我们，这是对我们的不尊重。"……全班一片反对的声音。从教二十多年，我的权威第一次遭到学生无情的挑战，第一回合我就以失败告终，最后灰溜溜地逃离了教室。

以后几天里，在我的课堂上，不时出现学生乱插话、随意转身、发出怪笑声、手里拿着东西玩耍等现象，于是我经常不得不暂停授课来处理这些问题。一节课下来，感觉焦头烂额，心情极度郁闷。更糟糕的是，学生竟然在他们的微信群里议论纷纷，表示出了对我的意见和不满。

看来学生快要形成抵抗联盟了，如果不抓紧时间想办法，时间久了，这帮孩子会把我赶出教室的，我第一次感到了来自课堂的恐惧。

周末，我把自己关在家里，冥思苦想。妻子警告我："现在的孩子不比我们那时，他们读书多，见识广，有表达自己想法的欲望、能力和权利。你整天说要讲民主、讲平等，要尊重学生的权利，把管理和学习的权利还给学生，但是你骨子里总有一种权威观念，你可能在说话时情不自禁地表露出对他们的不理解和控制。"

一席话令我幡然醒悟。是啊，我忽略了学生的想法，在没有充分了解学生的家庭背景和生命经历的情况下，意图让学生就范于我个人的思想之下。教育是一种慢的艺术，急不得，应该尊重常识啊。

我想起了一个故事：有一位年轻人，因为工作的需要被分配到一个偏远的山村里教书。他觉得不公平，但又无法改变现实，只能消极地对待工作，给孩子们讲课时总是心不在焉，有时还觉得这些孩子脏、笨、让人讨厌。

这一天，下着蒙蒙细雨，灰色的天空加剧了他灰色的心情。本应该是上地理课，可他一看到地图上的首都，失落感马上袭来。他不想上课了。看着地图，他突然想到一种自认为别具一格的教学方法，可以度过这漫长的45分钟。他让每个学生把那页地图撕下来，然后把它撕成碎片，放在桌面上。这时，他说："好，同学们，我们现在来进行一个比赛。请把你桌上的地图碎片再拼合起来，看看谁最快！"

这个年轻的教师以为这件事会使那些学生花费一节课的时间，于是，他走到窗口，对着雨天独自发呆。但是没过5分钟，一个学生站起来说他拼好了。他非常惊愕，问他怎么能如此快地拼好了一幅地图。

"啊，"那个小男孩说，"这很容易。这幅地图的另一面是一个人的肖像。我把这个人的肖像拼到一起，然后再把它翻过来。我想，如果这个人是正确的，那么，这个世界也就是正确的。”

“如果一个人是正确的，他的世界也就会是正确的。”这个年轻的教师陷入了深思。他瞬间明白了一些道理。从此，他尽职尽责地教育孩子们，并在这里扎下根来，为祖国输送了一批又一批优秀的人才。

这个故事给予了我启示：如果你想改变你的世界，首先就要改变你自己。如果你是正确的，你的世界也会是正确的。

学生来学校是寻找伙伴的。也就是说，作为教师，应该首先与学生打成一片，成为伙伴。学生在课堂上出现的一些不良行为实际上是他们在寻找自己的一种归属需求，他们是想与伙伴们一起互动、游戏的，而不是想单单顺从于某个人的思想和管制。实际上，我犯的错误就是没有遵循学生的这种需要。学生的不良行为表现都是有自己的目的的，一旦教师中止授课来关注、处理这类事情，就会正中学生下怀，此时，教师是失败者。

弄明白了道理后，我开始变了。在课堂上尽量多地关注那些行为习惯好的学生，借此强化正能量，少去关注那些心存不良目的的学生行为，耐下心来，采用注视、轻轻提醒等方式处理他们的行为，实在是忍无可忍了，还是耐下心来，等待下课后处理。只有到了万不得已的时候，才去揭穿他的目的。

班上有一位学生刘某，总爱在课上乱插话，我用了各种方法教育他，但他依然我行我素。在一节课上，我笑着对他说：“我知道你为什么上课这么爱乱插话、制造笑话了。”刘某说：“老师，为什么？”我说：“你是想引起异性同学的注意。”此时，刘某表现得很惊奇：“老师，您怎么知道啊？您上学时是不是也这样？”我说：“好像也是。”全班同学哄堂大笑，他也不好意思地低下头，脸红了。我感觉到，同学们的这次笑声是友好的笑声，是尊重的笑声。

是啊，我们这个年龄的时候不也是这样吗？我们为什么非要让学生遵循成人的意愿呢？我们不应该把学生的不良行为看作问题行为，看作不应该发生的事情，而应该在小心探究这种行为背后的目的的基础上，及时调整自己的情感和认知，真诚地与学生沟通，与学生协商，采用适合他的解决办法，努力满足每一个学生的心灵需要。

培根说：“只有顺其自然，才能驾驭自然。”我把我的思想和行为回归到学生年龄的时候，时时处处作为他们平等的一员，与他们一起欢乐、一起悲伤、一起激愤、一起羞愧。为了让学生学会倾听，我专门为学生写了一篇文章《倾听——另一种动听的语言》，我不再大声喊叫了，我的声音变得柔和轻微。在课堂上，我把学习的权利还给了学生，让学生领读，让学生组织活动，让学生互相评价，学生感觉其乐无穷。我把管理的权利还给了学生，甚至连“惩罚”都是学生说了算。学生给我起了个外号，叫“小欣欣”，不少同学都加了我的微信，把他们的课外生活故事发给我，和我说些悄悄话。下课后，好多学生都围在我身边，摸摸我的手，摸摸我的衣领……

一位学生家长在电话里问我：“李老师，您用的什么方法啊？平时我要求孩子那么严，总是盯着她，可她就是不喜欢学英语。现在她每天晚上都大声读英语，作业每次都是优秀，这到底是什么原因啊？”

我告诉她：“也没有什么好方法，我欣赏她，崇拜她、她喜欢戏剧，喜欢写小说，我是她的倾听者，是她的第一个读者，我尊重她的兴趣。我走进了你孩子的内心世界，在她面前我也变成了孩子，孩子自然愿意接受我的帮助。”

最后，我想说：如果我愿意直面灵魂的镜子，不回避我所看到的，我就有机会获得与学生生命相遇的机会，走进学生的生命世界里。

为了“减负”，校长与教师“打游击”

校长与教师“打游击”，实际上就是二者针对“减负”问题在思想与行动上进行的冲突与较量。我自从担任山东省利津县北宋一中校长后，也开始了艰难的“减负”历程。

我一直在观察着、思考着，为什么学生要做这么多的习题，学习的时间这么长？在与广大教师和学生深度交流的基础上，我认识到了这种极其不正常、摧残生命的现象，于是毅然做出了一个大胆的决定——实施“零作业”。

为了这一决然的行动，学校采取了一系列的管控措施，与教师展开了长期的“游击战”。刚开始，学校规定每门学科的课下作业时间不得超过半个小时，但是每科作业的数量和时间由谁来把握呢？于是，学校进一步规定，要求语文作文只能在周一、周四布置，数学作业只能在周二、周五布置，英语作业只能在周三、周六布置（当时一周上 6 天课），物理、化学作业只能在有课的当天布置；同时规定，语文作业只允许布置一道阅读理解题，数学、物理、化学作业只允许布置一至两道题，不允许大题套小题，英语只允许布置一篇小作文，政治、历史、地理和生物不允许布置任何形式的书面作业。但是，问题又来了，有的教师对学生这样说：“这道题可以不做，但下节课我要讲。”得到了这样的暗示，学生就不敢不做这道题了。学校不允许布置书面作业，但教师可以布置背诵作业。

在“减负”的过程中，我遇到了许多意想不到的困难。刚开始的时候，有的教师担心这样做学生成绩会下降，很多家长也纷纷询问学生没有作业学什么，学校的中层领导也经常跑到我的办公室质疑这样做是否可行。我面临着空前的压力。

当时，我也想到过可能会失败，耽误学生的学习。但是，教育是需要按规律办事的，如果拿出真心来办真教育，再困难也要坚持。当然，作业改革的目的不是纯粹的没有作业，我是想通过这种方式，让教育回归，不要再走应试教育的老路。

推行“零作业”，我截断了传统的教育思维和运行路径，让教师开始重新思考教育的本质。学校取消了那些机械性、重复性、惩罚性的和出于不正当竞争的作业，代之以让教师认真备课，解读好教材，精心选题，要求学生当堂完成练习。学生该学的、该做的并没有少，教师该教的、该讲的也并没有少，怎么会影响教学质量呢？当然这需要进行课堂改革，课堂上教师尽量少讲，多留给学生活动和思考的时间。

为了让改革有效地施行，我还采取了一项措施——“逼迫”教师成长，营造学校的学习文化和研究文化。比如，要求所有教师必须每月看一本书，写自己的教育实践，由我亲自检查。我坚信：只有教师成长了，学生才能更好地成长；只有教师快乐了，学生才能幸福。在我的“逼迫”之下，教师们由被动学习变成了主动学习，甚至有不少教师已经把读书、学习、写作当成了自己的爱好与习惯。在这种氛围下，我又开始打造学校的各种学术共同体，鼓励教师们自发地组成团队，主动形成“教师成长共同体”“校本课程开发共同体”“课堂文化建设共同体”“教学常规研究共同体”等教师社团，主动参与各种学生社团的组织与开展。这样做旨在让这些学术团队形成学校的特色，营造一个团结向上的文化场域，最终实现以文化管理学校的目的。

“零作业”仅仅是素质教育的一个切入点，要做的工作还有很多。要让教育改革有后劲，还需不断思考，坚持前行。这次改革是一次冒险行动，但是让我们闯出了素质教育的一片新天地。说句实在话，当时并没有想到实施作业改革后会有这么多的后续工作要做。我们所前进的每一步，都遇到了挑战。到目前为止，我们仍然在与教师变相布置课下作业做“斗争”。教育改革的过程，其实就是和传统教育“打游击”的过程。

“零作业”改革——教育博弈中的追求

中小学生课业负担过重，是一个全国性的“老大难”问题。在所有教育问题中，作业是最容易让人情绪化的领域之一，其争论之激烈、观点之多元、改进之缓慢，成为教育改革首要解决的问题。教育部曾先后50余次下达“减负”号令，但是出于种种原因，“减负”仍难以有效落实。尤其是农村学校，学生课业负担之重达到了不可思议的程度，实施素质教育更是面临四大难题：第一，学生课业负担超重，课程改革阻力重重；第二，教师成长缺乏专业引领和兴趣；第三，课程改革仅停留在理念性口号上，缺乏实际操作性；第四，教学文化建设找不到适合的路径。应试教育下所形成的沉重课业负担，已成为制约学校发展的痼疾，成为消耗教师精力与体力、抹杀教师教育智慧的顽症，更成为阻碍学生思维开发和兴趣特长发展、损害学生身心健康的杀手。无疑，烦琐低效的作业是一种负担，是对学生的不信任，是在毁掉学生的美好童年，毁掉他们对学校的热爱、对责任的担当。过多的低效书面作业使学生失去了快乐、自由的生活，导致家庭教育中亲子矛盾的积聚。可以说，过重的课业负担所造成的危害和负面影响，到了无以复加的地步。

基于此，山东省利津县北宋一中于2007年在全国率先提出并实施了“零作业”教学改革实践与研究。十多年来，经过坚持不懈的探索，“零作业”教学改革不仅取得了突出成效和重大成果，而且成为农村学校有力、有效推进素质教育和实施课程改革的重要抓手，成为“减负增效”的重要方法和途径。

“零作业”：告别应试教育

当今，许多教育实验风云突起：课堂模式在变革，以学生为本的课堂正成为改革目标，当堂达标，向课堂要质量已达成共识；备课方式在变革，学教一体的“学教案”被普遍运用，备课内容以问题为主，课堂训练量逐步增大；作业类型不断翻新，如分层型作业、社会实践型作业、探究型作业、操作型作业、听说型作业、游戏型作业等；作业操作方式也在尝试变革，如“零作业日”、学生自主选择作业的探索等，尽力让学生享受自主学习的快乐。可以说，减轻学生过重的课业负担开始出现曙光，让人看到了希望。

但就目前整个基础教育领域来说，课业负担偏重仍然是教育的顽疾，家庭作业过多依旧是全社会普遍关注的热点问题。我们是否想过，问题到底该由谁来解决？“减负”的路径该如何寻求？

当教育简单到只剩下了做题，不客气地说，它不仅无法培养出合格的社会劳动者和国家公民，更有可能造成人的本质意义上的异化。

作业是理解、消化、巩固所学内容的有效方式，但过多的作业，特别是作业汇成了“题海”，成为应付考试的常规“战术”时，教育就变成了单纯的机械训练，失去了它的本真意义。

为什么会产生“题海战术”？其一，这种方法对当前“大规模时空限制下的纸笔考试”很有效；其二，我们常常不愿提及，但事实上又真实存在——教师之间的博弈。

考试不仅是学生之间的博弈，其实也是教师之间的博弈。虽说学校里最基本的博弈发生在学生之间，但学生博弈的方式与方法不是学生能够自己做主的，而是由教师之间的博弈策略来决定的。也就是说，教师之间的博弈决定了学生博弈的策略、方式与方法。

校内教师之间的博弈可分为两类：一是同年级同学科教师之间的博弈，二是同班级不同学科教师之间的博弈。但不管哪一种博弈，教师要想取得我们常常所说的教学成绩，就必须要让学生在自己所教授的学科上投入更多的学习时间，所以必然要想办法占用学生的课余时间。要想更多地占用学生的课余时间，一个简单的办法就是布置作业，布置比其他教师更多的作业。当各科教师都想布置更多的作业时，教学中的“囚徒困境”就产生了。

“囚徒困境”是经济学中的一个著名案例——当每个人都追求个人利

益最大化的时候，群体性的“困境”就产生了，这反映了个人的最佳选择并非团体的最佳选择。“题海战术”产生的主要原因之一就在于这种“囚徒困境”，学生负担过重的罪魁祸首也在于此。

这种困境困住了教师的学生观、教学观、作业观，更困住了中国的基础教育，使之总是在困境的旋涡中打转，似乎永远无法向前推进；总是在困境的泥潭中挣扎，步履维艰，根本无法拔出脚追赶时代的改革步伐。

教育本有着良好的初衷，但现实中出现了严重的偏离。当我和全体教师毅然决然地实施“零作业”之后，北京师范大学的肖川教授这样评价：李志欣校长用“零作业”这把“宝剑”决绝地奋力一劈，从此斩断了“题海战术”这个纠结了无数利害关系的“绳结”，让中国的基础教育从作业的“囚徒困境”中解脱出来，让我们的教育从此能够冲出“旋涡”，向着大海尽情奔流；让我们的教育从此能够蹚过“泥潭”，大踏步追赶世界改革的步伐。

“零作业”斩断了以拼时间为主要标志的应试教育的命脉，它很有意义——因为所有的改革措施，不论是我们寄予了厚望的新课程改革，还是教师们无比向往的有效教学，都在“零作业”推动下一一落实。“零作业”逼得教师们必须改变博弈的方式。“零作业”让“时间战术”失效了，只能提高教学的质量，向课堂要效率，保证学生的学习质量。“零作业”的主旨是建设高效课堂，它截断了教学的传统路径，全面启动了教学改革，而这正是新课程改革翘首以盼的。

但我一直认为，“零作业”只是一次教育的回归行动，以它为切入点，是想牵动诸如课程与教学、学生成长、教师发展、管理机制等方面的改革创新。实施“零作业”预示着我们立志“减负”的决心和对理想教育的追求，“零作业”也是学校各项改革与创新的一个目标，是育人目标得以实现的一种策略与理念。

“零作业”的提法，也许概念上并不科学，为了实现这一目标的实践操作策略也并不完善，但是以学生为本、以教师为本、以质量为生命线是我们始终坚持的根本。

实施“零作业”，教师最初不是很理解，由被迫到习惯，再到自觉和真心拥护，因为他们在实践中深深体会到：“零作业”不仅解放了学生，解放了教师，更重要的是带来了意想不到的教学效果，诞生了异彩纷呈的新观念、新思想和新产品。实施“零作业”后，师生终于可以迈着轻松的步伐，享受着自由的空气，信心百倍地走向桃花盛开、落英缤纷的教育“桃花源”……

“零作业”：与旧观念和老经验斗法

从作业的功用来看，课外作业应该是教师为学生精心准备的礼物，但现实中它已变成让学生厌恶和恐惧的负担。

我先后在三所学校工作过，这三所学校都曾经是山东省利津县的教学落后单位。落后则思变，改革是走出困境的唯一出路。实践证明，以作业改革为突破口，是减负增效、推进学校素质教育的有效方法。

在这三所学校，我发现了相似的情况，我可以用“博弈”来为之做一个注脚，是因为它使教育变得像赌博似的，赌注却是孩子的未来。

尝试改革（1992—2004 年）：踏上破冰之旅

1992 年夏天，我背着简单的行囊来到了利津县最偏僻的农村初中——付窝中学。到这里后我才发现，比条件差更可怕的是大家教育观念的落后。为了弥补课堂教学的低效，教师普遍采用“题海战术”。我当时担任教导处副主任兼级部主任，为了改变无序竞争的状况，就和同事们一道协调学生的作业量，规范学生的作息时间，让学生在紧张的学习之余得到有效调节。

实施过程大体经历了两个阶段。

第一阶段：语文、数学、英语一天只能布置 30 分钟以内的课下作业，物理、化学只能在有课的当天布置 30 分钟以内的作业，其他学科一律不准布置任何形式的课下作业。实施一段时间后，我通过调查发现学生作业还是很多，原因就是对作业量缺乏监控，无法保证教师自觉地按 30 分钟的时间去布置作业，另外还有教师偷着布置作业。于是我开始思考新的措施。

第二阶段：要求语文作业只能在周一、周四布置，数学作业只能在周二、周五布置，英语作业只能在周三、周六布置（当时一周上 6 天课），物理、化学作业只能在有课的当天布置，且都规定了明确的题型和数量，如语文作业只允许布置一道阅读理解题，数学、物理、化学作业只能布置一至两道题。

这样，效率自然上去了，但是实施过程异常艰难。我要求班主任把教师违规的作业从学生手里收起来；动员学生可以不做教师不按规定布置的作业；每周开一次会，把学生的作业问卷调查情况当众向教师宣读……但是有些教师就是不理解，有的声称自己布置的是复习资料，不是作业……以上现象都是在教师形成一致意见的情况下发生的。我没有想到在实施过程中会出现如此多的问题，但仍坚决地执行着在当时被看作另类的教学管理，教师则不断地同我打“游击战”……一学年的时间很快就过去了，在中考中学校取得了满意的成绩。更让人高兴的是，教师开始精心设计问题，改变了过去一讲到底的教学方法，努力提高自己的课堂效率。

再入弱校（2004—2007 年）：异校验证作业改革成果

2004 年 8 月，我被调入北宋三中担任副校长。当时学校连续 10 年没有获得过一项县级以上奖励，教学质量长期徘徊在全县下游，教师厌教，学生厌学。

在校长的大力支持下，我从改革作业切入，整顿教学秩序。一是要求各年级设立公共自习课。在公共自习课上，一律不准布置任何形式的课下书面作业，严禁布置隐性作业或背诵作业。二是要求教师在课堂上为学生安排适量的练习，必须当堂完成，严禁提前发放或拖后上交，避免占用学生时间。三是严禁教师在学生休息的时间布置任何形式的任务，特别是具有一定惩罚性的任务。四是自习课上提倡学生进行“自助餐”式学习，不受教师干涉。

就这样坚持改革，学校终于摘掉了落后的“帽子”。当然这个过程同样艰难。

有位老教师工作很卖力，他布置的作业是全校最多的。对于作业改革，他就是想不通。我先是对他通报批评，他不听。没有办法，我只好把他分发下的试卷收起来。他质问我：“难道工作干得多也是错?”对此，我继续耐心解释。甚至还有更令人不可理解的事情发生，比如，有的通报发下去，马上就会被人撕掉；写在小黑板上的常规检查反馈，被人打上刺眼的叉号……

大胆推行（2007—2008 年）：提出实施“零作业”

2007 年 3 月，经过利津县教育局党组严格考核，我考选为北宋一中校长。在吸取教训、总结经验的基础上，我大胆地提出实施“零作业”，目的就是改变以往那种高耗低效的运作模式，带领学校摆脱教育博弈的困境，回到科学、和谐发展的轨道上来。

为了顺利实施“零作业”改革，学校成立了“零作业”研究室，主要针对“零作业”的具体实施展开研究。研究室还负责组织教师开展教育理论学习，吸收新的教育思想和教学改革信息，并建立了相关制度，实行民主监督。我还教一个班的英语课，带头执行“零作业”。学校规定，教师教学质量评价采用捆绑式评价，取消原有的个体评价方式。对违规教师进行通报批评，限期整改。对多次严重违反制度者，校委会可根据干部人事管理权限对相关责任人给予相应处分。在全校师生大会上，我向学生公开言明：禁止教师布置一切形式的课下作业，如果教师违规布置课下作业，学生可以拒绝完成，也可以向校长写投诉信。教师之间相互监督，违纪教师的行为将会受到其他教师的舆论谴责。

在北宋一中，同样有教师与我展开“游击战”。对此，我也感到过疲惫，想到过放弃。但是，我坚信教育是需要按规律办事的，即使再困难也要坚持。我是想通过这种毅然决然的方式，让教育回归本真，不要再走应试教育的老路，我们该为孩子一生的幸福打点行装。

可喜的是，我和我的团队坚持了下来，不长时间之后，“零作业”改革就显现成效，教学成绩不降反升，获得了全面丰收。至此，“零作业”才算真正生根发芽，并以此为突破口，学校启动了一系列卓有成效的改革。

“零作业”：促进学生自主学习

学习的最高境界是自主学习，最好的教育是自我教育。学校实施“零作业”，就意味着我们下定决心要把时间还给学生，让学生学会自主学习，从而把健康和能力还给学生，让学生能够自主管理，这也是改革的终极目的。

我们在尊重原先做法的基础上，对作业布置又进行了清晰的界定，把以下三个原则作为一项长期坚持执行的“铁规定”：一是“三不准”，即一律不准布置课下书面作业，不准课下发放成套试题，不准将课上完不成的任务留在课下做；二是“两监督”，即学生监督教师，学校督查组监察教师；三是“一必须”，即教师在课堂上为学生提供精心设计的“课堂学习指导纲要”，必须实现当堂评价。

改革措施一提出，就获得了学生的积极拥护与大力支持。“零作业”改革赋予了学生学习的主动权，学生从学习本身发现乐趣，这成为快乐学习的动因。

学校推行“零作业”改革，切断了传统的教学路径，迫使教师不得不转变教育观念，比如，开始思考没有课下作业后的课堂是什么样子，自己该怎样备课。学生也开始思考没有了课下作业之后可以做什么，自己该如何主动学习。

学校大胆改造了教学流程，自主开发了两种学习载体——“单元自主学习指导纲要”和“课堂学习指导纲要”，并以此改变教师的备课方式、教学方式以及学生的学习方式。

改革之后，上午第四节是雷打不动的自习课。自习课上，每个学生都有一份“单元自主学习指导纲要”。这是任课教师根据课时数，将教学单元的预习内容整合在一起制成的，引领学生在课前的自习课上或其他课下时间进行自主学习，使学生能够掌握基本知识，发现疑难问题，进行自我评价。这样有利于教师在课堂上对具体学习目标进行分解与阐述，对学习重点和难点进行分析与把握，对学生进行有针对性的学习指导。“单元自主学习指导纲要”需要学生自主完成，以此为载体，学生的学习重心实现了前移。

学生反映说：“有了‘单元自主学习指导纲要’，我们可以根据计划去学习，按照自己的方法去完成，不仅充分利用了时间，提高了成绩，而且学得比较轻松，做到劳逸结合，减轻了学习负担。”

设计“单元自主学习指导纲要”，主要是为学生赢得真正自主学习的时间，指导学生探索和总结自主学习的方法，让学生有机会自主安排学习内容，进行课前预习、查缺补漏和复习巩固。这是教师们在不断探索之后，最终形成的一种比较有效的引领学生自主学习的方式。

“课堂学习指导纲要”则实现了课堂教学流程的科学再造。当然，课堂教学不囿于“纲要”中提出的几个教学环节，每个教师都可以有自己的创造，都可以自行调整，但必须基于学生的自主学习来设计问题。课堂学习目标是在学生自主学习的基础上新生成的问题，具有很强的挑战性，教师要求学生在独立解决问题的基础上，在班级内形成小组之间、生生之间、师生之间的多向对话，交流“先学”的成果，突破学习重难点。这样的课堂教学满足了不同层次学生的学习诉求。

问题解决之后，学生就开始了丰富多彩的展示：在教师的组织下，学生自己讲解、提出问题，把自己的思路、观点、方法等展示出来，可以补充帮助，可以辩论质疑。教师在学生展示时倾听、记录，捕捉生成性问题，准备点评，从而把学生的学习引向深入。

课前，师生有了积极的准备，课堂就变成了学生展示的舞台，变成了教师引导和帮助学生学习的场所。课堂不再是学生学习的开始，而是学生学习的提升和深化。这样的课堂教学减轻了学生的课业和心理负担，最重要的在于学生拥有了学习的自主权，能够张弛有度地对学习过程进行自我控制。

为了保障学生课上和课下都有充分的时间进行自主学习，各年级具体规范了公共自习课以及课下时间的管理。学生不在自习课上进行讨论，任何教师包括班主任不得随意进入教室打扰学生。下发的“纲要”下课后立即回收，不准留在课下，更不准在其他任何时间下发。

这就将全体教师推到同一“起跑线”上，引领教师在教学能力、教学手段、教育理念和教学效率上一比高下，想办法指导学生自主学习，变“授之以鱼”为“授之以渔”。

“零作业”推动的有效教学，实现了课堂学习任务当堂完成，而课下，学生会根据师生共同制订的学习目标，主动、自觉地开展学科学习与实践活动，准备学习资源，为课堂的深入互动打下基础。于是，培养学生自主学习习惯和能力、转变教师教学观念和方式、重新衔接学生课内外生活、综合建构学校课程体系及引领教师专业发展等一系列问题便随即排上了改革的日程。也就是说，改革需要在坚持原先做法的基础上寻求突破，寻找新的支撑点与创新点。

为此，我们对课堂管理评价、课内外学习评价和学校常规管理以及各种活动评价进行了一体化设计，将学生分为四人一组的学习小组，形成同组合作、同层竞争的局面，学校、班级、课堂等各层级领域、各种形式的评比都以学习小组为单位进行评价。我们还给每个小组配备了一名教师做导师，这样，全体教师人人承担育人责任，为自己所负责的学生提供思想引导、学业辅导、心理疏导、生活指导等全方位的教育服务，帮助学生实现真正的自主学习和自主管理。

学校实行全员导师管理机制，每天，每个年级都有一名教师全天候值班，值班教师同自己所负责的学习小组进行交流沟通，真正发挥导师的作用。这也解放了其他教师——不值班的教师可以放心回家休息、照顾家人等。学生则真正得到了解放，玩的时候尽情地玩，学的时候认真地学，不必一整天都抱着教科书背诵、做题。课下，他们可以读书、练书法、画画、弹琴、进行小制作、打篮球，可以做一切健康的游戏……学校教学改革如果没有一定模式的整体推进，是没有力度的，即便个别教师有自己的教学主张，也难以影响其他教师，更不可能改变学校的教学全貌；而完全刚性的教学模式推进，则忽视了教师作为教学改革主体能动性的发挥，“千课一貌”也完全背离了教育的正确方向。“零作业”改革为学校注入了基本规范的约束，同时给了教师创造的空间，因此，它是意义深远的开放性教学范型，以自主学习为特征，以自主管理为保障，确保了新的学校文化系统自然生成。

实施“零作业”，课堂如何改

知困，然后能自强也。“零作业”改革让原本对课堂教学流程、教学内容了然于胸的教师感受到了压力，截断了教师熟悉的教育运行路径，于是，教师不得不重新思考与实践新的课堂教学模式。

有教师深有感触地说，以前的课堂拼的是时间，现在比的是教师的教学能力；以前的课堂是以传授知识为主，现在则是以传授方法为主；以前的课堂是教师唱“独角戏”，现在的课堂是所有学生展示才能；以前的课堂学生昏昏欲睡，现在的课堂学生个个跃跃欲试……为什么会产生这样的变化呢？

一位教师这样说，推行“零作业”，所有教学内容都要当堂完成，学生有了大量的自习时间，但如果学生没有自主学习的愿望和能力，就达不到“零作业”预期的效果。这就要求教师必须改变“灌输”的教学方式，改变学生被动接受知识的状况，使学生掌握科学的学习方法和娴熟的基本技能，提高学生善于提出问题、解决问题的能力以及终身学习的能力。这也就是我们常说的要“领着学生走向知识”及“授之以渔”。

新型的课堂教学是以建立学习型共同体为核心要素的。学习型共同体是由班主任和科任教师依据学生的学习水平、性别、个性特点、心理素质、发展潜力等综合因素，于每学期开始前将班里的学生平均划分成相对平衡的若干学习小组，每组四人，形成组间同质、组内异质，实现同组合作、同层竞争的局面，学校、班级里的所有活动都以小组为单位进行评价。

有些教师还对学习小组的划分进行了创造性改变，如北宋一中的聂伟伟老师在原有学习小组的基础上，按照学习水平再把学生分成四组，分别命名为实力组、潜力组、奋进组、勤奋组。两种学习小组在课堂上交替使用，促进了组间合作，体现了学习共同体建设的科学性。这样，课堂就有了新的组织架构。

另外一个转变是依托“单元自主学习指导纲要”“课堂学习指导纲要”对教学流程进行改造。教师在课堂上不再一讲到底，而是以两个“纲要”引导和促进学生自主学习。

所以，教师的主要精力就用在了分析教材、理解教材设计意图、帮助学生自主建构知识上。这体现在“单元自主学习指导纲要”的设计上。“单元自主学习指导纲要”的内容具体分为“教材分析”“知识建构”“背景知识”“问题展台”“学习评价”五个板块。

它解决了教师平时课下向学生发放大量资料，布置各种形式的机械性、重复性书面作业的问题。同时，它不同于一般意义的课前预习，它是以教材的学习单元为主题，以研究的方式对学习内容进行探讨，更多的是展示学生自己的想法和疑问，教师仅仅提供学习的纲领性内容，并提供学习方法和学习目标，让学生自己思考、独立发现问题、自主评价。“背景知识”环节为学生提供了丰富的课程资源，所以课堂不再是知识学习的开始，而是学习的进一步延续与深化。因此，课程意识得到了充分体现。

依托“课堂学习指导纲要”的课堂教学“以学定教”，包括“目标定向”“学生先学”“合作探究”“点拨拓展”和“反馈达标”五个环节，保障学生当堂掌握学习内容。

由于重视了学生的课前自主学习，新课堂的实质是将学习点拆成需要思考的问题，这不仅仅是知识梳理，更重要的是认知铺垫。新课堂创造条件让学生充分地展示，学生成为学习主体，教师也能够了解学生的学习进展情况，发现问题。

小组合作学习机制的建立让学生互帮互学，使不同层次的学生都有发展。更重要的是，这样的学习形式还让学生获得了精神激励，形成了自我管理能力。

做好“问题推动”的过程管理

在“零作业”改革中，需要以系统化思维去推动改革，抓住改革的关键事件与核心要素，认可教师的每一点成就，提升教师的工作自主性和灵活性。对过程的精细管理可以为改革成功提供保障。

随着新课程改革的持续推进，其间势必会出现各种各样的问题和矛盾。新课程改革的过程实际上就是问题探索和问题解决的过程。为了及时发现改革中的问题，也为了了解新课程改革的成效，以便调整思路，在推进“零作业”改革的过程中我们注重组织相关人员，通过各种方式，如开座谈会、问卷调查等，收集数据与信息，并及时进行总结、反思和反馈，从而保障了改革的顺利进行。

2012年4月9日，北宋一中组织了“零作业”问卷调查及学生座谈会，调查“课堂学习指导纲要”完成过程中的问题、学生对“零作业”的反映等。学校向六至九年级的学生发放调查问卷450份，回收450份，调查结果显示：有85％的学生在课堂上有足够的时间完成“课堂学习指导纲要”，15％的学生可以在课堂上完成大部分内容，教师布置书面作业或隐性作业的情况为零。学生还普遍反映，实行“零作业”改革之后，教师的教学方式发生了根本性变化，课堂气氛也较以前更加活跃。这表明，“零作业”改革落到了实处，绝大部分教师已基本适应新课堂。

调查中有这样一项："零作业"改革以来，你在学校的心情如何？有86%的学生选择了"良好"，11%的学生选择了"较好"，3%的学生选择了"一般"。可见，"零作业"让大多数学生的心情得到了放松，对学习充满了信心。

学生还提出了一些意见，比如，希望教师继续采用现在的教学方式，让学生自主学习；希望教师上课时幽默一些，课外活动时多布置一些实践性、探究性问题；希望教师在学校里给学生读课外书的时间，开放学校图书室；等等。

2012年5月10日，北宋一中向学生家长发放调查问卷350份，回收289份，回收率在80%以上。从这项调查中发现，87.8%的学生家长了解学校的"零作业"改革，其中有79.5%的学生家长表示支持和配合；12.2%的学生家长表示不知道或不甚了解"零作业"改革；只有3.9%的学生家长反对"零作业"改革，担心孩子的学习成绩会因此下降。

有79.5%的学生家长表示，不布置课下作业并不等于放纵学生，通过一段时间的实践他们得出结论：学生课下负担减轻了，他们的学习成绩并没有下降，相反，学生有了自主学习、自由掌握的时间，他们的学习能力提高了许多。12%的学生家长觉得无所谓，他们认为自己孩子的学习自觉性一直比较高。只有3.9%的家长表示反对，其原因是自己孩子的自我约束力太差，在没有作业压力的情况下，学习成绩严重下降。这部分学生家长建议学校拿出专门方案对孩子进行学习指导。

同时，学校又对教师展开调查，了解到教师在改革的具体操作中仍然存在不少问题。比如，部分教师没有认真学习学校下发的要求，导致所设计的"单元自主学习指导纲要""课堂学习指导纲要"仍然以练习题为主，成了变相作业；部分教师不能合理安排时间，再加上同学科教师分工合作不够科学，导致两个"纲要"达不到应有的效果，甚至起了反作用；没能充分发挥小组长和科代表的作用，两个"纲要"什么时候该发、什么时候该收，做得不明确；等等。

有了问题就得想办法解决。首先，学校对两个"纲要"的使用再次做了详细说明，并编制成学习材料印发给教师。其次，召开课堂教学改革专题会议，共同研讨出现的问题。学校选出落实改革比较好的教师成立了课堂教学改革共同体，把发现的问题都作为小课题，分给每一名成员去研究。

学校又对两个“纲要”的运用做出了具体要求：教师在每周五之前设计完成下周要使用的“单元自主学习指导纲要”。每周一由各小组长下发，小组长要对小组成员使用“纲要”的情况做出评价。周五，各小组长收齐后交给科代表，科代表交给教师，教师点评后装订成册，并作为常规材料上交。“课堂学习指导纲要”的数量要与课时数相符，须当堂运用，不准提前和拖后下发。

经过一番努力，教师们的教学理念与教学方式均发生了一定的转变，有相当数量的教师开始注重提升自身的专业素质，提高课堂教学效率，同时，学校管理者也更清楚地看到了改革推进中的新问题。比如，教师对教学原则理解得不透，课堂五大环节运用得不熟练，导致课堂低效；课堂教学设计与学生的思维发展规律不够契合，教师仍较多关注形式；教师在课堂上对学生的过程性评价不到位，不能做到关注每一个学生；等等。

针对新问题，学校召开了课堂教学改革共同体会议，研究解决办法，还专门邀请县教研室的各科教研员做指导。为了使每一名教师都能理解和运用新的教学模式，学校开展了“三课活动”：一是各学科组推选两名教师上“下水课”；二是由各学科组选出一名优秀教师上“示范课”，教导处组织教师进行观摩；三是每学期都组织全校教师上“达标课”。另外，学校还采用了更多的激励措施，努力让更多的改革者参与进来。比如，与兄弟学校建立发展共同体，教师可以采用互访方式，展示自己的改革成果，不断优化自己的改革策略；学校紧紧围绕改革大力提倡教师读书，开展变革论坛、课例研究、论文比赛、专家名师报告会等活动。

实行“零作业”，学生课外怎么过

学校在实行“零作业”改革的同时，还要规范办学行为——在双休日、节假日不得进行任何形式的补课活动。调研发现，改革也会带来诸多的负面影响，比如，学生的惰性随着课业负担的减轻充分地表现出来。部分自学能力不强、自制力差的学生，双休日、节假日在家长时间看电视、偷偷上网吧玩游戏等，家长难以管束。还有的学生由于缺乏指导与督促，打破了原来的生活规律，成了“游兵散将”“野孩子”。甚至有些学生结伙外出，做出危害社会的违法行为。

面对这种情况，必须衔接好学生的课内与课外生活，这就要充分发挥家长委员会的桥梁与纽带作用，挖掘家长委员会成员的智慧，加强对学生双休日、节假日的生活指导。

一是倡议家长让学生在家分担家务劳动或其他力所能及的劳动，体验父母的辛劳。

二是指导创建合作学习小组。学生可依据就近原则、自愿原则组成学习互助小组。学生自行选举小组负责人，自行制订活动计划和安排活动内容，自行确定小组纪律和要求，自行接受家长和教师的监督。比如，学习一段时间后可以打打球、玩些游戏，还可以开展一些服务社区的公益性活动。

三是建议家长精心策划活动，让学生的双休日、节假日生活内容丰富起来。如几个家庭可以联合组织读书交流会、诗歌朗诵会等，融知识性、趣味性于一体，密切亲子关系。

四是家长委员会组织社会实践活动，学校教师参与其中做好服务工作。学校可委托家长委员会组织学生利用双休日、节假日开展社会调查、参观游览、探索大自然等活动，激发学生热爱自然、保护环境、热爱祖国的美好情感。还可以成立一些社团，如小记者团、社会调查团、志愿者服务队等，开展相应的活动。通过参与一系列的活动，学生的视野会变得开阔，把书本的知识学活，锻炼自己的创新能力和实践能力。

实现了“零作业”，学生就有了更多的自由时间和个性化发展空间。学校、教师、家长、社会都应承担起自己的一份责任。只要我们及时更新教育观念，积极开动脑筋，一定会有办法让学生快乐地、有意义地度过自己的双休日、节假日。但也要提醒一句，任何活动千万不要以“家庭作业”的形式来“绑架”学生。

“零作业”，让学习变得丰富而美好

综合建构学校课程体系一直是该项改革的办学理想，因为“零作业”的实施，赢取了可行的空间和机会。

北宋一中的校本课程主要包括科技探究类、人文社会类、艺体综合类、综合实践类等几个大项。另外，学校还开展传统的读书节、体育节、科技节、艺术节等节日活动，也是学生全体参与的课程。

实行“零作业”之后，学校就能够开发、实施更多的适合学生发展需求的校本课程，多元化的、丰富的课程和活动，能够有效激发学生的学习兴趣，开阔学生的视野，促进学生的全面发展与个性张扬，学生的创新精神和实践能力也可以得到培养与提升。

校本课程实施的基本原则是，结合当地的文化传统，根据学校现有的教育资源，最大限度地去改造、丰富学校的课程和活动，使学生在实行“零作业”之后能够充实地度过每一天。因此，如何挖掘地方资源和校本资源，如何合理有效地开发和利用校本课程，就成为“零作业”改革的一个重要课题。以北宋一中的改革为例，学校每学期都会组织教师参加学校或教研组的校本课程建设创意大赛，目的是激发教师开发与实施校本课程的积极性与兴趣。学校还邀请专家讲课、指导，从而规范课程纲要的编写、校本教材的开发，提高课程实施与评价的科学性与适切性，从而让课程更贴近学生。

如“民间游艺”课程，学校体育组的教师把地方传统游戏作为校本课程开发的特色资源引入了学校。有的教师把“海陆空”“跑围城”“跳房子”等当地民间游戏广泛地运用到体育课中，使学生自然迸发出参加体育活动的热忱，积极主动地进行游戏，使身体肌肉和各器官机能和谐地调动起来，取得了较好的锻炼效果。

有的年级利用“阳光大课间”，组织“民间游艺展示月”活动，每周一个项目。比如，第一周为“跳绳节”，第二周为“丢沙包节”，第三周为“陀螺节”，第四周为“跳房子节”……通过评比展示来创新活动形式，鼓励教师和学生一起活动，一起制作简易的游戏器械。这样的课程开发，让学生在享受民间游艺活动的同时，提高了大课间活动的参与度，还融洽了师生关系。

有的音乐教师与语文教师合作，把传统文化经典诵读与游艺活动进行整合，创生了很多有趣、有意义的课程，如切西瓜赛唐诗、七星异彩赛诗会、编着花篮诵经典等。

“零作业”改革推动了课程改革，重塑了学生的校园生活。“双休日（节假日）生活指导纲要”就是这一改革背景下生成的又一改变学生课外生活方式的创新举措。它的内容、主题来源于教材，而具体实践又超越教材。它的实施主要依据如下几种理念：超越传统学科，关注新兴的、综合的、有差异的学科；超越基础知识与基本技能，关注学生未来必备的综合能力与品质的发展；超越彼此割裂的各学科，关注跨学科的主题和问题；超越对单纯知识的掌握，观照现实世界与未来生活的内容；超越既定内容的学习，为学生提供多元的学习选择。总之，力图为学生提供真正有价值的学习内容，让学习变得丰富而美好。

“双休日（节假日）生活指导纲要”与“单元自主学习指导纲要”“课堂学习指导纲要”一起，把学生课上与课下的时间联系起来进行规划，从课程观入手补充教学所缺，从而走上了教学改革课程化的理想道路。

这些创意迭出、精彩纷呈的课程真正地把自主、健康、成长还给了学生，让教育回归了本真、回归了自然、回归了生活和儿童天性。学生接受优质教育，学校的教育生活变得丰富而精彩，课堂教学也从最初的“因困而变”，顺势发展到“走向卓越”，走向了“课程优化”，真正关注人的发展。

教育需要教师“目中有人”

每天走进校园，看到孩子们高兴地说笑、安静地听课，教师们忙碌着各自的工作，作为校长，我的心里感到很充盈。其实教育并没有那么复杂，只要大家精心料理自己手头上一件件应该干的事情，都把目光投向周围的人哪怕一点点值得欣赏的方面，教育便会豁然开朗。

多数教师都想认真努力地做好教育工作，但在对教育本质认知不清晰的情况下，加上又受到教育体制的制约，往往会将力气用错地方，也就没有工作的幸福感可言。我很心疼这些教师，我相信他们也想成为可以启发学生的良师，但应该如何做呢？他们需要向身边的榜样学习，跟他们学习有用的经验，并能超越现实的限制，在自己的课堂中展现真善美；凭借言传身教，尤其是注重身教的力量，把尊重学生视为神圣的行为，发现每一个学生潜在的优势。

无意间读到台北教育大学林士真教授的一篇文章，题目是《请看到我》，让我感动良久。文中有两段文字非常精彩：

一个星期日的午后，我漫步在北投街道上，这里是城市的边缘，缺乏关爱的街景有些凌乱。走过一处野草丛生的空地，凝神一看，野草中正开着像雪花般的白色花朵，真美！拿出相机拍下它们。路过的人有些讶异我的举动：有什么好拍的呢？太平凡了！的确，平凡的事物容易令人忽略，就像路边的小花小草，少有人为之驻足。但当我们用心凝神观看万物，就能看到它们原本的面貌，以及存在其本身的美好。

我们还记得小时候刚上学的心情吗？有些怕老师，但内心深处有着这样的渴望：“老师，请看到我！”“喜欢我！”“请认同我！”这样的心灵电波一直发送着，直到现在，也会延续到未来。每个人都一样，差别在于个人有没有自我察觉，在于有人被接纳、有人被忽略，然后生命故事的发展就不一样了。许多教师看待学生，只看到表面，甚至以“标签”方式看学生，很少让每一个独特的灵魂进入他们的心，而缺乏心与心的交流，教育教学的效果必将大打折扣。教育要想不一样，需要可以真正看到学生的教师。

是啊，在我们的教室里，每个孩子都是那么想以自己本来的面貌得到老师温暖的注视。我们应该把全部心思用于解读每一个孩子的故事，谨慎地呵护每一颗幼小的心灵，这对孩子的成长是多么有意义。在一次听课时，我发现有一个孩子在一堂课上连续举了八次手，最后两次甚至都站了起来，但遗憾的是，上课的教师并没有发现这个孩子。我注意到，后来这个孩子失望地不再举手了，他眼巴巴地看着其他孩子的精彩展示。我不知道这个孩子下一节课还会不会再举手，他今后的人生会不会因此而受到影响。一个能带给每个孩子温暖和尊重的教师，一定是孩子生命中的天使！

林教授在文章的最后一段这样总结：

著名的教育家罗宾森爵士谈到现在各国都在做教育改革，但改革只是改变做法，不能应对未来的挑战，我们需要的是教育革命，也就是要将机械地训练学生的工业模式转变为农业有机模式，因为每一个孩子都有无限的潜能，唯有因材施教，才是我们的未来。

我希望在校园里、在教室里，每一位教师都能用自己的眼睛去“拍摄”下如林教授在野草中拍摄的“正开着像雪花般的白色花朵”，那我们学校的每一个孩子该是多么美，我们学校的每一位教师该是多么伟大！

“请看到我”，这是教育最重要的智慧和策略啊！我们所有的教育人应当谨记心中，并坚持践行。希望大家铭记自己的使命，把心紧紧贴在孩子们的心上，为了他们未来美好的生命。作为校长，还要去发现每一位教师的闪光点，因为教师是教育野草中那不起眼的白色小花，需要人去欣赏。

重建师生关系推动教师进行课程改革

最近阅读洛夫的《自然法则》一书，看到书中保罗·谢泼德说的一句话："自然界并不仅是一系列束缚，还包含着让我们能够更好地实现梦想的环境。"还看到亚伯拉罕·林肯的话："平静的过去留下的那些教条已无法满足暴风雨似的现今的需求。如今困难堆积如山，我们必须随着时事崛起。既然问题是新的，那么思考和行动的角度也得是崭新的。"用这两个人的话来描述当下我们的教育环境与现状是最贴切不过的。

有位校长向我咨询有关课程改革的事情，我建议他不要仅仅做局部或单一的加法式改革，不能仅仅从一些方式上寻找切入点，而应该调整学校的治理结构和课程结构，如学校管理实施分布式领导，让每位教师都成为课程的领导者和构建者；压缩基础课程的课时，拿出一定课时进行阅读课程与实践课程的实践。但是该校长表现得很为难："教育局会定期考核我们的教学成绩，基础课程我们是不敢动的，想动老师也不会同意的。"

走进两所学校——一所地级市市级小学，一所城乡接合部农村小学，与其校长和教师交流，发现也有同样的问题。其中一位校长带领我参观了他们学校的足球展览馆，其足球课程的确开展得不错，管理也比较到位。该校以"一切为了生命的成长与丰盈"为办学理念，以培养"有赤子之心、强健之身、智者之识、君子之行的少年"为育人目标，开设了很多选修课，也举办了不少社团活动，应该说是一所规范先进的学校。但是该校的最大问题在于课堂，班额太大，一个班有学生六十个左右，教师观念落后，重教轻学，对基础课程不敢进行大刀阔斧的改革。

另一位校长及其所在学校的教师向我介绍了他们学校的校本课程，其名称为"YUE动"课程，即从"阅""悦""乐""跃""越"五个维度开发了十几种课程，以社团的形式在某一固定的时间实施。按理说，作为一所农村学校，做到这样已经不错了，但是当我问及他们如何对基础课程进行改革时，他们都说因为怕影响成绩而不敢行动。

这两所学校均进行了相应的课程改革，但是也都不同程度地受到了来自不同方面的束缚。以上三所学校都透露出了他们所面临的压力和困难，都在强调外在因素对学校改革与发展的不利。对此我真的能够理解，是的，目前的教育体制有一股巨大的力量在束缚着学校和教师的思想，促使他们想方设法寻求改变，但是又不能也不敢越雷池一步。他们只好迎合上级的督导与指示，在局部或外围做一些不伤筋动骨的变动。就像一个雪球一样，围绕着一个不变的核心，越滚越大，学校、教师和学生的负担越来越沉重，暴露出的问题越来越多，大家却都眼睁睁地看着这个雪球无休止地滚动而束手无策。

虽然国家已经出台了比较科学的方案措施，但是一些学校仍然拖着疲惫的“身躯”，重复着过去的“故事”，改变缓慢，困难重重，这其中有两个原因：一是没有看到教育是实现梦想的环境；二是没有敏锐地发现教育的新问题，思考和行动仍然墨守成规。

“与学生重新建立关系”是当下学校育人模式和课程改革的核心。在知识经济时代，如果仍然遵循“师道尊严”“严师出高徒”“教师是知识的化身”“教材是神圣不可侵犯的”“封闭式管理”等教育教学理念，哪能不出现问题？学生与教师在视野、思维、情感、技能、价值观等方面可能有很大的不同，他们需要个性化发展，他们呼唤民主平等，他们渴望尊重理解，他们喜欢自主选择。

因此，想要进行改革的学校必须尊重学生的想法与权利，尊重他们的个性与兴趣，给他们创造学习成长的空间。学生的思维打开了，他们的话语权得到了尊重，他们的能量、潜力和兴趣有了释放的机会，就会推动教师去重新思考自己的人生观和价值观，重新思考自己的教育观念和教学方式，促使教师不断地学习研究，进行各种改革与尝试。我想，这才是今后学校教育和课程改革的着力点和最有效的策略。

北京市育英学校的语文学科实行“3＋3”课程模式，简单地说，就是用规定课时的3节课完成基础课程的任务，用3节课开展阅读课程，这样，教师就必须基于单元或学期、学年教材进行课程整合，学生的阅读量就增加了。同时，学校为了推动阅读课程，在校园里设置了流动图书馆，建立了阅读教室，开办了学生大讲堂等，用各种方式营造读书的氛围，为学生提供选书、读书、表达和分享的平台和机会。学生阅读兴趣的激发、阅读量的增加、视野的开阔与表达等能力的提升逼迫教师自己不得不加强阅读，转变教学方式，不断调整育人理念，以适应学生的发展需要。

北京十一学校取消了行政班级，启动了学科教室，每个学生都有属于自己的课程表。这种变化无疑对教师提出了史无前例的严峻的考验。品读李建平老师的《中国教育寻变：北京十一学校的1500天》，带着思考与问题走进北京十一学校，感受最深刻的就是师生关系的改变。“面向全体学生”“为了每一个学生的发展”是该校课程改革最重要的价值趋向。学生可以自主选择课程、学习时段、自己擅长或感兴趣的学科。学校取消了原先行政化的班级和班主任，无疑，对学生的管理、与学生的交流等新问题会因此不断涌现，教师不得不重新看待与学生的关系。当没有了行政班，学生与教师平起平坐时，教师的角色就必须从过去的习惯教育学生、说服学生变成倾听学生、发现学生、唤醒学生、帮助学生。

当师生关系发生了根本性的变化，学生的个性就会彰显出来，其思维越来越活跃，提出的问题也越来越难以应对。把学习权利和选择权利还给学生的同时，自然就把教师逼向了不得不努力学习、转变自己价值观和教育观的境地，来自学生的压力催动教师进行课程改革。如李建平老师所说，学生和教师不再是“一滴水”与“一桶水”的关系，也不仅仅是知识与知识的关系，而是心灵与心灵的交融、思想与思想的碰撞。

不理解或不考虑新时代新型的师生关系，还是用过去传统的权威控制式的思维方式和行动来思考和推动学校教育，就违背了大自然不断变换、生生不息的运动规律和自然法则。只有重建师生关系，在此基础上将课程、教学、学校生活与学生重新联系起来，激活学生的思维，培养学生的好奇心、兴趣、个性等，才会推动学校教师进行科学的，符合学科特点、学生成长规律和未来生命需要的课程改革。

回归学习者的内在生命运动

当阅读美国教育家帕克·帕尔默的著作《教学勇气：漫步教师心灵》最后一部分“呼唤新专业人士——教育就是转变”时，“回归学习者的内在生命运动”这句话突然击中了我的内心。

该文指出了2001年1月23日美国布什政府提出《不让一个孩子掉队》的教育改革计划的缺陷：一心只专注于可以用标准化测试来度量的学习，这样一来，很自然就把所有那些对无助于求得测验高分的科目和技能——诸如音乐和艺术等所谓无用的科目，以及诸如在书本上或教师指南中找不到答案的探索性问题的技能，都一律排斥在外了。

其实，我国应试教育下的种种弊端亦是如此。回顾多年来我国中小学进行的轰轰烈烈的教育改革与创新，为了规避上述弊端，教师、学校、各级教育主管部门和教育研究部门等都从多方面、多角度进行了大量的探索实验，但总是感到方法捉襟见肘，效果不甚理想，甚至有些顽疾，如学生课业负担过重、课程创生自觉性不足、教师产生职业倦怠等问题长期无法得以解决。

苦闷之余，当然也听到了不少令人欣喜的信息。有教育情怀和责任担当的教育志士，敢于挑战传统的旧习，突破呆板的体制，进行一些实实在在的教育改革与创新实践，如先学后教、当堂达标、小组合作学习、翻转课堂、游戏式学习、全课程、走班制、分层教学、学科教室等。我相信，中国教育值得期待，中国教育正在改变！

不管是反思美国《不让一个孩子掉队》法案下的教育和中国应试教育下的种种弊端与不足，还是审视近几年各种教育改革与创新的行为与价值取向，我都感受到我们的教育正在逐步走出混沌状态，即“教师为测试而教”这一悖论，普遍在寻觅“教师是为满足学生的真实需要而教”这一根本性、原则性命题。一旦教育的内定政策转变为“为满足学生的真实需要而教”，改革的焦点就要放在尊重学习者的心灵自由释放、回归学习者的内在生命运动上。

教育的本质是人的发展，是人与人之间心灵的交流，而不是要求人人必须遵循某一方案、某一模式、某一轨迹，而丧失了个性与自我。缺失了个性与自我的教育和学习，自然就没有心灵自由的表达，心灵和精神的需要被无情地漠视，教育的各种弊端、违背人性的思想和行为就会产生。

我想，追求一种遵循内在生命运动的教育，完全没有必要事事听从行政的命令或依赖专家的引领，更不能抱怨我们生活在以“无过即是功”为生存法则的社会里。其实，真正在一线做教育的人，他们清楚教育是什么样子的，他们知道应该怎样做真正的教育。我们应该自觉地从理想与现实的悖论中和应对与逃离的纠结中走出来，做一名心灵自由、精神高贵的教师。如此，教育还需要“狠抓”吗？学习还需要“硬灌”吗？教师还需要“管制”吗？学生还需要“圈养”吗？

在自然界中，任何生物都需要有适合自己生存栖息的环境，否则，它会慢慢被大自然淘汰。同样的道理，学生也需要学校为他们多彩的生命提供栖息之地和生长环境，如果孩子在学校里没有让自己内在生命运动的环境，他的成长是有缺憾的，是病态的成长。

北京市育英学校的愿景是“办一所让孩子不愿回家的学校”。当你身处校园中，你会发现到处都呈现出让生命律动的元素。走在校园的道路上、各种功能室的走廊里，你会时时处处感受到传统文化经典的熏陶；步入银杏树林，便见到一些散落有序的石桌石椅，学生可以在此谈心、休憩、读书、下棋、嬉戏；漫步在果树园，学生可以研究各种植物，欣赏春天的花朵，体验秋天的收获；还有学生农场里生长着的麦子、黄瓜、油菜，动物园里可爱的兔子、鹦鹉、鸽子，水池里自由的鱼儿……

如果想读书的话，小径旁、走廊里、景点处，随时随地就可以选择一本喜爱的书，坐在亭子下、花树旁、草地上、水池边的木头椅子上阅读；如果想展示自己或班级的才艺时，校园里有多处设计独具匠心可供表演的温馨展台……

社团招新了，育英大讲堂开讲了，校园吉尼斯挑战赛拉开了序幕，志愿服务者按时上岗了，选课走班推开了，上百种选修课程启动了，教育时评及时更新了，学生代表大会修订通过的学生惩戒条例施行了……这些都是学生每天的生活常态。

当休闲、读书、游戏、研究、展示、民主、服务等原生态的成长元素能够在校园里找到滋生之地时，当个性、兴趣、激情等能够在校园里自由绽放、尽情发挥时，当每个人的行动都能在校园里有权利、有机会选择时，这样的校园就变成了有生活、有文化的校园，在这样的校园里，学生的内在生命和精神才能得以捍卫、尊重和解放。“最美校园，做最有价值的教育”，将不再只是一句空洞的理想化口号，而是一次真真切切、踏踏实实的教育实践与探索。

苏霍姆林斯基说：“学习要在一种多方面的、丰富的精神生活的广阔背景下进行。”北京市育英学校的课堂学习也因此正在发生着静悄悄的革命。

现在的教师不再是纯粹的知识传授者，因为现在学生的学习不仅仅发生在学校的课堂里，原先学生安静认真地听教师讲解的场面很难再现，思维活跃、敢于表达自己观点、勇于展示自己个性的学生让课堂变得难以驾驭。因此，教师也必须是一名学习者，需要与时俱进，转变自身的角色。在新的课堂生态下，北京市育英学校的教师变成了教学和课程资源的整合者，其任务主要是管理时间和空间，整合教材，提供课程；他们是学生情感的点燃者、学生好奇心的守护者，是学生兴趣的引渡人和发现者，是自主管理智慧的提供者和服务者，是帮助学生运用工具对接学习资源和自主学习的创领者。

北京市育英学校追求的是“从学科走向课程、从教学走向教育”的课堂，是理性和人文的课堂。这样的课堂，是学习者自己的课堂。教师把学习的权利还给了学生，使他们能够在课堂上进行自主、合作、探究、体验式学习。管理职责由学生自己负责，让学生“人人有事做，事事有人管”，维护学生的尊严，尊重学生的想法，宽容学生的错误，一切行为基于选择，顺应学生成长的规律解决问题。

在这样的课堂上，教师不再依赖教材或教辅来维系教学，师生都在追求智力和精神上的价值和意义。教师不会控制学生的思维，不会用简单粗暴的方式奖惩学生。“资源和工具”会把学生引进一个比他们的经验和自我世界更宽广的世界，教师会把自己的知识与生活和学生的知识与生活自然对接，进入彼此的表达、思维系统与生活、道德背景。

这样的课堂，也许用“因材施教”已经不能完整诠释它的变换和图景了。《学记》中的“教学相长”、杜威的“教育即生活”和陶行知先生的“教学做合一”，我想，这些伟大的教育思想应该能够帮助解释我所想阐述的主题意图吧。

当师生都对自我生命有了承担，把学习当作自己的兴趣，独立、自由与创造这三种精神不再通过外在的控制力来实现时，真实的教育生活就凸显了，学习者会去自觉追寻自己的内在生命需求，教师和学生在这样的环境里相遇后，会共同走向一个新的世界。

不用自己的影子做教育

最近读了法国作家马克·李维的著作《偷影子的人》，书中讲了一个孩子能透过别人的影子听到他们的想法、希望与痛苦的故事。读到最后一页，终于很庆幸地看到，在太阳升起的时刻，主人公与那位会用风筝写出“我想你”的女孩的影子肩并肩拖长在人行道上。

就在这个时刻，回忆的影子正低声地向主人公述说一切。那些我们惯于埋藏在记忆深处的回忆，那些关于我们自己、关于青春、关于童年的一切，正在被这个故事慢慢唤醒。

我们每个人，从童年、少年，甚至到青年，总是试图掩盖自己的不同，试图变得跟别人一样，试图融入大众之中，试图加入某一个群体，试图顺应社会潮流。在这个过程中，人是会感到孤独和恐惧的，他总是想与众不同，又不得不与他人殊途同归。他的路会弯弯曲曲、磕磕绊绊，会招来各种猜忌与讥讽，也会赢得他人的激励与奖赏。自己的身份不断地变换，并反复被确定。

二十几年的教师生涯，让我既看到了自己，也感受到了一个个学生。我们的精神滋养与灵魂路途是否真实地与学生渴望的样子接轨？自己的高尚思想与原始个性是否在真实的情境中和谐地融入学生的心灵里？

每一个人的成长源于惊奇、赞叹，经历怀疑、鼓舞，再到确立信仰、使命，这是形成思想、个性、情感和人格的过程。教师所实施的教育行为，本质是以自己的思想、信念来影响学生，真正的教育者总是怀着鲜明的思想和坚定的信念去接触学生，在学生面前表现自己，敞开自己的内心世界。

苏霍姆林斯基说：“必须使教师的人格能吸引学生，以其思想和生活观点、信念、道德伦理原则、智力的丰富性和热爱劳动的品质的完美性来鼓舞学生……这首先就是教师在生活、工作、行为中体现的理想、原则、信念、观点、道德和伦理立场的和谐统一体。没有这个统一体，也就没有教育者完美的人格，也就没有真正的学生集体。”

我们是在用和谐统一的自己与真实的学生交往，还是在用自己的影子与学生的影子交往？这是教育的核心所在。单纯的说教，凭借个人的技术、精力，甚至是自己的天才和创造性劳动等，无法形成一种现实的力量对学生产生影响，使他们能够检点、反省和控制自己。

只有当学生树立起自我教育的愿望，将掌握知识视作坚定的信念和高尚的劳动，愿意去自主学习，培养起道德自立所必需的毅力时，教育才会真正开始，教师的人格才会对学生产生影响。但现实往往并不像我们希望的那样美好。教育世界里总会有一些东西或力量让我们变得庸俗不堪。在此，我想借助印度哲学家克里希那穆提的文章《为什么大部分人不承认自己庸俗》中的观点，揭示我内心的纠结：我们会不自觉地绕着自己的利益打转，为了解决眼前的问题，我们会追赶成败的影子、虚荣的影子、悲伤的影子、愤怒的影子……而这些庸俗的影子会把我们拉向习惯、高傲、渺小和卑贱。

试想，当一些庸俗的事物，如自己学科的成绩不如别人、害怕他人评论自己的积极进取、想成功又不想坚持的踌躇、有了荣誉还想更多更大的获得、不停地抱怨学生或家长的不足而看不到他们的人性光辉等，塞满了我们的内心，让我们脱离了自己的影子，事关切身利益的问题的解决是要用卑贱的心态和手段予以应对的，不管是否得到满意的结果，成与败都会使自己和问题变得更加卑贱。可怕的习惯绑架了教育和教师，推动着教育的浪潮恣意泛滥，涌向不能把握的未来，涌向每一个相似的生命，却产出不一样的生命成果。

我们做教师的不应该总是寄希望于他人尊重自己，希望社会必须重视自己，希望自己始终保持行为正当，我们应该从这些琐碎的、令我们疲惫不堪的卑贱事物中彻底脱离出来，不要担心或害怕他人是怎么评价我们的。自己内心的安定是最强大的力量，自己变了，周围的世界也就变了。学生需要一种真正的自由，去发现自己真正喜爱的事情，对自己的生命有选择的权利。而心怀卑贱事物的教育者是没有勇气、机会和灵性来解读学生的生命需求的。

教师的生活准则应该是个性与精神的一致、道德与言行的和谐、内心与信念的融洽，把知识、真理和规则化为自己的思想和见解，用自己不断学习收获的智慧和情感，永远瞄准将来美好的目标，与志同道合的学生相互成为崇拜者、支持者。

教师这一工作，其实是我们的一种生存目的和生活蓝图。我们的思想和生活应该忠诚于这一事业，感激生命旅途中的处处盛景、次次相遇。教师和学生的个性、思想与行动实现内在的“自转”，所做的任何事情都是在履行对个人、他人和社会的义务。这样一想，便能真切地体验到教育的幸福感。

当内心不再有任何卑贱的想法和事物时，真正的教师回来了，教育就会显得再简单不过，只不过遵循规律运行而已，学生的个性得以自然地发展。

教育应该在真实的场景中、真实的人之间，有真实的故事发生，而不应用虚伪的影子、圣人的姿态影响学生、规训学生。

第三章

精神升值——教师成长的自觉

做一名心灵自由的教师

从教的时间越长，对教育的感受就越深；感受越深，也就对教育生发出一种别样的生命自觉。我们每一个生命个体，不能停留在既有的生命状态，而应该在不断的努力中，实现生命的持续飞跃，做一名知识丰富、身体健康、心灵自由、思想超脱、精神高贵的教师。

没有思想的教师培养不出有思想的学生，优秀的教师应该成为学生的思想领袖。要教导学生，学习兴趣、独立意识和责任感是最重要的东西。教师应该创新教育教学方法，把学生的学习成绩当成教学过程的自然结果。因为真正的教学是无形的，是无处不在的。课堂应该是思维品质形成的地方，是心灵自由开放的地方。

不热爱生活的人，不可能是热爱教育的人。不了解生活的人，就不知道教育是什么样的。教师要学会从生活中反观自己，离开了生活就失去了获得教育智慧的源泉。只要把心交给教育，心灵就能得到安宁，就能感到自由，做自己愿意做的事情就不会感到劳累，所以教师要做教育生活的自由人。

其实，教师职业生命的本质是一种学习与研究的精神生活。教师要对教育教学工作进行冷静而理性的思考和研究，这样才能够成为主动作为、积极谋求发展的教育者，而不只是满足于对个人经验浅层次的认知和归纳。教育是一项创造的事业，而不仅仅是一种谋生的手段。一方面，教师应该努力从自身积累的实践经验中寻找内在规律，从反思中找回忘却的记忆，从困惑中探求智慧，从成功中筛选方法，从失败中积累资源；另一方面，教师应该如饥似渴地读书学习，探寻教育的真谛，追寻他人成功的内在原因。

当下，我们的教育始终无法彻底地从现实体制和传统文化的束缚中解脱出来，无法从现行的招生考试制度的束缚中解脱出来，无法从功利性目的与人的长远发展目标的矛盾中解脱出来。其实，教育应该是一项造福后代的事业，是用生命润泽生命的工作。如果仅仅靠一些制度、评价来约束或强制运行，只会使教育走向畸形。教育是靠良心支撑的事业，没有自觉的文化意识，就不会形成科学、持续的教育行为和信念。教育是一艘靠创新来引领的航船，没有文化的自觉，就只会停留在避风港中坐观等待。

有文化自觉的教师，才能真心实意地从人的需求出发，思考并选择恰当的教育行为，促进学生的发展；也才能认真审视教育中普遍存在的、束缚师生发展的深层观念和行为，进而努力改造教育文化，让师生在自由、安全、愉悦的文化氛围中，不断地探索进取，不断地创造出生命的新价值。

学生需要素质教育，需要能够保证其全面发展、终身发展的教育行为。而这需要教师有心灵的自由，能够对学生进行技术的指导、思想的引领。这是一名真正的教育工作者一生的责任与追求，也是现代教师职业生命的原点。

教师的平淡生活应是一种承担

据我观察，多数教师喜欢过一种平淡的生活，不为功名，不为利禄，只因职责所系，认为拥有一颗为孩子负责的良心，做应该做的就足够了。按时上下班、认真备课、上课、批阅作业、课下辅导等成为这些教师日常生活的行为标签，似乎不如此，便不是一位合格的教师。

说实话，在当下浮躁之风日盛的社会环境里，甘于平淡已经是教师一种可贵的职业习惯了。对这样的一种职业生活状态，似乎是无可指摘的。当问及这些教师对自己生活的看法时，他们大多会淡然笑之："做一名普通教师，就应该过这样平淡的生活，能对得起自己、对得起学生，一辈子就知足了，还要求什么啊?"

每天四平八稳、风平浪静、与世无争、得过且过，对教师们这样的生活，我并不认同。身为教师，教人读书是自己的本分，那么自己首先得是一个读书人吧？读书应是教师生活中不可或缺的内容，而目前的状况是，认真读书的教师少之又少。

如果罗列一些教师不愿意读书的缘由，可以随口说出很多条：薪水微薄，没钱买书读；教育教学任务繁重，无暇顾及读书；社会风气浮躁，校园读书的氛围差，想静下心来读书很难；读书不能带来立即看得见的好处；学校的考核制度过于关注学生成绩，需要把大量的时间花在钻研试题和教辅材料上，没时间、没精力读书；等等。

随着教师待遇的不断提高，绝大多数教师不读书照样能过上比较安逸舒适的生活。有的教师这样说："有教学常规的标准、规范，有上级管理部门的指示要求、业务指导，我没有必要把自己从大多数人中孤立出来，强迫自己去读书，承受额外的劳累。"久而久之，这种由外在力量左右着的职业生活就演化为教师从众的习性和心态，成为众多教师工作与生活的一种常态。

可悲的是，身为一名教师，为了顺应大众崇尚的所谓的平淡生活，致使自己的生命功能慢慢退化，失去工作和生活的激情，甚至使平淡的工作变得寡淡、平静的生活变得枯寂，由此忘却了教育生活的真正意义。张国庆在《老师不爱阅读源于生命主体被边缘》一文中深刻地解读了什么是有意义的平淡生活："我们知道，生命的本质在于成长，在于不断地突破自己的生命经验，在于让我们有思想地活着。当我们缺少了这些本质的东西，这实际上意味着我们的生命之旅已经步入了不平淡的道路。"许多教师之所以感到烦躁、自卑、痛苦、绝望，整天生活在怨恨、叹息、烦恼之中，是因为他们没有认识到生命的真相。

教师生命的真相必须有读书的生活，有独一无二的生命行走方式，有与众不同的教育主张，有生命主体的心灵解放。当下教育的真正问题在于教师的生活没有回归到教师自己的生命功能，所面临的，是缺失信仰，不能为自己确立生活的目标与方向；缺失承担，缺失对社会、历史、民族的承担，缺失对自我生命的承担。

对教师来说，读书是一种对业务、工作，尤其是对学生的责任承担。在道德失范的今天，教师要承担精神坚守的历史责任；作为知识分子的教师，还要尊重自己的研究成果，尊重自己的教学主张。这些都是教师对自我生命的承担，是一种生命存在的方式。教师是一种自由的职业，思想自由，教学自由，研究自由。

近日读徐百柯先生的《民国风度》一书，体味民国时期的那批学人，如冯友兰、潘光旦、傅斯年、金岳霖、林庚等，他们的个性虽千姿百态，但是他们个个内在不失风骨、风趣和风雅。北京大学的钱理群教授在本书再版代序《谈谈"民国那些人"》中写道："那一代人，无论做学问、讲课、做事情，都是把自己的生命投入进去的，学问、工作，都不是外在于他的，而是和自我生命融为一体的。这样，他们所做的每一件事情，都会使他自身的生命不断获得新生和升华，从中体会、体验到自我生命的意义、价值和欢乐。"

而这需要的是独立、自由与创造精神。这三种精神，绝不可能由外在的控制力来实现，应该是自己承担精神的内在生命需求与自觉。平淡生活应是一种承担，其实就是教师的日常生活伦理，在这种生活伦理的支配下，注重落实到具体而微的生活实践中，用读书、研究、改革、创新等元素点燃平淡的生活，从而迸发生命的激情。

这需要教师把心思用在正确看待自己、用心过自己的生活上，而不是生活在庸常的大众中，泯灭自己的生活激情。化平淡为激情，去过有信仰、有理想的教育生活吧！

教师在教育生活中应追求“专业情意”

原先我是一名站讲台的教师，课堂是我的阵地。后来担任了校长，由于学校事务繁杂，课堂与我渐行渐远。如今重温旧业，又开始了课堂教学。教师只有站立在课堂上，才能真正体会到生命的价值和教育生活的真情。这次回归课堂，我对教育教学有了全新的、更深层次的思考。

“教师的专业情意是教师对教育事业的情感态度与价值观的融合，是教师职业道德的集中体现，也是教师专业持续发展的根本动力。”这是陶西平先生在文章《研究特级教师成长规律的独特价值》中阐述的观点。其实，这也是我现在的真实感受。

作为一名工作多年的教育者，以前，我对教师的“专业情意”没有充分的理解，只是积累了一些经验，且这些经验只是停留在碎片化、缄默化、封闭性的层面上。我经常思考：自己的这些经验能否满足成长中的生命的需要？能否变成可资利用的课程资源？能否对学校发展起到推动作用？

教师要有自己独特的教育理念和教学思想，要善于发现和吸纳他人的教育智慧。在此基础上，便会有许多奇妙的感受与收获。这是我对教师的“专业情意”的切实体会。以前我习惯向教师发号施令，如今亲临课堂，对教师的理解、同情，对改革的目标认定、行为操作和评价依据，对学生的尊重和热爱，对自己职业的认识和专业发展等，都有了清晰、系统的理解和诠释。

以前，我对教师的专业成长没有真切的认识，只是拼命应付上级的要求，缺乏基于兴趣的、自觉的专业发展情怀。再次走进课堂，走进学生中间，面对这些纯真灿烂的生命，我又进入了教师专业成长的真实情境，对“静下心来教书，潜下心来育人”“教师是一种追求、一种奉献、一种责任、一种坚守”“精神关怀与民主尊重是教师课堂教学的核心内容”等这些平时不甚理解的教育价值观和道德情感，也有了深刻的领悟与认同。

要成为一名优秀教师，不能只围着教材转，也不能只是学习些教育理论，更重要的是要提高自身的综合素养，锻炼自己的实践能力，具有教育家的气质和情怀。华东师范大学的陈玉坤教授认为，教育家的成长途径有三条：敏于教育发展的盲点，善于把握社会需要与自身优势的结合点，勇于探索教育的难点。这是教师一辈子都应追求的理想。

我一直认为，教师是必须要做一些实验、搞一些研究的。苏霍姆林斯基说，一名教师若能热心于本门科学正在探讨的问题，并具备进行独立研究的能力，这样的教师则可成为学校的骄傲。一个成功的实验既是教师自觉成长的前提，也是教师成长的具体体现，还能为学生成长提供更广阔的天地。

也就是说，要通过自身的教育行为和专业化自觉来提升自己的精神生活质量。教师专业化自觉的过程就是自主发展的过程，是教师改善自己生存状况的最佳途径。

其实，教育就是一种生活，真正的教育应当在生活中，教育属于热爱生活的人。如果说生活的本质是一种安静与平凡，那么，教育就该滋润每一个日子，滋润每一个人的心灵，关注人的情感和需求。这就是教育生活中应该永远追求的“专业情意”。

教师要做灵魂的守望者

每个教师都是独立的个体，都有其特殊的存在价值，他们都有自己的智慧和灵魂。但是，在现实的教育环境中，教师缺乏自由发表言说的机会，他们的话语权未能得到应有的重视。也就是说，他们的知识和智慧不易进入学术领域，不易被深入挖掘、被表达、被系统化，不易被教师群体所传承和发展。这是教育的失误与发展的空白。这样的教育，是不成熟的教育，是没有思想的教育。

不少学校、不少教育者热衷于四处“朝拜”，被创新理念“撩拨”得躁动不安。过去的优良传统被抛弃，浮躁的行动打破了教育本来应有的宁静，所有的人指向了升学、分数，于是教育变得简单功利。学校甚至不需要有素养、有思想的教师，只要能让学生考出高分即可。

学生上了十几年学，做了十几年题；一年只是读了几本教材，没有再读其他任何书籍；每天坐在教室里，没有机会接触社会与生活，课外兴趣全被剥夺……这是多么严重的生命浪费啊！

在这样的背景下，应该怎样做一名合格的教师？我认为，一定要创造机会让教师的智慧都能生成思想，并在思想的观照下形成自己的教育理念：追求人文修养，掌握学科思想，唤醒学习兴趣；有清晰的职业规划、科学的教学流程与策略、个性化的教学智慧；热爱生活，心灵自由。也可以说，这样的教师不仅是敬业、勤奋、奉献的人，而且是守望灵魂的人，是自我解放的人。这样的人，思想有多远，他的行动就有多远。唯有这样的教师，他的言传身教才能基于个人的发展变化；他才能把整个教材体系打通，一节课顶三节课的价值；为了教一篇课文，他会阅读大量的相关文章，为学生提供大量的阅读背景知识，让学生研究这位作者的所有文章，并写出研究性的文章；他会设计很多方法，融汇多个学科的思想与方法，训练学生质疑、批判的思维与精神；他会将知识与生活密切联系，跳出课本，跳出权威，走进社会，走向大自然，体验、探索、创新、研究；他会以人为本，尊重所有的生命，让他们都有尊严地成长、成功；他会使学生离开教师和家长的“看管”时，仍然保持浓厚的学习兴趣，养成终身学习的习惯；他会痴迷于教育，坚守于教育，为了志趣、使命奋斗一生……

智慧的本质在于正确的行动，正确的行动需要反复实践，实践需要正确的观念与思想。课堂上，教师的智慧在于把思维的障碍点变成思维的生长点，把生长点演化成学生的能力和方法。优秀的教师都有独特的个性，他们会从教育价值观的角度看教学，而不是从学科的角度看教学；他们会让学生走在学习的前面，永远保持学习的兴趣。

须知，学习、工作自得其乐的人才会成功。团结更多的人，一起来研究问题，这样就能生成智慧、交换思想。教师的任务在于穿越时空，在于继承传统。教师的命运是与时代联系在一起的。

教师要经常沉静下来思考，才能有所悟、有所得，教师的人格修养、人文情怀和心灵感悟才是最宝贵的“矿藏”。当教学的情境把思维推向两难，让你不得不抉择的时候，教学才能进入一种别样的境界，此时站着的才是教师的灵魂。

我们要尊重每个人的话语权，做到博爱与博学，防止功利主义和经验主义影响教师的思维与行动，让教师丧失自我。作为教师，一定要守住自己的灵魂，做一名灵魂的守望者，教育会因此而美妙无比。

敬畏民间的教育智慧与精神

呼唤教育本质的回归，成了当下教育界最热门的话题。其中有两项内容最为激荡人心：一是教育要回归到关注学生的情感、人格和道德上来，二是教育要趋向教育家办学和教学上来。其实，这就是我们期待的理想的教育。看来，随着实践探索的深入，每一个有良知的教育者都变得更加理性，更加关注人道、关心民族、追求本原，这或许是我国教育走向更加科学、和谐、诚信的一次重要的历史性拐点吧。

在一次教学工作例会上，我语重心长地对教师们说了这样一番话："老师们，我们盼望已久的教育时代到来了。教育是在塑造人的生命，是在付出自己生命的同时，也使自己的生命得到提升。"过去，我们都感觉到教育的枯燥和乏味，我们缺乏创造精神，懒得发现身边微妙的教育机遇，不去思考，不去研究，我们就这样得过且过、苦苦煎熬。我常说，教师要有自由的心灵，要不断读书学习，不断提升自己的素养，要有与众不同的绝技，要成为学生的思想领袖。

但是，由于我们工作过于紧张，可以说几乎把生命的主要时间用在了教学上，用在了备课、上课、辅导中，没有多余的时间去接触这个飞速发展变化的世界。尤其是统一的管理模式、加班加点、题海战术、标准答案，还有名目繁多的评估检查等，这些应试教育的产物，剥夺了我们教师自然成长的权利和机会。我们都知道，一个优秀的人，一定是一个不断学习的人；一个热爱自己工作的人，也一定是一个不断学习的人。造成教师职业倦怠最根本的原因就是不学习、不读书、不求上进。

有了物质生活才能生存，有了理想才能生活。今后的教育就是考量我们的信念、素养、阅历、精神、责任，就是考量我们是否能以人为本，为学生的全面发展与终身发展负责；能否尊重每一个孩子，让每一个孩子的生命都生动活泼地成长，迸发出独特的创造火花。

从政府官员到教育行业领导，从社会精英到普通大众，都在呼唤让教育家来办学。但是，在当下的社会环境里，到底我们这些草根教师能不能成为教育家？怎么做才会成为一位教育家？有多少教育家才能担当起未来中国之教育责任？这些疑问都在拷问着我们的灵魂。

孔子毫无疑问是一位教育家。他打破了只有贵族才能接受教育的“学在官府”的传统，倡导“有教无类”，大力开办私学，把教育推向平民阶层；他实行启发式教学，倡导平等对话；他带领学生登高临远，游历各国，开阔视野，丰富见识，锻炼能力……其与弟子的对话录《论语》，更是成为流传千古的不朽之作。

苏霍姆林斯基也是一位伟大的教育家，被人们称为“教育思想泰斗”，他的书被誉为“活的教育学”“学校生活的百科全书”。苏霍姆林斯基终生都生活在校园里，他的成就来自他一生的教育实践：他教过小学，教过中学，教过各门学科；他既教课，又当班主任；既当校长，又当教师……多元的体验、独特的观察、深刻的思考、勤奋的著述，构筑了他宏大丰富的教育思想宝库。他的教育智慧，已经超越了国度，超越了时空，成为全人类共同的财富。

陶行知，美国哥伦比亚大学毕业的高才生，他没有像当时的其他海归学者那样，西装革履，游走于上层社会，而是穿布衣，着草鞋，举债创办育才学校，专收保育院的难童，不收学费和生活费。他突破自己的老师杜威的“教育即生活”的思想，提出“生活即教育”的全新理念，倡导从书本到社会的学习方式。他把“教学做合一”作为晓庄试验乡村师范（现更名为“南京晓庄学院”）的校训并努力践行，有力地冲击了当时读死书、死读书的积弊。“人为一大事来，做一大事去；捧着一颗心来，不带半根草去”，是他一生的信念；“爱满天下”，是他一生的坚守。

在感受和学习这些教育家的精神和智慧的同时，我也看到了各种有关促使教师成为教育家的培训、评比、论坛等活动。我很欣慰，我们一线教师的实践性工作终于被提升到应有的高度，这才是真正的尊重教育。当然，我也有些担心，这种急于呼唤教育家的心态和做法会不会演变成更加严重的功利行为呢？这种形式会不会像学生的奥林匹克竞赛一样，为了竞赛拼命学习，却对知识本身的兴趣日渐低落，甚至厌烦呢？对于这一点，我们必须警惕与避免。

一位教育家，可能他具有的素养并不全面，但他对儿童一定有着强烈的发自内心的热爱和尊重，一定在某一教学领域达到了较高的境界，有着自己独特的理论体系与创新精神。他虽然普通和平凡，但他能长久地站在自己的课堂上，满怀激情与梦想挚爱着自己的教育事业，敞开自己博大的心胸包容和接纳学生。他奉献于教育，痴迷于教育，坚守于教育，创造于教育！

我敬畏民间的教育智慧与精神，我期望我们能从基层发现这样的教育家，而不是必须去专门培养。我认为，谁有思想，谁就是学校的领袖。

如山东省利津县北宋一中的崔金英老师，她已经有了自己的教学主张和风格，她曾经对我说："我要研究并践行'激情教学'，在我一生的教育生活中，对自己、对学生、对家长、对工作、对朋友，我都要满怀激情。我的课堂一定是激情的课堂，我的管理一定是激情的管理。"试想，如果崔老师一辈子都在坚持研究并实践"激情教学"，那么她一定能成为一位了不起的教育家。

品味崔老师的教育箴言，我们就会产生深深的共鸣：激情比学科知识、教学技巧、组织管理、友谊和趣味更重要；富有激情的教师不仅关心学生的现在，更关心学生的未来；最富有激情的教师是温和、认真、善于思考的人，会用激情去感染每一个学生，努力去关心、爱护他们，让学生真正发现学习的价值和乐趣。

北宋一中的李德刚老师虽然只是一名普通的教师，但是他能够坚持带领一群教师读书学习，让教师们也喜欢上了研究，把教育工作视作幸福的生活。《中国教师报》曾专门介绍了他带领的民间学习型组织——教师成长志愿者共同体。李老师的真情付出，就是教育家的精神。

下面我摘录几段"教师成长志愿者共同体"成员的感言，以此说明这种民间学习型组织的魅力与价值：

单翠云老师："我加入共同体后，仿佛有了一个属于自己的家，从此便开始了一场精彩的生命之旅！"

薄其叶老师："如果不是加入了共同体，我不会体会到读书的乐趣，也不会感受到成长的快乐。”

高新强老师：“老师们在这里有共同语言，我庆幸自己终于找到了一个好的学习场所。参加共同体活动，让我真正体会到了教师的职业幸福。”

还有刘勇老师，带领几个同事，开展了研究学生的读书活动——让孩子踏上阅读快车道。他们从“学生阅读的保障：时间”“阅读的标准：快乐”“阅读的前提：兴趣”“阅读的载体：书目”“阅读的金钥匙：方法”“阅读的催化剂：激励”六个方面展开研究与活动。他们表示，要把这项活动做实并坚持下去。读书活动不是一件新鲜的事情，但是他们的思考与精神是打动人心的。他们说：“我们团结一起坚持数年、十几年，我们的学生就会养成终生读书的习惯，等他们做了家长，也会鼓励教育自己的孩子读书，那我们这个区域，从大人到孩子，就都有了读书的习惯。”听听，这就是教育家的胸怀与气魄。

最近，我在几次会议上反复提出了一个培养计划，就是学校草根教育家培养工程，虽然有“培养”二字，其实我的本意是为教师们创设一定的环境，解放他们的思想，激发他们的潜力，就是创造教师读书与研究的民间领域和公共领域。换句话说，让教师能够自由地去探索，有自己的活动场所，有自己的学习研究组织，有讨论问题的空间。

我的真实愿望其实就是让教师们体验到教育创造的乐趣，让他们感觉到，与学生一起生活是快乐的，其人格是自由的。让教师们把教学变成研究，把教学变成生活。

其实，是不是教育家，我认为并不重要。重要的是要有教育家一般的信念、思想、智慧、精神与那份坚守。

让教学风格成为一种常态

最近有一种感觉越来越强烈地冲击着我的心灵：虽然我做了二十多年的教师，对教学有自己的理解和实践，课堂操作方法也有一定的影响力，可是为什么每天都会沉浸在失落与后悔的情绪之中，很难做到完整与满意呢？

这种感觉从我开始工作时就有。从教师们每天工作与生活的情形可以看得出，他们也有与我一样的感受。难道这是教师特有的一种感受，是教师产生职业倦怠的根源？这不能不引起我们的注意和反思。

《教学勇气——漫步教师心灵》一书的作者帕克·帕尔默说，真正好的教学不能降低到技术层面，而是来自教师的自身认同与自身完整。好教师都有一种共同的特质——具有把他们个人的自身认同融入工作的强烈意识。教学牵动着教师的心，也伤了教师的心，甚至越热爱教学的教师可能就越伤心。

帕尔默的话揭开了文章开始我谈到的那番感受的秘密。这就需要教师有勇气解放自己的心灵，即使力不从心，仍然能够坚持去做，那样，教师和学生才能被自然地编织到学习和生活所需要的共同体结构中，使自己始终感觉到一种自我完整与满足感。

但是，长期以来，大多数一线教师并没有意识到这些问题，他们每天只是被动地接受这些心灵折磨，而很少去思考如何解决与避免，如何保持心灵的解放与坚守。仅有极少数对教学产生兴趣、相信教学是有无限创造机遇的教师，才会想办法自觉地去探寻和建构自我认同与自我完整的策略。这些教师形成了自己的个性与风格，获得了成功与认同，体验到了教学本身带来的幸福，他们就是那些值得我们学习与效仿的优秀教师群体。

但是我们又不能一味地去责怪一线教师。作为校长，应该为此做点什么呢？我曾经写过一篇文章，题目是《教师的知识算不算“知识”》，开头便说道：“教师是有知识的，尤其是他的课堂教学知识，是无穷无尽、美妙动人的，这一点我们谁也不能怀疑。但是每天忙忙碌碌的教师有多少认为自己的知识是有价值的，是有趣味的?”

在现实教育场景中，很多教师并没有去主动重视、积累和总结自己的教育智慧，只是期待专家的梳理提炼、领导的关注重视与媒体的宣传推介。有时候，等待光环加身的心情掩盖了本应属于自己对那份独特的精神财富的敬畏。

我们应该珍惜和尊重教师的发言权，让他们的知识进入学术领域，并能够被深入挖掘、被表达、被系统化，从而能被教师群体所传承和发展。这样的教师队伍，才是我们理想中的教师组织，是教育成熟的一种最重要的表现。也就是说，要敬畏教师的教学思想，认真倾听他们的表达，尊重他们的教学个性，而不是总让他们去研究专家的思想、效仿名师的风格、吸纳外人的经验，否则，教师每天会处于永远不如外人的自卑心理状态之中，误认为消费他人的思想和知识、模仿他人的风格和模式才是自己成长的状态。

我常对学校的教师说，虽然我们是一群农村教师，没有华丽的外表，不会说标准的普通话，没有先进的教学设施，但是我们同样有睿智的思想、鲜活的个性，我们应该激活自己的生命内驱力，形成自己的教学个性和风格，让自己成为有思想的行动者。

于是，我将引领教师专业成长的落脚点定位在倾心打造教师的教学风格上。我的目标是，用心培育教师的教学个性，让每位教师都能发现自己的教学风格，让教学风格成为一种新常态。

李霞老师在 2011 年 2 月 25 日的《中国教育报》上撰写了一篇文章——《请让教师成为“他自己”》，对教学风格进行了诠释。她认为，教学风格是教师在教学过程中自然表现出来的一种稳定的个性教学风貌，也是教师趋向成熟的标志。它体现了教师独特的审美情趣、思想倾向、思维方式，乃至气质、性格、能力、修养等众多的个性因素。作为学校管理者，应引导教师充分认识、把握自身的个性特征，并按照教学目的和审美要求，将其一以贯之地运用于教学实践，努力形成一种独特而稳定的表现，呈现出浓厚的个性色彩，散发出迷人的魅力。

作为校长，我将坚持致力于此行动的建设，为一些有个性且有风格的教师搭建平台。例如，前文提到的崔金英老师上课很有激情，我就鼓励她研究并践行“激情教学”。试想，如果崔老师一辈子都在坚持研究并实践“激情教学”，那么她一定会成为一位了不起的教育家。我组织有关专家和教师专门召开“激情教学风格研讨会”，鼓励她把自己的教学风格固定下来并形成常态，并且帮助更多的教师发现自己的教学风格，让教学风格伴随每一位教师的教育教学生活。

当然，最理想的状态是，教师能自觉地去发现自己的教学风格，固化自己的教学风格，发扬自己的教学风格，让教学风格成为一种形态、一种韵味。这就是我所倡导的“让教学风格成为新常态”管理理念的终极愿景。

教师的教育教学，有着非常强烈的个人色彩。追求风格，就意味着教师能把个人的自我认同融入工作，将自身的智能、情感、精神和意志等与学生和教学建立起联系，这就是自我完整与完善的过程。

让教学风格成为一种新常态，就是呼唤教师去寻找一种与自我本性更加契合的教学方法，使其达成一致。同时，也是为了寻求教师教学与学生生命相联系的真谛，如此才会产生一种深刻影响学生心灵的力量。

教师要学会创生自己独特的知识

毋庸置疑，教师是有知识的，尤其是有丰富的课堂教学知识，但是每天忙忙碌碌的教师有多少人认识到自己知识的价值？长期以来，很多教师从高校毕业后走上讲台，开启自己的教育人生之路后，却往往认为自己处于知识生产和消费的流水线末端，知识由专家们来生产，而自己的任务只是消费知识而已。基于这种认识，便失去了应有的底气，产生了自馁情绪，不再读书学习，由此不思进取、慵懒倦怠就成了某些教育人的生活常态。

产生这种现象的原因，是大多数教师总是漫无目的地在浩瀚的教育海洋中飘荡，始终没有一种抬头仰望星空的意识，总也摆脱不了平庸生活的阴霾，没有激活基于人性自然生长的成长愿望。

北京大学教育学院陈向明教授在 2010 年 1 月 22 日的《中国教育报》上发表的《教师如何创生自己独特的知识》一文解开了长期困扰于我心中的谜团。文章强调，教师所拥有的本体性知识（即学科知识）被认为等同于学科专家的知识，教师所拥有的条件性知识（即学科教学法知识和教育学、心理学知识）则类似于教育学、心理学、学科教学法专家的知识。实践证明，教师通过对自己教育教学经验的反思和提炼所形成的对教育教学的认识，就是一种独特的实践性知识。这种知识的涵盖面很广，包括教师的教育信念、自我知识、人际知识、情境知识、策略性知识、批判反思知识等。它不仅包含教师在实践中形成的个性化的教学机智和教学风格，也包含教师对学科本体性知识和教育条件性知识的创造性应用。因此，在这个意义上，教师的实践性知识并不缺乏理论的成分。

文章中指出，教师的实践性知识在结构上至少应该具备四个要素：一是主体。即行动者，实践性知识的拥有者是教师。二是问题情境。教师必须面临一个令其困惑的、有待解决的问题。三是行动中反思。教师必须采取行动来解决这个问题，形成一种“经验”。四是信念。实践性知识虽然蕴含在这个整体的“经验”中，但可以被提升为一种信念，通过教师的后续行动被验证，并指导教师的后续行动。

文章中还指出，日常学校组织的一些诸如教师讲故事、案例研究和共同实验等活动，就是一些很好的行动化的知识研究。讲述自己的教育故事可以帮助教师了解和重构自我世界，重新组织、评估和解释自己的生活经历，让深藏在暗处的教育信念浮现出来。案例研究可以将教师的实践性知识以情境化的方式呈现出来，在问题描述和问题解决中看到教师推理、决策、行动、形成新信念的演进过程。共同实验可以让教师在学校的各种实践共同体中或与外来研究者一起进行集体探究，分享自己个性化的实践性知识，形成教师群体的知识库。

基于以上认识，我想，在新时期，我们应该抛弃传统的教育研究中的陈旧思想，让过去默默无闻的中小学教师群体开始珍惜和尊重他们的话语权，让他们的知识进入学术领域，并能够被深入挖掘、被表达、被系统化，从而能被教师群体所传承和发展。这样的教师队伍，才是我们理想中的教师组织，是教育成熟的一种最重要的表现。

读书与写作是教师生命运动的永恒轨迹

学习谢云老师的报告“读书·写作与教师生命成长”后，我深有感触。

生命在于运动，这是真理，是自然规律。教师的生命运动主要有两种：一是肢体器官的运动，或者说是体力劳动或身体锻炼；二是思想精神的运动，也就是读书、思考、研究、写作与创造。其中读书与写作是一般教师主要的生命运动轨迹。

一般教师的生命状态其实并不理想。就说肢体器官的运动吧，很多教师等到老了，身体有毛病了，才想到去锻炼身体，认为可以以此延长寿命。而大家普遍认为，思想精神的运动不会影响寿命，对此满不在乎。其实，不管是躯体的运动，还是思想的运动，都会影响生命的正常行走轨迹。而往往被广大教师普遍忽略的思想精神的运动影响更大，因为人的思想和精神是决定生命一切的。

大家都明白怎么锻炼身体，只要有了锻炼的意识，或为身体状态所迫，就能自然为之。大家也有思想精神运动的意识，但其效果具有一定的隐蔽性和不确定性，使之永远与教师的躯体若即若离。这种现象对于不断发展的教师而言，是极其危险的。

教师是灵魂的守望者，这是我一直坚守的信念。教育是美好的事业，是基于每个生命成长的。真正意义上的言传身教是教师个人成长的教学。唯有明确这一点，才会感到教育的美好，才会想到自己思想精神的运动。

所谓“教师的专业成长”，根本就在于教师的生命运动。作为人类文明的传承者，教师应该是比较喜欢读书的。教师这个职业，要求我们每一个人都成为终身学习者。

对教师而言，读书首先是对自己生命成长的一种积累和完善，是对自己精神世界的一种重建和修补。只有完成自己的生命成长，才能进而实现自己的专业成长。一个喜欢读书的教师，往往是一个能体验到强烈的职业幸福感的教师。

黄庭坚说：“士大夫三日不读书，则义理不交于胸中，对镜觉面目可憎，向人则语言无味。”苏东坡说：“腹有诗书气自华。”一位化妆师说，三流的化妆是脸上的化妆，二流的化妆是精神的化妆，一流的化妆是生命的化妆。精神的化妆，生命的化妆，只能靠阅读，靠灵魂的修炼。汉朝学者刘向说过一句话：“书犹药也，善读之可以医愚。”就是说，服用书籍这剂药，可以使人摆脱愚昧。这就是读书所蕴含的生命运动机理。

课堂教学的广度，取决于教师教学视野的广度；课堂教学的深度，取决于教师教育思想的深度；课堂教学的高度，取决于教师道德情操的高度；课堂教学的厚度，取决于教师文化积淀的厚度。其实说到底就是看教师是否读书，读什么样的书，怎么读书。教师生命的常青在于读书。

每一个人都不能够延展自己生命的长度，但是可以增加自己生活的高度，可以丰盈和延展自己生命的厚度、宽度。而写作是最好的方式。通过白纸黑字，我们可以在过去和未来之间穿行，可以同时抵达此间和远方——此间是使人留恋的，远方是使人期盼的。可能正是因为这样，所以鲁迅先生的临终遗言就说：“无穷多的远方，无穷多的人们，都与我有关。”

写作可以改变教师的职业状态。每位教师站上讲台，可能一讲就是二三十年。在这二三十年的时间里，每位教师可能要上数千乃至上万堂课，这一堂课和上一堂课是不一样的，自己的这堂课和别人的那堂课也是不一样的。无论是教学的方式与方法、教学的过程与得失，还是教学的感受、体验或教训，都是不一样的，如果没有记录，我们用什么来证明自己曾经上过成千上万堂课？我们用什么来证明我们曾经站在讲台上教过那么多的学生？这是很多一线教师需要郑重思考的问题。

我们写下的文字，首先改变了我们自己，改变了我们的感受，改变了我们的心情，改变了我们对教育的理解与态度。如果这些文字被别人看到，或许也会改变他们的感受，改变他们的心情，改变他们对教育的理解和态度。这是一件非常美妙的事情。写作其实就是一种思考，写作既是对教师专业工作的一种反思，也是对教师专业能力的一种提升。叶澜教授也说：一名教师写一辈子教案不可能成为名师，但是如果一名教师写三年的教学反思，就有可能成为名师。

如果说，实践成就教师的底气，阅读滋养教师的灵气，思考促进教师的锐气，那么，写作造就教师的名气。我期待，每个教师都书写自己的教育史，记录下每一堂课、每一天的教学、每个学期的工作、每一届学生的顺利毕业。

教师要教书，要读书，更要写作。我们读的一本书，我们写下的一个词语、一个句子，可能都是对中国教育的一种改变，是对自己生命的负责，是对民族未来的担当！

十年后迷失的教师们，归来吧

晚上，收到A老师的一封邮件，题目是《重新找回迷失的自己》，内容如下：

我已经工作十多年了，所教学科地理是非中考科目，虽然学校不太重视，我却把小小的课堂当作生活中很重要的一部分。多年的工作经验让我在教育教学方面有了很大的进步，多次会考成绩在区里名列前茅，我赢得了学生的认可。

最近，我却对自己的未来感到有些迷茫：我的价值到底在哪里？我的忙碌，我的付出，到底是为了什么，难道就只是因为教师的责任心吗？

之所以这么想，原因有很多，最主要的一点就是感觉很累。每天起早贪黑地上班不说，还要上那么多的课，学生吵闹的话还要维持课堂秩序，一天下来，回到家连跟家人说话的力气都没有了。有时我也在想，不如就混混日子，过一天算一天吧，但是每当有这种想法的时候，我的内心就感觉特别不安。

今年9月开学初，我有幸认识了李志欣老师。当时我就被他的很多“光环”吓住了，虽然校长介绍时说有教学上的问题可以私下找李老师谈，但由于自卑心理作祟，我总是不敢迈出这一步。最终，长期储藏在心里的情感纠结让我下定决心去找李老师谈谈，我鼓足勇气，敲响了李老师办公室的门，当我拘谨地说出想找他谈谈心时，他表示非常欢迎。聊了几句家常后，我紧张的情绪就舒缓了很多。当谈及工作时，他句句戳中我的“要害”，让我大吃一惊。

他告诉我，工作十多年的时候感到迷茫是很正常的，这正是第二次成长的时期，他也经历过这段非常时期。我们必须能够为自己所做的工作赋予意义，不为他人，也不为名利，只为自己内心最初的梦想和坚持。如果努力付出是为了外界的人和事，就会迷失自己的本心。只有不断学习，多读书，提升自己的专业素养，才能让自己的内心更加强大充实。

当我说到自己经常感到不自信的时候，他也给了我很好的建议。他说年轻人有上进心是好事，但是太在意别人的看法，做事急于求成，一旦达不到理想效果时，自信心就会遭受打击。做事情要更注重过程，而不是结果。不要怕失败，不要怕批评，有时失败反而让你成长得更快。

听了他的话，我认识到了自己存在的问题，也找到了努力的方向，心里豁然开朗。李老师还告诉我很多读书的方法，让我受益匪浅。

晚上回到家，我对女儿说："以后妈妈每天陪你一起学习，好不好？你监督妈妈。"女儿开心地说："太好了！以前都是你监督我，现在我也可以监督你了。"

听了她的话，我既开心又自责。作为一个母亲，以前没能给孩子做个好榜样，真是失职。我会努力学习的，让自己的内心更加强大、更加充实、更加自信！

认真阅读了A老师的感悟后，一丝丝伤感和激动不断涌上心头，我情不自禁地敲击着电脑键盘，写下了下面的文字：

三十几岁的A老师已经是学校的骨干教师，在当地也颇有些影响。她工作很投入，积累了很多教育教学经验，学校领导很欣赏她，同事们也都很认可她。在很多人看来，A老师算是一名成功的教师。

可是，A老师为什么会有苦恼，并来找我谈心？这反映了她在生命成长的旅途中遇到了麻烦，反映了她渴望找准方向继续发展的愿望。其实从A老师述说的心路历程来看，这是一种普遍现象，是在学校工作十年以后的教师复杂心理和生命状态的真实写照。

这群教师的生活圈和工作圈开始突破原来的格局，向外扩展；对教育教学和人生事业方面的理解开始与年轻同伴区别开来；不仅对教学问题感兴趣，而且对教材、课程资源、教学评价、师资队伍建设、区域教学管理，甚至对民族的教育问题开始感兴趣；开始对某一种理论有热情，甚至成为某种理论的追随者；开始在内心怀疑自己过去的一些信念，更关注自己的内心。一段助跑后，他们到了开始想起飞的临界线。

学校管理者往往会更加关照年龄较大的老教师，一是关心他们的身体状况，二是担心他们不再学习成长，陈旧的教学思想和方式不能适应已经变化了的课程和学生；也会更多地关注刚刚大学毕业进入教师行列的青年教师，为了让他们尽快融入学校文化，学会管理和教学，策划一些学习培训活动，为他们配备骨干教师做师傅。

而老教师与青年教师中间的这群教师，也就是已经工作十年以上的教师，学校更多关注的是他们如何更多更好地完成学校的各项教育教学任务。也许学校的意图是有意锻炼他们，欣赏并重用他们。然后，他们成了最孤独的教育者，他们的忙碌与责任掩盖了他们的内心需求，延误了他们的专业成长，他们也需要大家的关怀。他们正是那群在教育的旅途中走了一段路却又迷失了方向的人，想飞却不知向何处飞。

家庭、学校、社会等各方压力不断来袭，自己精力与体力的超负荷输出与内在价值感无法安顿的矛盾，渴望快速成长但感觉不到变化的效果，自己目前工作、生活的意义与生命的长期目标不能建立联系的纠结，自己日益成熟的零散经验、内隐理论难以管理提升为自我主张的需求，以及渴望过一种读书、研究的生活但又因畏惧困难而无从下手、难以坚持的彷徨，都在这些教师的内心里翻滚沸腾，不能平静。

为何优秀的教师在十几年后会迷失自我？如何重新激发这群教师成长的欲望？如何引领这群教师找到自己的专业成长路径，让他们每天都对教育充满新奇，勇敢地去探求未知的可能性，突破发展瓶颈，从骨干教师成长为卓越教师，甚至是研究型、专家型教师？我认为，这恰恰是整个社会，尤其是学校必须要着重关注的大事。他们的破茧成蝶，将会推动我们整个民族的教育大踏步前进，我们的教育与课程改革将不再担心没有优秀教师来实践、研究，我们将不再担心创新人才培养的缺位与乏力。

但是，仅仅依靠他们自己的努力，也许会有一小部分人能够冲破藩篱，走向卓越，而大部分人会随着时间的推移，慢慢丧失奋斗的雄心壮志，甚至有教师一辈子都走不出迷惘，这是教师专业发展的悲哀，是教育事业的人才浪费！

教师的成长需要自由的环境，需要一双有力的翅膀，需要风，需要雨，需要空气，更需要牵引与帮助。而学校对教师的生命和专业成长影响是很大的。在功利性强的学校环境里，如果学校管理的终极目的是学生的考试成绩，而不是学生的思维培养和人格塑造，施行的不是以人的发展为目的的教育，就会忽视教师的生命和专业成长，把教师当作应试的工具。学校采取的管理评价策略也是基于个体利益的简单的物质和等级的奖惩。就如托马斯·J. 萨乔万尼在其论著《道德领导：抵及学校改善的核心》中所说："当前盛行的管理和激励理论是借用经典经济理论的观点，认为人类生来自私，驱动人的是这样一种期望，即最大限度地获取自我利益，因而要不断地算计行动路线和不同选择带来的利益，要选择或成为赢家或保持不败的行动。在这样一种思想中，在决定为何去做、去做什么时，自利处于如此支配的地位，以致爱、忠诚、义愤、义务、责任、善行、奉献及愿望几乎均无助于（我们的）考虑和算计。情感被当作一种货币的形式，人们用它来获得某些东西……工作关系和工作承诺被看成根源于甚至更为自私的欲望。"这就低估了教师的道德判断，促使教师渐渐远离了自己内在的生活兴趣和意义，远离了自己的责任和梦想，而是为考试分数、获奖证书、考核晋级等具有功利性价值的事物或目的疲于奔命。

教师对教育教学工作所带来的智力劳动过程和挑战有着天然的兴趣，对进一步的学习与成长或更加投入地实践研究自己的课程有着强烈的欲望，对集体、社会的正义感和对学生的尊重有着内在的冲动与情感。苏霍姆林斯基说："如果你想让教师的劳动能够给教师带来乐趣，使天天上课不至于变成一种单调无味的义务，那你就应当引导每一位教师走上从事研究这条幸福的道路。"遗憾的是，很多学校却没有认识到这种基于生命自利以外的专业、精神和道德层面的因素能激发人的能力与需求。这就是已经工作十几年的教师群体集体迷失自我的根源。

面对这种现状，我们需要对这群教师的专业成长进行重新定位和理解，以便能够引领他们突破发展的高原期，在教师生涯的关键时期实现二次成长。我提倡教师成长从个人主义走向构建专业团队。教师除了要参与课堂教学实践外，还要参与到课堂之外的真正的学习团队中，寻找专业发展的同道之人，创建分权、开放、信任、分享、勇于实验、承担风险和提供反馈的团队文化；从以教学为中心走向以学习为中心，通过对学情进行集体研讨，一起合作开发新的课程，进行教学评估，实施新的教学方法，让读书反思成为一种习惯和生活，进而达成集体的共识；从非人性化的管理走向探究式的领导，摆脱纯技术的非人性化的精神管理枷锁，尊重自己的观念与兴趣，承担起研究者、意义建构者、创造者的新角色，颠覆传统的教师形象，逐渐视自己为从事教学和学习探究的学习者和领导者，努力使自己置于学校变革和发展的中心地位，开创新的教师专业化发展的时代。

按自己的节奏走

一位从教近十年的教师通过微信发给我一段话，引发了我的共鸣与思考。

她说："当下教师的生活只能用一个字概括——忙。忙着上课教学，忙着管理学生。忙得来不及备课就去上课了，忙得没有想好如何与学生交流，学生就犯错了。还要忙着应付学校布置的各项检查任务，每周都要参加理论学习、教研活动、值班评比。忙，不是职业倦怠的根本原因，忙而无效、忙而不实才是真。忙让时间白白浪费，但始终感觉不到成长的意味。很多人呼吁我们一线教师要学会自我调节，要追求自我改变，要做一名学习型、研究型教师，但是他们很难找到突破的路径与办法，仍然在倦怠中、忙乱中、失望中生活着。"

读完这段真实的倾诉，回想起自己做校长的那几年，上述描述的情景历历在目。为了教学改革，我曾不断地"驱赶"教师进行各种所谓的课程改革与创新，教师们为了满足众多学生各不相同的需求和应对学校名目繁多的活动，不得不策划每个进程中的详细步骤与流程，预设每次教学和项目任务的需求，并及时做出相应的调整。教师们忙得不可开交，不堪重负。很多教师都觉得自己像人造卫星一样，环绕着一个庞大的能量球机械地运动，永不停息。他们没有可供自己思考的时间，也无法找到自己真正喜欢做的事情。

我认为，教师不仅仅应该理解和遵循学校的办学理念和育人目标，还应该有自己的节奏。"按自己的节奏走"，以这种生活方式来释放自己的潜能，才能好好地利用自己的天赋，做自己擅长且感兴趣的事情。这是我发出的最纯粹的呼吁。

"按自己的节奏走"，意味着我们要转变自己的思维方式，意味着要抛弃过去被动的工作方式和偏颇的追求目标。教师真实的生活应该是顺应自己的研究兴趣，且能帮助学生找到自己正确的位置。教师的倦怠忙乱，不仅会使自己远离教师真实的生活，也会让学生陷入悲苦乏味之中。教师因缺乏空间而采取简单粗暴的方法教育学生、传授知识，会使学生陷入“题海”之中，心灵受到伤害，创新精神和实践能力无法得到锻炼和培养。

“按自己的节奏走”，需要教师用“两条腿”走路：一是解放自己的职业兴趣，大胆地爱上某种事物，专心致志地去努力追求，对自己擅长的方面，去了解、发展、利用和享受；二是关注学生，为学生提供机会和环境来促进学习，提高学生的能力，促使他们通过不同的方式获得成长。而这“两条腿”，又可以做到相互协调，步调一致。近几年，新课程改革十分热闹，取得了很多成果，如以自主、合作、探究为主题的课堂教学改革，以课程整合为宗旨的课程改革，以减负增效为突破口的教育管理改革等，但是也不排除追求花样之嫌。一位校长朋友问我：“你们学校有什么新花样?”我的回答是教育不应该追求花样，而应尊重规律，关注每一个人的生命成长，让每一个人，包括教师和学生，都被热情所感染，做自己感兴趣的事情，并且永远不受限制。

如果一位教师对他喜爱的一些活动或课程表现出兴趣与热情，决心去追求自己向往的目标，那么他就会在学生身上找到无穷无尽的点子和疑问，供自己研究和探索。只有教师达到了这种境界，从学生身上发现研究的问题与解决的策略，并把发现与解决问题的过程作为自己与学生成长的重要机遇与资源，教育才能按照规律来运行。

最近拜读了陶西平先生的文章《当代世界教育教学改革六大新动向》，文中提到的其中一条动向是“从以课程为中心到以学生为中心”。这警醒我们，我们的教育价值观可能有些走偏了。陶西平先生讲道：“以学生为中心正在成为很多国家提升教育质量的核心导向。以学生为中心，一是全员化发展，即每个学生都是重要的；二是个性化发展，即每个学生都是不同的。与此相适应的是学校的多元化发展。”

由此可见，我们的学校、教育管理部门、教师，还有其他的教育工作者，都应该转变自己的价值观，绝不能追求整齐划一的教育，用“一把尺子”来衡量我们的学校、教师和学生，而应该依据每一个具体的人，帮助学生正确对待自己，对待他人，对待社会、民族和世界，让伟大教育家孔子“因材施教”的教育思想得以真正实现。

作为校长，重返讲坛，意味着会从更高的、更新的思想开始行动。学生在课堂上喜欢随意说话，我不再将其看作问题行为，而是小心探究这种行为背后的原因，采取有效的策略与学生进行沟通，在接纳、喜爱、赞赏学生的过程中，逐步了解其内在原因，发现学生的真实能力与兴趣点，鼓励他们通过自己的能力为集体或他人做出贡献，帮助他们重新建立自己的归属感。同时，不断调整自己的情绪与教学管理方法，努力适应每一名学生的需求。

作为教师，无论是讲课、学习还是做事，都应该把自己的生命投入进去，将研究、工作与自我生命、他人生命融于一体，如此，一切都会在自己的掌控中运行。按自己的节奏走，改革将从这里发端，课程将从这里创生，学生的成长将会有无限的可能。

开拓“自专业”成长空间

现实中的教师专业发展多注重利益（名与利）的驱动，多数学校通过制定一些考核规则，让教师们进行博弈，表面上是为了一个共同愿景，实质上却忽略了生命意义的心灵引领，没有抓住教师发展的命脉。

专业、情感和人格成熟的教师，追求的是心灵的自由、生命的解放和责任的担当。他们渴望自己的职业生命能够持续飞跃、不断突破，能够有思想地活着。

在“互联网+”时代，教师以自我需求为导向、以自主发展为主要方式、以自觉发展为动力源泉的“自专业”时代已经来临，过去采用的评价激励教师的手段和策略已经不能适应新时期教师专业成长的需要。

每一名教师都应该有自己的生命成长节奏。依据亲身成长经历，我想谈谈自己采取的三种做法。

一是“三个一”读书行动。

1. 翻烂一本经典。不管是古代的还是现代的，也不管是教育学还是文学，你可以选一本最爱的经典反复读，把主要内容装入脑子里，掌握其精神实质。

2. 主攻一个专题。美国当代管理学家托马斯·卡林经过研究发现：在任何一个领域里，一个人只要持续不断地花六个月的时间进行阅读、学习和研究，就可以具备高于这一领域平均水平的知识。主攻一个专题六个月到一两年，甚至用更短的时间，你就会成为这方面的专家。还可以由一个主题拓展到多个主题，这样就会触类旁通，快速地将“一口井”变成“一个湖”。

3. 精研一位名家。要根据自己的兴趣爱好、工作需要、任教学科、性格特点等来确定一位重点学习对象，收集有关该对象的所有资料并进行长期研究，掌握其最基本的教育教学思想并在实践中应用。

围绕“三个一”进行的读书行为，让我逐渐明白了这样的道理：阅读改变命运，学习成就未来。通过读书才能发展自我、完善自我、超越自我，实现教育的梦想，促进自身的专业成长。

二是构建学习型教师“自组织”。

我曾倡导建立了“教师成长志愿者共同体”，加入这个组织的所有教师都有共同的志趣。该组织采取“自主申报—组织备案—项目管理—定期交流—成果共享”的活动策略。其成立的目的是让大家在共同学习研究的文化氛围中克服自身的惰性，形成一种自觉向上的学习与工作风貌。因此，它不具有任何功利性，共同体成员也没有领导与下属之分。这些专业兴趣相近的教师共同建立起了一种交流合作、互利互惠的文化价值观，共同体成员谈论的只是理论、思想、观点、改革。在无拘无束的研讨中，大家的教育理念得以提升，专业学习得以持续，教育实践不断创新。

我不仅组建了身边同事参与的“自组织”，还组建了“零作业下的教学改革研究”微信群，参与了“中教之声蒲公英评论”“教博读书联合会”“全国本真教育研究会”等微信群。有时我还组织一些微信群成员进行线下研讨。这样，通过聚集志同道合者，共建交流圈，形成价值共同体，检验自己的观点和逻辑，共寻教育理想与教育策略。

“自组织”会把我们教育生活中的生命成长“火种”在共同体成员之间的活动中点燃，使我们找到教育教学生活的“光源”，激发我们心灵觉醒的力量。

三是要有“产品成果意识”。

在基础教育领域，不少教师找不到自己职业生命蜕变的突破口。叶澜教授曾说过：一名教师写一辈子教案不可能成为名师，如果一名教师写三年的教学反思，就有可能成为名师。

我深知，反思教学有利于教师从感性认识上升到理性认识；有利于教师开展教学研究，形成自己的教学风格；有利于教师提升理论水平，拓展知识层面，推动教育教学创新。一名善于反思的教师，一定是一个善于学习的人。没有反思的经验是肤浅的知识、狭隘的经验。有反思的学习，是教师为解决问题而进行的创造性学习，经过理论的重建、知识的积累，从而达到解决问题、改革创新的目的。

每一堂课结束后，不管是自己授课还是评课议课，我都会主动撰写教学反思；每一次外出学习，回来后我的首要任务就是完成自己的学习反思；引领青年教师成长，给他们推荐适合其阅读的书籍，鼓励他们写出读书反思与心得；关于自己的教育教学主张与经验，我也会积极进行梳理提炼形成文字。在此基础上，我会围绕自己的研究主题，申请课题进行实践研究。我把我写的每一篇反思文章都发布在我的博客和微信公众号上，供大家批评指正，并积极向纸质媒体投稿，力争更多文章能够发表。

撰写教学反思已经成了我的日常生活方式，成了助推我成长、改进我的教育教学策略的有力工具，使我学会了用自己的声音对各种教学策略的情境做出解释，从而使我更清醒地看到自己的教学决策过程，发现适合自己行动的最佳方案。

最后，我想进一步重申，要想引领教师自主成长，让其超越功利，走上自觉学习与研究的道路，就必须尊重他们的专业话语权，重视他们的改革创新成果，促进他们的成果转化为产品，关注他们的精神成长，解放他们的职业生命兴趣。

当专业研究兴趣变成教师成长的内驱力和生命成长的终生信念时，他们就会敢于突破学校体制的框架，大胆地追逐自己的教育梦想，不断开拓自己的空间。

发现“教师领袖”

山东省利津县北宋一中是一所普通的农村中学，但它又是一所改革创新型学校，是山东省中小学素质教育工作先进单位。几年来，该校始终坚持以“减负”为切入点进行改革，首先触动的是课堂变革；因为课堂是课程改革的主阵地，课堂变了，真正的课程改革就开始了，而这些变革，就需要教师专业成长跟得上。

在课程与教学改革走上征程以后，北宋一中正是把教师的专业发展放在了学校内涵发展和改革的第一位。没有教师的成长，哪儿来学生的成长？教师学得越多，学生就学得越多；教师了解的教学技巧越多，学生获得成功的机会就越大。

我认为，致力于改革与创新的学校，教师的专业发展并不单纯是教师从事教学与研究等活动，而是具有“解放”的旨趣。教师发展的价值定位于关注教师的“教育自我”，迎接生命意义的解放。这不仅有利于解决学校和课堂中的实际问题和困惑，提高教师的专业水平，还使教师的工作具有生命力和职业尊严感。

北宋一中的一名普通物理教师赵艳霞，就是在这种背景和理念下觉醒的。她的所思所想、所作所为，已经超越了一般意义上的专业发展，她的发展是建立在“解放”旨趣上的，她的生命里已经注入了自由成长的血液。

我把她称为一位“教师领袖”。美国教师威廉·傅瑞特这样阐释“教师领袖”的含义：“教师领袖”认识到他们是专业的开拓者，因此必须承担课堂教学之外的更多工作，如开办讲座、写论文、支持新教师、为管理分忧。正是他们提升了教师的权威性和专业性，打破了深深限制学校工作的壁垒。简单地说，“教师领袖”采取行动，承担责任，推动教育界的积极改变。

赵艳霞老师不愧是一位“教师领袖”，她把感恩铭刻于心。记得我刚被调入学校任校长不久，学校布置教师带领学生一起劳动，我随便四处走走，目的是观察大家的劳动情况，无意间碰到了赵老师，随口说道：“赵老师，你的学生干得都很卖力呀！你也这么认真地与学生一起劳动，让我很欣慰啊！”让我吃惊的是，赵老师眼圈红了，并流下了眼泪。我想，她是不是感觉学校政教处对他们这一组劳动分工不公平呢？但是，我错了，赵老师对我说：“校长，谢谢您这么关心我！我自从参加工作以来一直勤勤恳恳地工作，但从来没有赢得他人的认可和关注。您的一句话让我认定，只要好好工作，早晚会获得肯定。校长，我一定好好干。”听完后，我的眼圈也红了。多么朴实的教师啊！他们需要的只是对他们的尊重和发现。

赵老师乐于学习。一个星期天的早晨，赵老师打来电话，激动地说：“校长，我昨天听了一位名师的报告，收获太大了！我终于明白了什么是研究，以后，我要做一名研究型教师。对于物理学科来说，让学生动手做实验是多么重要啊！它能激发学生的兴趣，便于学生深刻理解知识……”她滔滔不绝地说个不停，我静静地听着，心里暗想：对于这么负责任的教师，我一定要大力支持！

一次报告之所以会让赵老师如此激动，是因为她知道，只要努力学习，就能在生活中获得美好的事物，这美好的事物能让她游刃有余地成长、工作。赵老师无须催促、监督，她总是不断接受新理念、新信息，不断追求教学技能的改进，努力提高每一名学生的能力。她愿意花费时间参与学习，主动参加研讨会，与他人积极互动、分享并听取他人的意见，以提高自己的教学水平。

赵老师注重在实践中改善行为。一次放寒假前召开的教学研讨会议结束后，赵老师走到我身旁说：“校长，我能理解您的用意。我决定在这次寒假里把您要求的下一学期的‘节假日生活指导’全部设计完，省下开学后备课的时间，以便于把精力放在关注每个学生身上。”我说：“过年很忙啊，你也要注意身体，我支持你。”赵老师说：“校长，有您这句话，我再累也心甘情愿。”在假期里，我收到了赵老师的作品，她还请她的儿子协助制作成了视频，这不是她创造的自己的课程吗？赵老师真的理解并实践了学校的改革思想。

更重要的是，赵老师心里首先考虑的是学生。为了把学生教得更好，她不断地改进教学方法，增长自身的知识和技能。她从不会停留在问题上，抱怨他人、环境和事物，她知道，只有迎接未来的挑战，而非惋惜过去，才会使生活更加充实。她在自己努力的基础上创造性地工作着，她也创造了自己的幸福，这种幸福主要来源于服务他人，来源于与他人分享，来源于对学生的学习抱有积极的期望。

赵老师是一位乐观主义者。她每天都能看到生活中的成就，也能清楚地看到迎接她的光明未来。她选择走出“仅为教师”的制约，踏上“成为领导者”的道路。作为专业教育者的“教师领袖”，会得到他们正在为之奋斗的奖励——不论是幸福、金钱、成就还是职业尊严。

我还专门观察过赵老师的日常职业生活。我发现，她会自觉、积极、主动地制订防止问题发生的课堂管理计划，能设计由标准和目标指引的课程；她不吝啬时间和金钱，而是专注于成长和与他人的合作。

有些人经历人生，只不过是在积累岁月；而有些人经历人生，却能向岁月中注入生命。赵老师就是后者。

虽然赵老师没有职务、头衔，但她堪称“教师领袖”，是学校思想和教学的领导人，是名副其实的教育家。学校发展、学生成长离不开赵老师这样的人，她理应受到尊重。

学校文化促进教师走向专业自觉

学校文化是学校的个性与特色所在，是学校发展过程中的有效标签。用文化指引方向，用文化凝聚人心，用文化提升内涵，能丰富学校底蕴，促进师生发展，成就教育品牌。

山东省利津县北宋一中作为一所普通的农村学校，面临教育发展的新形势，关注教育改革，立足教育原点，着眼教育未来，大力实施素质教育，以“做一个文化磁场”为社会使命，以“零作业”教学改革为突破口，以“零管理”为依托，大胆尝试，不断探索，回归教育本质，让教师从无序的时间竞争中解放出来，让学生从繁重的作业负担中解放出来，为师生插上成长的翅膀。

该校的学校文化可以说是广大教师在应试教育盛行多年的背景下的一种自我觉醒、自我创建。在打破传统文化与重建创新文化的过程中，经过自主的适应，在继承传统文化的基础上，建立起一种共同认可的新的学校文化秩序。

该校的一名美术教师谭强，就是这样一位在新的文化秩序下成长起来的文化自觉者，现在他已由一名普通教师成长为一名反思与研究型教师。正如谭老师所说，正是学校文化引领他走向专业自觉，在自觉中实现了专业发展。

课程思想：课堂教学实现突围的先导

近年来，随着学校推行“零作业”教学改革，课余时间学生不再仅仅忙着做作业了，学生的课外生活变得丰富多彩，每一名学生脸上都流露出成长的渴望。广大教师的教育理念也发生了转变，尤其是新的课程思想开始注入每一名教师的内心世界。

谭强老师积极秉持学校新的课程理念，努力开发课程资源，逐步形成了符合学生发展特点的校本课程理念。谭老师说："我是一名美术教师，我认为现行美术教材中有一部分内容对农村学生来说不适合，这种现状必须要求美术教师根据实际巧妙灵活地进行课程开发。利用身边的、传统的、学生熟悉的各种资源，结合本地文化特色开发符合实际的校本课程，这是调动学生的学习积极性和创造热情、促进教师发展的重要途径。这种类型的校本课程开发既能充分利用教材，又超越教材，在真正意义上实现了美术教学的开放。"

值得惊叹的是，谭老师在实践中形成了一些先进的课程观念。他认为，开发美术校本课程是一项动态工程，一套相对静止的教材无法承载一个不断变化的世界。美术校本课程的开发不能急于编写校本教材，因为开发一门标新立异的美术校本课程，师生必须经历一次乃至反复几次的具有创造性的修正、改造和充实的过程。校本课程开发应该是由下而上的开发过程，先引导学生去观察生活、体验生活，感受和挖掘生活中的美，收集生动的文本和图片资料等，然后教师进行梳理，由此一门好的校本课程就水到渠成了，并更具时代色彩和个人风格。

他还认为，校本课程必须与学校共生存才最有价值。校本课程必须依据学校目标，落实校训，达到育人的真正目的。谭老师在校训"志道游艺、抱朴求真"的影响下，结合学校处于黄河三角洲腹地的地理特点，积极传承和发展民间民俗文化，并从中挖掘出具有教育价值的课程资源。如元宵节，许多村自行组织灯会，有金钱灯、竹马灯、舞龙灯等，作为一种民间表演道具，花灯是纸扎与彩绘艺术的结合，非常适合美术教学创设学习体验情境，为此谭老师积极开发了"畅游花灯世界，体味民间文化"美术乡土课程。在这一课程中，他根据本地元宵节花灯艺术特点和学生特点，带领学生到村庄参观文化大院中的花灯艺术，观赏民间艺人的表演，搜集民间花灯艺术的历史、发展、传承、创新等方面的资料，并让学生在课堂上进行展示交流，然后指导学生动手制作简单的花灯作品。此外，谭老师还组织学生举办民间花灯艺术作品展，展览过程中让学生讲述自己设计花灯的创意，并对其他同学的花灯作品进行评价鉴赏，鼓励学生大胆参与集体讨论，让学生在探讨别人作品的同时，反思自己的不足。最后，邀请民间艺人点评升华。在展览花灯作品过程中，学生提高了自我评价的能力，学会了欣赏他人的长处，提高了对美术学习的兴趣。因为民间花灯是学生身边的文化资源，所以学生在亲切、自然、愉悦的氛围中完成了学习。

谭老师的课程思想，是基于学校整体文化视野下的课程文化观。先进的课程思想，使其有了实践的思想动力，有了一双善于发现课程资源的眼睛。走美术校本课程开发之路，从而使美术教学从传统观念和操作中突出重围，促进美术教学水平的整体提高。谭老师作为一名基层美术教师，走上了一条在校本课程开发与实施的过程中能更好地为自己的教学服务、有效地促进学生健康成长的创新教学之路。

敢于担当：积极承担课堂育人的责任

北宋一中的育人目标是“做有担当的现代人”。培养学生的担当意识，就是让学生担当起对社会的责任、对家庭的责任、对学校的责任。谭老师把自己对美术教学的专业追求内化为一种执着的信念，让美术这一学科不仅仅承载一种教学任务，更是一种教育担当。他不仅注重培养学生良好的人文素养和行为习惯以及诚信、善良、谦虚等优良品质，还注重培养学生良好的科学素养，促使学生乐于学习、善于思考、勤于求知、敏于行动，从而拥有可持续发展的能力、探索求真的意识、科学研究的精神。

谭老师作为学校教师队伍中的一员，深刻理解学校育人目标的真正含义，对自身修养和自己的教育教学行为进行了认真的思考与规划，并努力践行这一文化理念，成为围绕学校育人目标而积极作为的优秀教师代表。

谭老师认为，教师在日常教学中要为学生起到表率作用。他说：“我选择成为一名美术教师，其实就是选择了一种责任。作为一名有责任感的教师，应该承担起育人的重担。我们要将这种担当意识贯穿于教育工作的全过程，找准教学的切入点，把工作着力点放在围绕教学、服务学生上，努力承担起教书育人的责任。课堂教学是一种创造性的劳动，创造是教学活动的生命力。只要能激发学生的学习兴趣，提高学生的学习积极性，有助于学生思维能力的培养，有利于学生对所学知识的掌握和运用，都是好的教学方法。”

谭老师在教学中大胆尝试，毅然把美术课堂移到大自然中。例如，在学习“绚丽的阳光”一课时，他带领学生走出校园，让他们亲自观察，感受农村的田野风光，学生们热情高涨地描述美化生活的各种想法。这样把自然之美和学习内容之美巧妙地结合，给学生带来了更强烈的情感体验，使他们获得了美的浸润和熏陶。而这种教学方式需要教师具有担当意识，既要考虑学生的学习效果，又要考虑学生的安全问题。

用心教学是谭老师育人担当精神的具体体现。一次，学校安排谭老师负责组织学生参加青少年科技创新大赛。他接受这项任务之后，就冥思苦想应该如何教学生画科幻画。他先上网搜索科幻画的相关知识和往年的获奖作品，查阅了大量的科技教育书籍，在对科技知识有了初步了解的基础上，再根据美术教学、科技教育和学生的特点，设计了以学生为主体的探究式学习。

谭老师利用课余时间带领学生走进农村，引导学生对农村生活进行观察，了解农业生产中的问题，在调查过程中要求学生用绘画、摄影等形式记录自己调查的结果。在课堂上，他向学生提出问题：你认为农村生活、农业生产中有哪些地方需要改进？你认为农业生产中遇到的自然灾害可以如何避免或将其变害为利？

此外，他还鼓励学生多读一些科技书籍，多了解科学知识，有不懂的地方向科学老师请教。他建议学生放学回家后收看一些科技节目，及时了解科学发展的新动向。

由于科幻画作品最终要以美术作品的形式呈现出来，这就需要学生运用美术知识（如构图、色彩、线条、明暗等）和美术技能展开幻想进行创作。在课堂上，他鼓励学生大胆创作，充分启发学生的创新思维，让学生产生大胆独特的奇思妙想。

通过一番努力，谭老师顺利完成了学校交给他的任务。在当年的东营市青少年科技创新大赛中，学校有 20 多名学生分别获得一、二、三等奖，学校也获得市级优秀组织奖。

创领学习：做一名研究型教师

“创领学习、奠基成长”是北宋一中的办学理念，引领教师做一名研究型教师是学校确立的长远发展愿景。谭老师就是一位行走在这条道路上的教师。

谭老师深有体会地说："读书首先能够改变我知识匮乏、贫弱、苍白的状态，其次能够使我不断增长职业智慧，提高审美修养，受益终身。读书未必能让我们在教育工作中走向出色和卓越，但不读书就注定我们与出色和卓越无缘，甚至连成为合格的教师都难。书籍是专业成长的'能源'啊!"

为了寻找这种"能源"，谭老师加入了学校的"教师成长志愿者共同体"。他认真学习了共同体的规章制度，明白了这个组织的宗旨是让每一名成员走上读书、学习、研究的轨道，在这种成长的氛围中思考教育教学中遇到的一些现象背后的规律性问题。为此，谭老师还建立了自己的博客，定期更新自己的日志，与更多的教师进行交流，每天认真阅读教育网上的博客文章，他开始学会管理自己的知识。

谭老师从此步入了重新构建自己职业生命的轨道，他在许多领域的学习都显得那么积极主动、有热情。下面是他在2011年山东省初中教师远程研修的在线研讨中与山东省教育厅副厅长张志勇、山东省特级教师苏美荣在线交流时的对话实录：

谭　强：我作为一名农村美术教师，平时常常在想怎样能让我们农村的学生享受到高质量的美术教育，但是一想到美术教学各方面的条件，我就有些汗颜。尽管如此，我一直在努力，我努力开发农村初中美术教学内容，积极拓展农村初中美术课堂。

苏美荣：谭老师，您好！在您的作业"我一直在努力"中我认识了您。您的敬业精神，您为了农村学生也能享受高质量的美术教育的做法，说明您是一位热爱教育、拥有崇高教育理想的优秀美术教师，向您学习！

张志勇：谭老师，您好！我非常赞赏您积极乐观的态度！的确，当前农村美术教育条件还很差，但正像您所说的，只要"努力开发农村初中美术教学内容，积极拓展农村初中美术课堂"，农村美术教育仍然可以大有作为。我认为，搞好农村美术教学工作，最关键的是引发学生对美的感知和体验，促进学生对美好事物的追求。围绕这个目标，开拓农村中小学美术教育资源的空间还是很大的。一是要让学生对美术教学感兴趣。教给学生美术知识、培养学生的艺术审美能力很重要，但艺术兴趣、审美兴趣的培育是第一位的。二是要善于因地制宜地利用好当地的美术教育资源，如剪纸、泥塑、粘贴画、各种材料的造型组合……总之，只要我们想办法，就可以大有作为。在这里，关键是要解放思想，不要把美术教育搞成“死”的教育，不要搞成学院派教育。美术教育的一切目的，是培育孩子的审美素养，只要有助于实现这一目的的美术教育，都是好的教育。

张志勇副厅长和苏美荣老师的教诲，就像一粒奋进的种子，播撒在谭老师的心田，让他的心灵从此变得充实、美丽、高贵。在后来的教学实践中，他经常以乡村常见的素材为载体，开发农村自然资源，努力使美术教学内容与生活紧密结合。如在他创编的“家乡的玉米根”一课中，他让学生带来了秋后的玉米根，引导学生充分利用玉米的根、茎、叶等，采用多种手法制作出质朴生动的艺术造型。课后他组织学生举办了玉米根艺术展览，取得了很好的效果。现在，他正在主持山东省教育科学“十二五”规划课题“初中美术作业‘档案袋＋展览’评价模式的研究”。开学之初，他首先根据教材把每节课的教学目标和教学重难点设计成具体的评价要点，然后根据评价要点设计出每节课的《美术作业评价表》，现在这些评价表已初步成型。

从谭老师的成长历程与实践行为中，我们可以得出这样一个结论：教师的文化行为使得学校文化得以重建，生成的学校文化又会促进教师的专业自觉。教师在自觉践行学校文化的过程中，其专业成长得以实现，从而实现了自己的专业梦想，促使其以教育家的眼界、胸怀和抱负进行教学与生活，从而实现其教育追求与人生价值。

教师在遭遇困境后要自觉重建教育观念

作为一名特级教师，自以为已经从优秀走向卓越，实现了自我超越和专业成长，形成了独特的教育理论和思想，有了自己的教育哲学和主张。

2014年9月，我担任了初一（5）班的班主任和英语教学工作。与学生一年的交流与生活，颠覆了我过去的教育观念，逼迫我不得不思考并修正自己固执的偏见，重新理解与认识自己。

我坚持每天早晨第一个进入教室，中午陪伴学生午休，下午放学后一直等到值日生打扫卫生完毕后才离开学校，但是我发现学生并没有严格按照规定的时间进入教室，值日生忘记打扫卫生的现象时有发生，看来自己的身体力行并没有给多少学生带来积极的影响。自习课，我要求学生保持安静，不要影响他人学习，为此，我总是在教室内外巡视监督，但是我始终没有看到整节课彻底安静的时刻。为了督促学生按时交作业，我会将学生的作业一一登记，三番五次地催要，甚至与家长合作，但是一年来，全班学生从来没有一次性交齐过作业。课堂上，为了让学生养成良好的听课习惯，提高课堂效率，我制订了课堂学习规则，研发了课堂管理评价量表，并把评价结果汇报给家长，但是课堂上仍然时常出现学生乱插话、开小差、不认真听讲、不愿参与合作等现象。课外活动，我寸步不离地跟着学生，不断地提醒他们达到我的标准。与家长沟通时，我经常把自己认同的家教理念通过微信发给家长。对于班委会和班级小组等团队建设，我也是努力按自己的观念和策略推行。

一年的工作接近尾声，自我感觉班级和学生正在向着理想的方向发展，但是接连发生的两件事让我陷入了沉思。第一件事是学校对班主任工作进行问卷调查，学生对我的认可率竟然不到百分之六十；第二件事是一位家长给我提意见，说我过多地关注孩子的学习，对孩子过于严格，忽视了孩子们的其他爱好与活动。家长说，他们希望自己的孩子能健康快乐。

是的，一年来，为了干好工作，努力把学生培养好，我表现得太过强势。如制订的标准高，且要求每一个学生都必须严格执行，缺乏亲和力和情感沟通；总想纠正学生的不良习惯，对学生犯错缺少宽容之心；没有尊重不同学生的需求，过于着急地让班级和学生按自己的理念和方式发展；不自觉地暴露出传统的“师道尊严”思想，权威意识多了些，民主意识少了些，以控制型管理为主，仍然习惯用分数评价学生的学习和活动；没有根据学生的不同家庭情况调整教育方法。

我仍然在奉行过去应试教育思维模式下的教育观念和行为，社会、家庭和学生怎会不极力地排斥和抵抗？也许有人会说，学生难管，其实是受社会、家庭、学校等因素的影响，或是说现在的学生个性强、视野开阔、思维活跃、自私自利等。但是我认为，学生表现得难以管教并不是一件坏事情，它是一种觉醒，是对传统教育观念和教育体系的抵触，是对自由、民主、个性、诚信、人文和理性等现代教育思想和学习生态环境的呼唤。

我发现，需要改变的不是学生，而正是作为教师的我自己。教师在工作和成长中仅有强烈的愿望还不行，更关键的是，当自己的教育观念和行为遭遇阻碍时，要善于自觉地审视自己，重建教育观念，转变行为方式。

柯尔斯滕·奥尔森的《学校会伤人》一书中的一些观点让我感到震撼：

“我们必须理解教育体系是如何把我们的学生弄得不愿意学习的，这些制度严重地抹平并低估了正在测试的东西的复杂性，代之而来的是纪律和惩戒意识，这把每个人导向到了没有批判意识的、不假思索的分数狂热和焦虑之中。我们不可能通过在学校里对学生采用驯服、束缚、使其麻木、过度干涉以及过度测验的方式，来使他们产生对学习的深深热爱，产生探究的渴望，或是产生持续和创造性的分析能力……学校教育的长期影响恐怕会使他们在思维上太过保守，不愿意承担风险，对权威过度顺从，或是对自己过度低估。”

是啊，我们对待学生的方式常常是不尊重的，或是低估了他们。

教育不是学校专制体系下的呆板制度与标准评价，不是简单的灌输式教学与控制性管理，不是教师的职称评聘、绩效考核和学生的考试成绩。

《教师月刊》主编林茶居在其文章《跨领域成长》中对教师成长所需要的特质有如下论述：善于读懂学生、激励学生、改变学生；精神视野开阔，习惯于多角度思维，能恰如其分且游刃有余地运用更多的教学手段、技术、工具；不追求简单的成功，不纠缠于人际争端，不黏滞于具体的难题，从容、专注，富有公共情怀；善于拓展精神疆域，懂得轮耕换种，为自己引进源源不断的生命活水。

江苏省教育科学研究所原所长成尚荣先生曾经阐明了儿童生活的三个世界。第一个是现实的世界。读书、作业、考试、分数、升学等使儿童负担超重，沉重的“背包”压垮了儿童的身体，扭曲了儿童的心灵，严重影响了儿童健全人格的形成。第二个是理想的世界。中国梦得益于教育梦，而教育梦要发展儿童梦。教育是对未来的一种定义，教育能创造未来，而教育必须基于儿童，没有儿童就没有教育。但现实是儿童梦正在被成人“绑架”，还有一些儿童的梦想失去了道德支撑，出现了诸多问题。第三个是虚拟的世界。虚拟的世界有好处，如改变了儿童的学习方式，让儿童在较短的时间里获取更多的信息。但虚拟的世界中充满了陷阱和种种难以抗拒的诱惑，让儿童产生了价值观上的困惑。三个世界，不同的价值观念，让儿童感到迷茫。为了正确理解教育，我们必须认识儿童、理解儿童、尊重儿童，把儿童研究作为核心问题。“教育即儿童研究”是教育的发展方向，教师应该认清并牢牢把握好这一方向。

华东师范大学的张华教授认为，教师既是儿童的看护者，又是儿童的研究者，只有通过研究理解儿童，才能更好地保护儿童。教学是教师和儿童合作探究新知的过程，教师是教学研究者，而不是知识的传递者，教师要让教学建立在学生的经验之上。

因此，教师要在教学方法、制度文化或教育理念没有多少根本性变化的情况下，尽量把视线放在学生真正的生活上，发现学生的生活风格和学习兴趣，构建属于学生个体的课程，推动学生成长。

我们不仅应该教授学生知识，还要注意发展他们的人格。通过了解学生的生活风格和生活兴趣，发现他们所擅长的科目或特长，从这一点出发，总可以找到适合他们的教育方法。如果一个学生对某一学科或某一方面感兴趣，并取得了成功，就会激励他去学好其他的科目，做好其他的事情。阿尔弗雷德·阿德勒说："理想的教师负有一种神圣的、激动人心的使命：他铸造学生的心灵，人类的未来也掌握在他的手中。"要指导心灵，就需要了解心灵的运作，只有那些了解心灵及其运作的人，才能运用他的知识，指导心灵走向更高、更普遍的目标。

怎样才能让学生对学习产生兴趣，课堂上认真倾听、专注思考，课下乐于观察、勤于阅读呢？苏霍姆林斯基提出的"智力背景阅读"是一种很好的策略，即设法让课外阅读跟新学的每一个概念相配合。在某一时期所学的概念越复杂，教师推荐给学生阅读的书籍就应当越有趣、越有吸引力。比如，在教电流定则这一部分教材内容时，苏霍姆林斯基搜集了几十种图书，供学生在课外时间阅读。这些图书都是讲自然现象的，而这些自然现象的原理都跟物质的导电性能有关系。

有人说，最伟大的社会变革机构是学校，最伟大的社会变革工具是教师。作为教师，我们有义务来担当这一责任，为社会变革贡献力量。当我们的教育观念和行为遭遇困境后，只有自觉重构自己的教育价值观，进而改善自己的实践策略，才更有意义。

第四章

理念创新——教师适合的管理

学校领导就是对学习的领导

苏霍姆林斯基说："对学校的领导首先是教育思想的领导，其次才是行政的领导。"对于学校领导者来说，其教育思想的影响力永远超过行政职务的影响力。当然，学校的领导者不仅是校长一人，学校所有教职工都可以是学校的领导者，每个人都应该负责一个具体的研究项目，率领一个学习型团队。人人皆是领导者的校园，将会出现代替校长领导的现象，出现谁有思想谁就是某一方面领袖的理想局面。

在知识更新迅猛、信息获取便捷、文化变迁多元的时代，教师在大学时代所学的知识很快就会落伍，不再适应学生、社会和自己专业发展的需要。如果我们的知识不能及时更新与丰富，就很难满足学生学习的需要，我们所表达的话语和采取的行为就很难得到学生的支持。

因此，我们必须彻底摒弃"在学校学生是天经地义的学习者，教师的职责仅是帮助学生学习"的陈旧观念。学生、教师，甚至家长都应该是学习者，没有学习就没有思想，缺乏思想就不能创新，学校的管理应该都围绕学习而管理。带领学生、教师和家长进入学习的境地，学生有兴趣学习了，教师因学习更会教学了，家长在不断学习中提升了教育孩子的艺术，这才是良性的教育生态，是学校领导真正的核心目标与价值追求。

很多人都把制约学校发展和教育变革的主要因素归于教师素质偏低。其实大家都忽视了这样三件事情：一是新课程理念的学习是一些不在课堂上实际操作的专家、校长等人组织的，难免与实践脱节；二是应试教育背景下，对学校和教师的评价机制没有得到相应的改变，应试教育的评价机制与新课程理念产生冲突，教师在矛盾间进行教育教学；三是学校仍然遵循科层式管理框架，这种带有官本位痕迹的管理机制不适应新课程改革的需要，理念一级级传达，执行力却逐级减弱，真正研究践行的实际操作层面的改革反而容易被忽略。

也就是说，学校领导的学习只从教师这一条线上做文章，却忽略了制度机制的改革与学习研究，甚至校长自身的思想与行动也不适应领导学校学习的需要。一些校长和教师在访谈中普遍反映自己有读书学习、改革创新的需要和愿望，但苦于没时间学习，没有专家引领。由国家主导、专家引领的自上而下的课程改革面对的是缺乏主动精神和学习力较差的教师队伍，面对的是学校僵化的管理机制和缺乏学习领导意识的学校环境，这才是制约课程改革最关键的问题。

可见，在教育变革特别是新课程改革中，构建学习型学校的重要性日益突出。伴随着新修订的课程标准的颁布与实施，要确立新的学校观和管理观，变学校科层式行政化管理为学习领导式扁平化管理，通过领导学习引领教师专业发展，推动学校自下而上地自觉变革，势在必行。

山东省利津县北宋一中是一所普通的农村学校，校园环境相对落后。但是，近几年来，学校努力践行“学校的职责就是领导学习”“让教师学习领导变革”的理念，没有停留在新课程理念的学习上，而是重在探索学校制度与机制变革、构建教师学习型组织和研究实践新课程理念下的实际行动，从而走出了一片新天地。

为适应学校变革与学习领导文化生成的需要，学校本着“先把常规工作抓牢抓实，创新工作积淀成传统，在继承传统上再创新”的原则，遵循“扁平化管理与团队式引领、民主管理与制度化保障、人本管理与学术型引领相结合”的管理理念，加强教育教学管理与创新，努力探索与学校教育和课程变革相适应的管理制度与运行机制。

这种变革影响了教师的职业生活方式，使教师不再是依附专家和校长等人的被动执行者，而是拥有学习兴趣、掌握知识的终身学习者和研究者。教师职业生命实现了重塑，从此摆脱了平庸生活的阴影，激发了基于人性自然生长的成长愿望，从而促进了教师的专业成长，让教师感受到教育原来是如此幸福的事业。

农村中小学教师专业成长的现实渴望

改革开放以来，从《教育法》《教师法》到《教师资格认定条例》，从师范教育到继续教育，教师职业专业化在迅猛发展。前几年，农村很多中小学实行教师达标制度。例如，五年内小学教师必须拿到专科文凭，中学教师必须拿到大学本科文凭。于是，那些学历不达标的中小学教师便纷纷求“学习”、争“上进”，有人上“自考”，有人进“函授”，还有人去“进修”。有些学校还搞起了“三字一画（话）”培训和各种比赛，于是中小学教师们便纷纷行动起来，苦练钢笔字、粉笔字、毛笔字，同时还练习画简笔画，学说普通话……应该说，随着这些活动的开展，中小学教师队伍素质有了提高。但这并不能说明我们已经有了一支专业化的教师队伍，教师专业成长的道路还很漫长。

随着新课程改革在全国范围内的逐渐推行，人们对中小学教师的素质提出了更高的要求。制度体系下教师单纯性的“学历达标”或“技能过硬”已经不能适应新课程改革的基本要求，教师的教学观念、知识储备和文化素质等都迫切需要得到提高。

然而，农村中小学教师参加专业发展活动时，存在着严重的主体错位现象，有不少教师参加的诸如听评课、集体备课、专题讲座、校际交流和撰写教学反思等活动都是依靠行政力量来推动的；有不少教师认为，没有充足的时间是制约其专业发展的重要因素，农村不少中小学教师长期超负荷工作，身心疲惫，根本没有时间提升自己的专业素质；缺乏专家和专业指导，学校校本教研缺乏专业引领，难以把握方向，教师根本不知通过何种途径获得真正的专业发展；农村中小学普遍存在培训经费紧张、培训资源缺乏和工学矛盾等问题，加重了教师的经济负担，利用双休日和节假日组织培训，影响了教师参加培训的积极性；有些农村中小学校长根本不清楚什么是校本研修，根据上级部署安排的一些校本活动也是无计划、无目的、无总结、无反思等。因此，关注农村教师的现实渴望，是提升农村中小学教师专业素质的前提。

那么，农村教师专业成长的现实渴望是什么呢?

一、渴望自由快乐的工作状态

据说，瑞士钟表业的奠基人和开创者塔·布克的制表理念流传至今：不与那些工作采取强制性、有克扣工人工资行为的国外企业联营。他们认为，那样的企业永远造不出瑞士表。在过分指导和严格监管的地方，别指望有奇迹发生，因为人的能力，唯有在身心和谐的情况下，才能发挥出最佳水平。但是在实际工作中，我们遗憾地发现，农村中小学教师的工作状态令人担忧。

现状一：超过80%的农村中小学教师每天工作10个小时以上。有的学校每天组织的大小会议活动达到3～5次；有的学校通过指纹签名机或监控设备来监视教师办公和上课的情况。教师经常超负荷工作，自由空间被挤压到最小，在忙碌与疲惫中，教师只好把本身具有无限创造力的教育活动沦为一种“做”的程序，铃起而作，铃落而息，毫无创造的激情和生命的活力。

现状二：教师面临着多方面的压力：其一，来自工作的心理压力。教师既要响应号召实施素质教育，又要考虑家长的期望关注考试成绩；有些地方和学校的末位淘汰制和下岗分流做法，更加重了教师的心理压力。其二，来自社会道德的压力。教师应是遵守社会公德的模范，然而教师群体也有良莠之分。个别教师的过失往往会迁移到整个教师群体，使教师的职业道德问题变得过于敏感。其三，来自家庭生活的压力。教师也要赡养老人、抚育子女，在生活和物质上同样有自己的需要和欲望。作为家中顶梁柱之一，有的教师或许正面临着子女上学就业、爱人下岗失业以及父母年老多病需要照顾等诸多实际困难。其四，来自新课程改革的压力。面对新课程理念和各种新教材感到束手无策，新旧观念和方法产生碰撞，普遍存在有力使不上的感觉。

面对职业生涯中的种种压力，教师需要关怀。学校应体现以人为本的管理理念，统揽各部门工作思路，统筹安排各项活动，形式化的活动坚决不搞，可搞不可搞的活动坚决精简，努力使学校工作张弛有度，使教师一心一意地投入学习和研究中，努力营造快乐、自由的工作空间。

二、渴望学习型的生存环境

《学会生存——教育世界的今天和明天》中指出："我们再也不能刻苦地一劳永逸地获取知识了，而需要终身学习如何去建立一个不断演进的知识体系——学会生存。"今天，知识的激增、电脑网络的普及使得教师作为"知识代言人"的身份成为历史，面对个性不一的学生、多样化的教学任务，只专注于"填鸭"不仅不合时宜，也会显得力不从心。面对学生思维火花绽现而提出的精彩问题，"下课以后再讨论"一类的办法早已失灵，教师如果仍然忽视学习，在实际的教学中必然会显得捉襟见肘。

当代教师的任务已经大大拓展：信息爆炸，就要培养学生选择、分析和澄清问题的能力；变迁加速，就要培养学生批判思考、做决定和解决问题的能力；等等。因此，教师的职责不仅在于向学生传递知识，更重要的是激励学生思考。除此以外，教师还是一位顾问、一位意见交换者、一个帮助学生发现问题而不是拿出现成答案的人。教师必须集中更多的时间和精力去从事那些有效果的、有创造性的活动：互相影响、讨论、激励、了解、鼓舞。教师只有通过不断的学习，具备丰富的专业素养，才能在教学过程中展示自己渊博的知识、过人的才华和强大的人格魅力；学生才能在智慧的课堂中获得知识的洗礼、心灵的滋养、精神的升华，从而感受到身心的愉悦。

但是，在很多中小学，一提起学习，不少教师总会说："工作太忙了，我根本没时间看书啊!"很多人在等待有时间、有机会再学习，这与教师对"学习"这一概念的狭义理解有关，他们大都认为只有正襟危坐在书桌前看书才是学习，或者寒暑假里听专家讲座才叫学习。反思自己的经验教训是不是学习？与他人交流是不是学习？从学生工整的书写、积极的学习态度上受到启发是不是学习？都是。学校应该为教师搭建学习的平台，建立学习型组织并健全学习制度和评价。校长在学习型组织中是领导者、组织者，要为学校树立教育发展的共同愿景，激发学校高度的创新热情，提升教育的智慧，改善思维模式，树立团队意识，提高团队水平，充分利用网络环境下的校本学习，为推动学习型组织的建设、提供教师学习的平台积极创造条件。

三、渴望校长对课程和课堂的引领

当前，新课程改革正如火如荼地进行，为教师的专业成长与人生价值的实现提供了广阔的舞台。新课程实施中有多方面的压力：素质教育与应试教育的两面挤压，学校课程固化和失范并存使课程难以管理，三维目标在有限的教学时间内难以兼顾，课堂教学高认知和高参与难以统一，新课程育人成本提高，编制和经费捉襟见肘，传统习惯势力与新理念的冲突等，教师正面临诸多两难选择。校长因事务繁忙，能用于学校课程发展、参加专业研讨活动的时间和精力有限，造成与教学工作的疏离。有些校长在课程发展与课程领导上还遭遇专业知识能力不足的窘境。虽然课程改革把素质教育的路铺到了每个教师的脚下，但因缺乏引领，教师们瞻前顾后、举步维艰。

学校一旦实施课程改革，以常规为特征的稳定状态被打破，教师对领导会迅速产生强烈的需求。所以，校长的支持对基础教育课程改革的顺利推行具有重要的意义。校长的重要职责之一在于领导课程发展，指导课堂教学，促进教师专业发展。校长专业发展的基础是领导教学、领导课堂，从而引领学校发展。

实施新课程以来，学校发展进程中新旧矛盾交错出现，旧的问题尚未解决，新的问题已经产生，校长的工作作风如何，对学校的发展起着极为重要的作用。因此，校长要发挥课程领导的职能，必须具备一定的课程哲学观、课程专业知识以及明确的办学理念，并能够通过领导行为促进学校教师的专业发展；校长必须是课程与教学的行家里手，在课程改革中能够积极推进一系列的课程开发，为学生提供适宜的学习计划和发展机会。课程实施方案的制订、各项活动的推进、教师遭遇疑难的解答与精神支持等，都需要校长在时间和精力上积极投入。校长要经常组织并带头学习，引导教师吃透课标精神；制订标准，树立规范，为教师的课堂教学起导向与规范作用，使主体性原则的贯彻更具操作性；加强案例教学，为教师提供教学范例。

新课程实施的成败直接关系到素质教育的成败，校长作为学校的掌舵人，肩负着重要的使命。广大中小学教师期待能够引领和指导教师实施课程与课堂教学改革的优秀校长。

四、渴望切合实际的校本教师培训

农村中小学教师大多对参加培训抱有很高的期望，需求多样而强烈。但是，教师们反映，目前大多数培训是市、县级教育行政部门聘请外地专家进行讲座式报告，谈理论的多，针对农村教育教学实际的少，实效性差；培训多为单向灌输，忽视参训教师的感受，培训形式单一，内容不够丰富；而且主要是利用双休日和节假日组织培训，影响了教师参加培训的积极性。因此，需要探索切合实际的校本教师培训方式。

农村中小学教师最喜欢的培训形式是组织到先进地区进行教学观摩，因此，学校应积极创造条件让更多的农村教师走出去看看。其他可采用的培训形式有专家讲座、观看录像、集中培训、案例分析等。选择的培训者应既有专家、优秀校长等一线管理者，也有外地和当地的名师，同时应开发本校的优秀教师资源。

根据上述分析可见，当前农村中小学教师的专业成长仍存在不少困惑、问题和阻碍，教师专业化进展缓慢，绝不能仅从教师身上找原因，各级教育行政领导和培训部门以及中小学校长要主动走近一线教师，俯下身子主动与广大教师交流，了解他们的心声和需要，努力学习，积极搭建农村中小学教师专业化成长的平台。只有这样，广大中小学教师才能在专业化成长的道路上发挥出自己的教育智慧，创造性地劳动，感受到教师工作的神圣性，享受职业生命的快乐和幸福，真正体验到人生的意义。

为每个教师提供适合的管理

《国家中长期教育改革和发展规划纲要（2010—2020年）》（以下简称《规划纲要》）中有一个很重要的要求：为每个学生提供适合的教育。这一要求同样适合教师队伍建设。换句话说，如果我们不能为每一个教师提供适合的成长环境与机会，《规划纲要》提出的教育目标就失去了实现的可能与保障。如果教师在学校不能发挥有效的作用，任何关于教育政策的争论都是无稽之谈。完成教育使命，落实教育公平，提升教育内涵，是没有任何器械和制度可以替代教师的。

在目前中国基础教育领域里，教师这个职业尚缺乏足够的吸引力，一些优秀人才不愿意报考师范院校；师范院校刻板且与实际脱节的教育，无法把师范生培养成终生对教育充满兴趣的人才；社会用人机制的欠科学与教育用人机制的相对滞后，致使一部分优秀教师逃离了教育战线。一些优秀人才不能进入教育、不能痴迷于教育、不能坚守教育，无疑是当今中国教育之痛。

在教育系统内部，一些学校存在着不断损耗教师热情、体力和精神的诸多职业险象，如重复单调乏味的教学、耗时耗力令人心力交瘁的琐事、个人发展前途渺茫的无望、待遇与劳动付出不相一致的苦恼、功利性的考核指标对心灵的不断打击、违背教师道德信念和原则的应试教育行为、教育个人主义文化造成的教师孤单与恐惧等，这些削弱了教师热爱教育的意志，打击了教师的教学兴趣。时间久了，一些教师便产生了职业倦怠，沦落为相对后进的教师。

这些问题导致我们的教师队伍在道德水准、心理素质、专业水平、知识结构、学习能力、情感修养等方面表现参差不齐，并且不同地区、不同学校分布极不均衡。

有研究发现，如果学生被后进教师教过几年，他们的学业成绩乃至求知习性、能力会比优秀教师教的学生差得多。即使后来他们遇到好老师，学习兴趣、习惯、品行与能力依然受到影响，并且后进教师对学生各方面的影响是长期的，甚至是终生的。这对于一名学生来说，是不公平和可怕的。

黄小莲在《中国教育报》上撰文指出，后进教师大体上分为五种类型：第一种是技术上的缺失，这类教师不能有效地管理学生，学科知识不足，不能很好地设计教学；第二种是行政上的缺失，这类教师常常不遵守学校规定，不听从管理者的建议；第三种是道德上的缺失，这类教师的行为不符合教师职业道德标准，常常伤害学生的身心，消极对待自己的教学工作；第四种是教学结果的缺失，这类教师常常扼杀学生的学习兴趣，致使学生的学业成绩落后；第五种是个人特质的缺失，这类教师缺乏进行有效教学所必需的认知、情感或身体方面的素质。另外，还有因为教师年龄增长、待遇问题、考核晋级机制等因素引发的后进教师现象。其实，比一般的后进教师更让人忧虑的是问题教师，他们扰乱学校秩序，对抗学校制度，阻碍学校进步，让校长放心不下、感到恐惧。

不少校长绞尽脑汁，想淘汰他们，但是在当下校长办学自主权不够大的情况下，操作起来难度极大。也有一些校长干脆睁一只眼闭一只眼，听之任之。但是，作为一名负责任的校长，对此能视若无睹吗？校长的一项重要使命就是要直面这些后进群体，想方设法创造机会为每一位教师的专业成长提供适合的环境。

校长应该关注每一个教师，但是由于不同教龄和个性知识结构的教师对激励类型的偏好不一样，任何一种激励措施都不可能涵盖所有类型教师的专业实际需要和心理期待。激励倾向骨干教师，可能就会伤害后进教师；倾向青年教师，老年教师可能就会放松；倾向知识结构培训，可能就会忽略道德层面的教化；重视物质奖励，可能就会弱化精神激励；制度宽松了，是对无视纪律之辈的纵容；制度过于刚性，则是对遵守纪律之人的不公……总之，都会在满足一部分教师利益需求的同时，无法照顾到另一部分教师的利益需求。

针对学校的实际状况，我提出了“要关注每一个教师”的发展理念，采取“扁平式管理与学术型引领、人本管理与制度化保障、自主管理与团队式引领有机结合”的管理理念，提出“谁有思想，谁就是学校领袖”的成长规则，重视每个教师的心灵价值与精神力量。

《我的教学勇气》一书这样说道：“必须听到教师发出的呼声，必须关注教师论及儿童需要时体现出的智慧。我们总是从说出心里话的教师那里，找到改善我们学校的最佳办法。倾听，就是我们作为决策者的职责。”

很多后进教师或问题教师把合作拒之门外，自我封闭，他们往往不愿意与同事和学生建立更为紧密的联系，常常拒绝改变自己的工作观和生活观。为主动与这些教师建立联系，我开始倾听每一个教师的心声，了解他们工作的酸甜苦辣、内心的喜怒哀乐，其目的就是实现与教师平等交流、思维对话与思想碰撞，发现那些隐藏在教师心灵深处不计功利、基于人性自然生长的愿望。

同时，我倡议教师自发组建一些学习型组织，为教师搭建彼此倾听的平台。例如，建设教师成长志愿者共同体。共同体成员每周自愿聚在一起，他们选择了一条每日与书相伴、与心灵对话的发展道路。在阅读的同时，教师们通过撰写教育故事和教学反思展现自己真实的教育教学生活，从而开发自己的教育教学特色，形成自己的教学风格。再比如，建立网络型教师学习共同体。学校积极构建网络交流平台，建立团队博客，鼓励并引导教师利用网络形成学习共同体。教师们可以自由地在网络学习中寻求学习资源，进行真诚沟通，促进自身的专业发展和精神成长。

这些教师专业发展形式，都是在教师自愿参与的基础上形成的，没有时空限制。它是一种基于从共同体层面来引领教师，以解放兴趣为主旨的帮助教师进行自主成长的学习型组织。这就实现了对教师职业常规生活的重建，还原了教师职业的专业自主性，打开了教师长期形成的彼此隔离的心灵枷锁。在这些组织里，教师能够同时倾听自己和他人，没有被动、权威存在，他们会逐渐把自己看成服务学生、学校和社会的工作者，甚至是领导者，从而产生为团队做出贡献的愿望。

这正如《我的教学勇气》中所说：“只要我们心甘情愿地去倾听，对教师纷乱的灵魂不再心存畏惧，就能从中知晓事物的真理，就能治愈教师的许多创伤，并迅速与之建立联系，形成相互扶持的共同事业。”如此，每一个教师的发展就变成了一种自愿、自发、自主的行为，而不是利益和目标驱动下的现实生活需要，这应该是生命自觉的自我驱动，是人的解放与自由，是人的高度自觉阶段。

积极关注每一个教师，创设适合每一个教师成长的生态环境，全面提升教师队伍的整体水平就不再只是一句空话。

学校管理者会不会激励教师很重要

当我们都在热捧和跟风一些改革名校之时，不可忽视还有很多中小学仍然在传统的治校理念和行动中艰难攀行。这些学校的显著特点是先进的教育理念难以打动它们，课程与教学改革与它们无缘，应试教育的阴霾始终不散。

走进这些学校，常会听到这样一些理由：上级督导机制下的标准评价体系、校长较小的管理权限、学校的办学经费不充足、教师"大锅饭"式的尴尬待遇、教师不愿学习与严重的职业倦怠、学生家庭教育缺失、城乡之间教育资源不均衡和不正当竞争，等等。这些理由的确是真实存在的，但也是无知的埋怨，或是无力的辩驳。

如果认真检视这些学校的日常工作，可以发现他们只是更为努力地去做相同的事情，精于协调和落实目前的领导实践，把应对各级教育管理或指导部门的检查评估当作最重要的教育管理任务，甚至影响了学校内部赖以维持工作的常规制度的有效执行。

过于繁重的工作任务，会遭到多数教师的消极对待，甚至是抵制。为了维持学校工作的正常运转与安全稳定，管理者往往会睁一只眼闭一只眼，凑合着过去就行了。甚至有的管理者体谅教师工作不易，还经常想办法来奖赏教师。

这种领导思维方式无意间把自利、个人满意当作个人行为的驱动力，而低估了专业、精神和道德层面的因素对人的能力与需求的激发。

托马斯·J. 萨乔万尼在其论著《道德领导：抵及学校改善的核心》中有如下论断："当前盛行的管理和激励理论是借用经典经济理论的观点，认为人类生来自私，驱动人的是这样一种期望，即最大限度地获取自我利益，因而要不断地算计行动路线和不同选择带来的利益，要选择或成为赢家或保持不败的行动。在这样一种思想中，在决定为何去做、去做什么时，自利处于如此支配的地位，以致爱、忠诚、义愤、义务、责任、善行、奉献及愿望几乎均无助于（我们的）考虑和算计。情感被当作一种货币的形式，人们用它来获得某些东西……工作关系和工作承诺被看成根源于甚至更为自私的欲望。”

对于教师来说，到底是什么吸引他们从事教育教学工作？是什么让他们热爱学校和学生？是什么使他们产生工作的兴趣与激情？

长期以来，学校的管理者总是通过各种基于奖励或惩罚的方式解决学生的纪律和学习等问题，从表面上看这种方式好像迅速制止或解决了许多问题。但是，用奖惩的方式来调整学生的行为，其长期效果会使学生缺乏归属感、丧失自信心。惩罚会造成学生的反叛或退缩，而奖励会使学生过多地依赖于外在动机的刺激，不再去主动寻求自我劳动的价值所在和从内心想成为一名集体的奉献者。

因此，学校应放弃那些对外在激励的依赖，关注学生行为背后的积极信念或信仰，运用内在激励教育学生为集体做出贡献，在相互尊重和关怀的基础上，一起合作解决问题。当学生不再害怕犯错误，而把错误当作学习的机会时，学生会产生安全感、归属感和自我价值感，他们便会尽情地茁壮成长。

苏霍姆林斯基曾说：“如果你想让教师的劳动能够给教师带来乐趣，使天天上课不至于变成一种单调乏味的义务，那你就应当引导每一位教师走上从事研究这条幸福的道路。”

但是，很多学校都没有自己的研究项目，找不到自己的发展研究路径，也不考虑如何引领教师走从事研究的道路，缺少学校发展和教师成长的顶层设计和长远规划。不少学校管理者总是在责怪教师不喜欢读书学习、不懂得做研究、不进行改革创新，却往往忘记了先审察自己是否以身作则，达到了要求教师达到的目标，自己是否有能力来指导教师做研究，推动教师成长，这是当下不少学校发展滞后或裹足不前的症结所在。

有的学校管理者用积分考核或物质奖励的方式激励教师做研究，结果却激发了更多的矛盾，甚至发生造假侵权事件，降低了教师的道德判断标准。

因此，学校管理者应该潜下心来，拒绝浮躁，谨慎采取激励方式，以学校和教师的精神、信念、责任等内在激励为主要手段，引领教师研究项目，尊重教师的实践成果，优化学校的管理机制，鼓励教师改革与创新。

提升班主任培训效能探讨

随着社会的发展和教学改革的不断深化，班主任走专业化发展之路已成为共识，尤其是农村中小学班主任的专业化发展，更是当下要务。要实现班主任专业化发展，除了引进竞争机制、提升班主任的地位和待遇、启动班主任岗位资格制度之外，还必须重视班主任的培训教育，特别要重视班主任自我反思能力的培养和训练。而从我国当前中小学班主任的工作需求与培训现状来看，还远远不能适应班主任的工作需要和专业化发展要求，因此，探索中小学班主任科学有效的培训方式，是当前学校、教育管理部门和培训机构的重要任务之一。

目前，大多数中小学班主任对工作普遍存有危机感。这首先是因为班主任工作任务重，超负荷工作让班主任疲于应付；其次是学生情况越来越复杂，而班主任的工作方法缺少创新，加之复杂的社会环境因素，家庭教育、学校教育、社会教育整合不够，这些都给班主任工作增加了难度。面对新时期如此复杂的工作内容、方式的挑战，班主任需要在观念、方法、知识等方面进行全方位的提升与训练。而创新培训形式和活动载体，是提升班主任培训效能的重要途径。

班主任工作是一项实践性、业务性很强的工作，加上目前班主任一般还兼任学科教学工作，因此工作任务相对较重。对于培训时间，班主任大都希望最好在工作的同时兼顾学习和培训，这样就能把培训所学及时运用到实践工作中。

对于培训方式，多数班主任最希望的是与同行进行交流，分享他们的成功经验；其次是结合实践工作开展行动研究；再次是开展系统的主题学习。对于培训的内容，班主任更希望能结合案例，因为来自实践层面的对行为过程的分析性评价与实施方式上的优化是班主任的最爱。听主题报告也受到班主任的青睐，如问题学生转化的实践研究等，班主任可以将工作中遇到的困惑带到报告会场，请专家现场释疑解惑。

时下，班主任工作的性质、内容和方式已悄然发生着变化，学校、各级教育管理部门和培训机构必须清醒地认识到，班主任工作是事关学生成长、学校教育质量提高的专业性工作，因此要广泛深入调查班主任的培训需求，根据需求精心设计培训内容，选择多种培训方式，灵活安排培训时间，为中小学班主任的培训教育提供多样化的选择。

根据多年的实践探索，我认为有效的班主任培训组织形式有以下四种。

一、综合＋菜单自选

班主任个体发展中的差异性和多样性是培训组织工作中不能忽视的一个问题。班主任更愿意采用“专家提供培训菜单，由受训班主任自选内容”的方式接受培训教育。以短期集中培训为例，一次为期 5 天的培训可以设计为“2 天的综合培训＋3 天的菜单自选式培训”，具体做法如下。

1. 2 天的综合培训

主题为多数班主任乐于接受的培训内容，如班级建设的技巧和技能、组织管理能力的提高等。由于班主任的受训需求可能是阶段性的、动态的，因此，可在培训前一个月对班主任进行问卷调查，找出班主任现阶段需求最大的方面来确定培训的内容和培训专家，体现培训人本化。

2. 3 天的菜单自选式培训

根据班主任的不同教龄结构、能力差异和实际需求，开设 3～5 个分会场，进行不同专题的培训，每个专题的培训时间可以根据受训班主任的需求确定。例如，可确定下面的培训专题：了解和研究学生的能力；亲近学生的气质和性格；对学生进行心理辅导的能力；处理偶发事件的能力；协调各种关系的能力；营造良好班级文化氛围的能力；如何使个人教学成绩与其他任课教师的教学成绩同步协调发展的能力；如何提高班主任的反思能力；终身学习、持续发展的能力等。

二、自定义专题讲座+研讨

为提高讲座内容的针对性，可以在培训前引导班主任反思自己实践中存在的问题，然后对共性的问题进行归类总结，确立几个专题作为讲座的内容；也可以将这一部分确立的专题作为“菜单自选式培训”的内容，由班主任根据自己所提出的问题选择分会场。这种培训方式的好处在于，所做的专题讲座是所有在场受训者所感兴趣的，会增强他们受训的内驱力，还会在随后的研讨中引发他们积极的思考和参与的热情。有志于进行课题研究的受训者可以在讲座和研讨结束后，将他们的问题作为研究课题，这样确定的课题常常是有关于班主任工作实践的，班主任比较容易将培训的成果运用于班级管理实践。

三、同课异案展示+答辩式点评

在案例展示与研讨时，可让地域不同、学校不同、经验不同、年龄不同、性别不同、年级不同的若干名班主任以同一个课例为内容，进行管理方案设计，这样既有利于班主任之间互相取长补短，让受训者获取更多的教育管理设计信息，开阔思路，也有利于班主任挖掘自身的潜力，树立自信，从而产生持续发展的动力。借助同伴的启发指导，班主任能很快从细微之处发现自己的进步，这种“软着陆”式的培训方式是人本的，也是现实的校本培训。其培训步骤大致如下。

步骤一：每个授课班主任讲授10--20分钟。

步骤二：听众用1个小时的时间进行点评和研讨。

步骤三：授课班主任根据听众提出的不同意见和建议，结合自己的反思进行调整，进行二次设计。

步骤四：班主任展示后写教育管理反思，其他听课班主任写研究心得。

在点评时可采用答辩式的点评方式，由点评的班主任向展示的班主任提问，还可追问，引发其他班主任的思考。为提高点评的参与面，可采用简洁的点评方式，每个人只说出授课班主任最成功之处及需要改进的一个地方，同时提出改进建议。

四、班主任自助培训计划

1. 个人读书计划

教师的职业特性决定了教师首先应该是读书人，班主任作为教师队伍中的一员，更不能例外。班主任要从繁忙的工作中挤出时间来不断充实自己，从书中汲取更多的教育管理思想和智慧，形成自己的教育思想和理念。

2. 班级管理咨询顾问

由班主任自己寻找一位具有一定教育理论和管理水平的教育专家或县、区级以上优秀班主任作为自己的班级管理咨询顾问，在班级管理遇到困惑时可以及时寻求帮助。

3. 异校伙伴互助计划

班主任可以在同类别的其他学校中寻找一位或几位教龄、班级学生情况等相近的教师组成班级管理互助伙伴，经常性地进行班队会观察，交流教育管理经验和资源，在合作中促进自我发展。

总之，学校管理者和教育培训机构应高度重视班主任队伍建设，创造条件，准确把握班主任培训需求内容，努力探索科学合理的培训方式；培训应体现人本化理念，在培训的组织形式上体现培训主体与受训主体的多元化，在培训内容上满足班主任个体的需求，培养他们自我学习、自我发展的意识。在为班主任的工作和成长提供更多机会、创造更多有利条件的同时，更要重视对班主任的规范管理，建立和完善班主任选聘、工作量分配、评价和过程管理的机制，鼓励班主任在实际工作中加强行动研究和学习，调动广大班主任的工作积极性，促进其工作效益的提高和专业化发展，让他们真正享受班主任劳动的快乐和幸福。

没有评说的教研是真教研

我说不出到底什么样的教研才是真教研，也无法评说教研的内涵与价值取向。但是，身处农村学校的我发现，确实存在着一些形式化的、无效的、单调重复的、死气沉沉的教研活动。可为什么学校总是想尽办法、费尽心力地挤压时间来组织这些形式化的教研活动呢？简单地说，无非就是想通过这种方式为教师“洗脑”，提升其理论水平，改进其操作技术，激发其工作热情，以此促进教师的专业成长，最终达到提高教育教学质量的目的。但现实是，有些教研活动并没有起到应有的作用。

现象一：讨论式教研成为一种闲聊。年级组或学科教研组的教师聚在一起，一人发言或阅读一篇文章，其他人记下几个要点。发言者对讨论的主题缺乏深入的思考，缺少个性化与系统化的研究，而记录者纯粹是为了应付学校的检查，再加上学校领导检查督促不到位，结果教研活动成了聊天活动。

现象二：专家的授课与教师的实际需要之间脱节。学校费资劳力请来专家授课，教师自然会被要求去聆听学习，且不提那些昏昏欲睡者，即使认真听讲的，也常常是当时感觉热血沸腾，但是几天后就会恢复常态，毕竟习惯的做法还是轻车熟路。况且专家讲授的内容是属于他个人与个性的经验积累，不一定适合每一名教师的实际需要。而学校为了能让学习效果更好，往往要求所有教师必须记好笔记并写学习心得，这种“一刀切”式的要求很容易把教师推向应付检查的境地。

现象三：教师难以接受真实的评价。作为校长，我曾亲自组织过一些听评课活动，要求大家少说优点，多提缺点，目的是想通过这种开诚布公的方式让大家对存在的问题有所警醒、有所改进。在这一要求下，有的教师会发表 些过激的言辞，被点名的教师因此变得非常难堪，有的当场就流下了眼泪。虽然这种教研方式也能提高教师的授课水平，但是伤及教师的自尊，有点得不偿失。我曾试图通过书面反馈的方式解决这一问题，或给教师一张纸条，或发布于我的博客上，让教师参与讨论，但教师们对这种针针见血的直言评价仍心存顾虑。

总之，这些形式的教研都存有评说的因素，很容易把教师分成三六九等而伤害了教师。不客气地说，这些教研活动制约了教师自主自觉的成长和发展，破坏了教师把研究作为生活常态的教育生态环境，甚至成为教师产生职业倦怠的罪魁祸首。

最近我在反思，基础教育界产生的这些臃肿无效的活动，既然教师们参与的积极性不高，既然都认为这样做效果并不好，甚至有些人认为这样的教研活动根本不会对教学有什么用处，只是在浪费教师的宝贵时间，那么这些教研活动的生命力和驱动力来自哪里呢？有学校领导害怕教师不继续学习而影响教学的原因，也有学校无力或无法引领教师进行教研的原因，还有学校想凭借这些评价活动驱动教师工作的原因，等等。把这些缺乏效益的活动作为驱动教师工作的手段，就自然地会把对教师的不信任与不尊重放在这些活动里，学校领导者总是认为教师的思想和行为是落后于自己的，没有一种发现教师独特思考、敬畏教师实践价值的意识，而教师则始终觉得自己的话语与知识不重要，自己永远处于被动学习的状态。如果学校不能及时更新这些陈旧的思想及发展因素，把教师的思想与实践体面地放到台面上来，学校哪来思想的自由？哪来自下而上的改革？哪来教师发自内心的自我发展与把研究视作生活常态的愿望？

2009年，我连续两次参加山东省创新教育沙龙，沙龙的形式以及参加沙龙的教师与专家的思想让我震撼。沙龙进行了两天，要求每一名发言者发言的时间必须控制在10分钟之内，不允许看书面文稿，必须是思想的真实与自然的流淌。我想，这才是真正自然有效的教研活动，所有人的言说都是发自内心的，没有任何隐瞒与假说，因为在这种情境中，不可能出现虚假的妄语，有的只是真诚的思想碰撞。这两次沙龙结束后，我根据分享到的思想撰写了两篇学习心得，现摘录部分片段：

我们每一个生命个体，不能停留在既有的生命状态，而是应该在不断的努力中，实现自己生命的持续飞跃，做一个知识富有、身体健康、心灵自由、思想超脱、精神高贵的老师。

没有思想的教师培养不出有思想的学生，教师应该成为学生的思想领袖。我们应该创新教育教学方法，把学生的成绩当成教学过程的自然结果。真正的教学是无形的，是无处不在的。课堂应该是思维品质形成的地方，是心灵自由开放的地方。

教师职业生命的本质是一种生活，是一种研究精神。教师要能够对方方面面的工作进行冷静而理性的思考和研究，能够成为主动出击、积极谋求发展的教育者，而不是满足于对个人经验浅层次的认知和归纳。

教育应该是一项造福后代的事业，是用生命润泽生命的工作。如果仅仅靠一些制度、评价来约束或强制运行，只会使教育从一种畸形转向另一种畸形。教育没有自觉的文化意识，就不会形成科学和谐的、持续的教育行为和信念。

（《做一名心灵自由的老师》）

今天应该怎样做一名合格的教师？一定要创造机会让教师的智慧都能生成思想，并在思想的观照下形成自己的教育理念；追求人文修养，掌握学科思想，激发学习兴趣；有清晰的职业规划，有科学的教学流程与策略，有个性化的教学智慧。也可以说，这样的教师不仅是敬业、勤奋、乐于奉献的人，而且是守住灵魂的人，是自我解放的人。

课堂上，教师的智慧在于把思维的障碍点变成思维的生长点，把生长点演化成学生的能力和方法。优秀的教师都有独特的个性，他们会从教育价值观的角度看教学，而不是从学科的角度看教学。他们会让学生走在学习的前面，让学生永远保持学习的兴趣。

我们要尊重每个人的话语权，防止权力主义和经验主义影响教师的思维与行动，让教师丧失自我。我们的教师一定要守住自己的灵魂，做灵魂的守望者。

（《做灵魂的守望者》）

当您读完这些文字后，可能会有所感悟。心灵的自由、思想的碰撞才是教研活动必须遵循的原则。这两次沙龙活动让我受益匪浅，它甚至改变了我常规的生活，把我的生活推向了自由自在的境界，使我明确了自己的理想与目标，可见，没有评说的话语交流与思想分享是多么有价值。

为此，最近一个学期，我彻底改变了一些原来的教研范式，目的是想让大家的思想得到平等的认可与敬畏，让大家的个性得以张扬，思想得以互相分享，激发大家的工作热情和创造性。比如，每个星期二，安排两名教师围绕自己的教育教学、读书学习、日常生活等方面，当众把自己的思想与思考实践，甚至是失误与问题与大家分享，每个人都有上台展示的机会。其他各种形式的教研活动也都遵循这一原则和形式，对发言者少进行评价，少进行各种形式的评说。

没有评说的教研活动充分尊重教师的人格和思想，大家在一起分享学习是平等的，这样教师们再也没有顾忌，都会认真地娓娓道出自己的所思、所想、所做。

我建议教师们自己的研究主题切入点越小越好，只要有思考就是开始研究了，鼓励教师们尊重自己的思考和实践，充分相信自己做的是有价值的，希望教师们将自己的课题研究坚持下去，不断地积累，不断地筛选，不断地反思，形成书面的案例或文章，相信几年下来，他们一定会成为某一领域的专家。

我的这种思想已经开始慢慢渗透给教师们，教师们开始有了行动，这太让人兴奋了。这不就是我们期望的教师应有的工作或生活状态吗？我不想再搞一些评说性质的教研活动了，让话语权回归于教师自己吧！他们一定会用心地珍惜自己的话语权与分享价值的。这样才能解放教师，解放教育，解放学生。

在自己的组织里说自己的故事

从教多年的优秀教师一定会形成自己极具个性特色的教育实践智慧和教育思想，有研究习惯和能力的教师能够自觉地整理自己的智慧与思想，都能成长为研究型教师。

然而，大多数教师缺乏这种自主发展的意识，疲于应付教学，不再继续学习，没有养成反思与研究的习惯，因而虽然工作的时间不断延长，但其经验与思想只留存于大脑之中，不能清晰地表达出来，最终没有形成一些系统的成果性文字。这样的教师只是一些优秀的“教书匠”。

在基础教育领域里普遍存在着这种现象：教师不容易找到自己职业生命蜕变的突破点，因而不能由“教书匠”转变为教育家。其关键原因虽然在于教师本人，如教师的自身素质、内在发展动机、家庭因素等，但并不能全归咎于教师本人。

学校为教师提供了专业成长的环境与土壤，教师在学校里生活，必然会受到这所学校的影响。学校注重分数，教师就拼命追求分数；学校注重学习，教师就会努力学习。一般的学校往往将精力全部放在学生的学习与成长上，而忽略了教师的学习与成长。如果一所学校几年没有新教师加入，大家就会感觉到学校缺乏活力，甚至感觉到自己的教育思想和教学观念越来越落后。其中一个重要的原因就是多数教师的职业生命出现了“停电”现象，教师没有走上一条读书、学习和研究的职业发展道路。

学校要对教师的职业生命负责，为教师营造专业发展和学习研究的文化氛围，为教师构建开展学习、研究的科学机制，为教师提供合适的专业发展平台和机遇。

一提起研究，多数教师马上就会产生畏难情绪。或许刚开始时，大家还跃跃欲试，但时间久了，便不了了之。如此，学校的教学研究和教师专业发展就变成了“两张皮”。学校行政力量主导下的教研活动容易引起教师的反感，从而使研究流于形式。“大而空”的课题研究，则给教师设置了“跳一跳却总是摘不到桃子”的情境，教师们面对远离自己生活的研究内容，不知从何处下手，因而丧失了自信心。

目前，不少学校的教师自发成立了一种“自组织”。他们在一起读书学习，讨论管理与改革。其实，这种“自组织”就是学校里的学习型组织。例如，有的“自组织”叫“教师成长志愿者共同体”，有的叫“教师自主发展联盟”，有的叫“班主任专业发展组合”，等等。这些“自组织”的诞生可以说改变了学校的文化系统，使学校的校本教研体系得以重构，学校的发展潜质凸显出来，而“自组织”成员的专业发展也都有了显著的提高。

在这样的组织里，往往有一项经典的传统活动，就是组织成员之间相互讲述自己的职业生涯中发生的故事。一个个鲜活的故事被教师回忆、整理和表达出来，这实际上就是一种研究的过程。教师讲述自己亲身经历的故事，这种故事肯定是教师自己生活中的重要事件，对教师的影响比较深刻。教师对关键事件的描述、解读、反思以及由此引发的行为调整，就是今天的自己与昨天的自己对话的过程。教师经历的每一个故事都是其专业发展的一次机遇，在澄清、修正、总结、思考和行动的过程中，教师逐渐积累经验，就会自然形成个性化的教育实践智慧和教育思想。教师再对自己已经形成的经验和思想进行梳理、分析、提炼，就可以再一次反观自我，进一步在专业发展上实现自我提升。这就是研究型教师的修炼之道。

学校里出现“自组织”与“故事文化”，说明学校正在探索一种新型的教师专业发展途径，教师正在自觉地探索成功之路。这是学校内涵发展的核心。只有教师具备终身学习和研究的习惯与能力，教师的教育教学工作才能有所创新，学校才能真正走上内涵发展之路，才能培养出有创新精神和实践能力的优秀人才。

何为学校在创新中积淀传统

提出这个命题，好像有追求另类之嫌，因为“在继承传统中创新”这一观念已经深入人心。

目前，创新已成为学校教育的核心价值观，是学校发展的不竭动力，成了学校独特文化塑造的一种象征。似乎没有创新，学校就没有发展，就没有特色与个性。

做教育，我始终怀着敬畏之心，考量着创新的行为与价值，但是，就在这种教育创新的征程中，我一直有这样一种感受：现在，我们的学校、我们的教育都过于强调一时的标新立异，某某教育、某某模式、某某文化争相孕育而生，五花八门，热闹非凡。

大家都明白要在继承传统的基础上创新的道理，且毋庸置疑，这在具有深厚文化内涵、拥有优良文化传统的学校里，是必须遵循的发展规律。但是，不少农村学校由于诸多因素，并没有形成那些优质学校或百年名校可以继承的文化传统。这些学校年年重复着那些没有多少文化意义的传统活动，如考试、上课、加班、批阅作业、应付检查等，缺少必要的、经典的、可以坚守的、能够为工作注入热情和意志的传统习俗和礼仪。

我经常去参观一些优质学校，在每一所学校里，我都能感受到其无法言说的特殊之处。这种东西具有很大的影响力，其实就是所谓的“传统文化”。在它的背后，流动着思想和行动的潜流。这股情感和习俗的暗流活跃在学校里，将这里的人、行为和观念都裹入明天的目标。

社会学家威拉德·瓦勒早在1932年就写道：“学校都有其独特的文化。这里有复杂的人际关系礼仪，有整套的社会习俗，有独特的道德观念，有非理性的约束和制裁，有根据这一切制订的道德规范。这里还有博弈，有优雅的战争，有团队，有一整套精心设计的仪式和典礼。这里有多年的传统，因循守旧的人永远在对革新者宣战。”

他的观点对我有很大的启发。如果一所学校的文化不支持改变，不鼓励变革，那么这所学校就不会进步。而作为学校精神的领导人——校长，其最重要的作用就是要创新、激励，通过提升象征性活动，在教师、学生、家长和管理人员的共同努力下，在处理危机和取得成绩的过程中逐渐创立起一种传统和仪式的复杂模式，并要坚持让这种模式具有高度的持久性，以对人们的行为产生重要的影响，并塑造人们的思维、行为和感觉方式，为学校各项创新性活动赋予更高尚的意义。

因此，创新本身没有任何问题，问题是我们如何去创新。今年创新了，明年再创新，后年还要继续创新，但是回过头一看，我们的学校、我们的教育到底留下了什么痕迹与意义？其实，生命进步的奥秘就是在危机中不断以活着的优势基因取代低效基因。

我们一定要努力继承那些有用的文化传统，同时把辛苦创新出来的东西坚持形成新的文化传统，以此丰富原有的文化传统。学校只有在创新中积淀传统，才可能形成自己独特的文化，才可能拥有自己整套的社会习俗、积极的道德观念和独特的道德规范。如此，学校才能全面、和谐、持续地发展。

基于这种认识，在我们学校，我和我的团队正积极致力于这种行为的构建。我们奉行这样的理念：“谁有思想，谁就是学校的领袖。让教师思想中流淌出来的价值观和行为文化，作为学校新旧传统的桥梁，实现学校传统文化的流程再造。”我们认为，这才是真正意义上的创新。

常规是学校文化的凝结

如今不少学校时刻都在思考如何创新、如何创建特色，却忽略了一些细微的常规。为了达到日常工作的规范化，我也曾竭尽全力，但是往往会出现一抓就见效、一放就效果大跌的现象。大家似乎不再重视常规性的工作，而只关注一些宏大的事情，甚至在学校出现了临时搞突击的现象。为了达到标准，教师有时还会大动干戈，影响了同事之间的和气。

目前，在基础教育界流行着“争创特色学校”“凝炼典型经验”“构建教学模式”“营造个性文化”等改革创新活动。为此，我也参观、考察了很多这样的学校，收获很多，从中吸取了很多经验并付诸了实施，学校的变革与教师思想的嬗变加速了学校的发展，拓宽了教育管理的内涵。学校特色初见端倪，教师个性得以张扬。

但是在教学改革与创新过程中，我体验到了一种潜在的危机感——一些常规性工作和细节性问题被忽略了。于是，我一改过去的风格，没有再举办过多的轰轰烈烈的研讨会，没有再组织过多的热热闹闹的评比活动，没有策划大型的调研活动。我不否认这些活动的阶段性作用，可是，过去这些风暴式的教育活动带来的表面形式的变化和出现的一些经不起推敲的成果，让我开始担心与警觉。

很多学校都视文化管理为最上乘的管理境界，有人说一所学校需要经历“人治”到“法治”，然后上升到“文化治校”的层次。佐藤学先生曾说：“教育实践是一种文化，而文化变革越是缓慢，才越能得到扎实的成果。”钱理群先生也说：“人们老是追求宏伟的目标而忘记了常识。”这也是我经营学校管理一段时间后产生的理性的感受。难怪有人说，现在的学校推行素质教育不仅仅是硬件的问题，还有其软件建设没有真正发挥应有作用的问题。

山东省教育厅原厅长齐涛曾经说过，教育需要现代技术支撑，我们从不否认教育手段现代化的重要作用，但我们同样不能过于依赖物质条件的现代化，过于依赖硬件的现代化。那些从农村出来的学生，受教育的条件要比城市的差很多，但是依然有很多人才走出大山、走进城市，成为社会经济发展建设的中坚力量。教育不同于经济，高水准的科学技术现代化对经济高速发展能起到明显的作用，但高水平的现代化教学设施不一定能带来高效能的素质教育。高质量的教育要以现代教育手段来辅助，但更重要的是要靠正确的教育理念来引导，靠教育者充满爱心、不屈不挠的孜孜奉献来实现。

我们不能动不动就将教育的问题归咎于条件的差距，教育者应该有一种自觉的意识和情怀，努力挖掘现有的资源，不能因为一味追求宏大的问题而忽略了身边具体的教育教学问题与情境。立竿见影的教育不是真教育，教育需要我们去慢慢体验和感受过程。

一次偶然的机遇，我遇到了一位校长，走进了他的学校。他独特的教育理念与学校情景给了我很大的震撼，有力地启发了我的管理思路。

这位校长“注重细微，将简单的事情做彻底；拒绝平庸，把平淡的工作做经典”的治校理念体现在其学校的角角落落、方方面面：偌大的校园里，没有一张纸片；学生公寓就像一个温馨的家，整洁而舒适；教室内，学生都在自主地学习；办公室里，教师们都在各忙各的工作……一切都显得那么从容、自然。

我在想，什么是名校？如果学校能把常规工作做到这种程度，并坚持下去，就是一所名校。如今，这位校长的话仍在我耳畔回响：常规积淀特色，创新成就品味；态度决定一切；注重细微，拒绝平庸；充分放权给学生管理；一切从实际出发；相互宽容，共同成长；正视现实，不找借口；要有合作自觉意识；常规工作有规律可循，有经验可遵；只有常规落实好了，其他一切工作才有根基……

这位校长还谦虚地对我说：“我们没有特色，没有提炼出创新的名堂。”我说，这难道不是特色，不是创新？可以说，这所学校的常规管理与行为已经积淀成了一种文化。我认为，可以称其为“行为文化”。

一所学校的行为文化反映了一所学校在自己的历史发展中，在长期的教育实践中，所有的教职工和学生创造、积淀并共同遵循的办学思想、价值观念、学校作风与传统、行为规范和规章制度的总和，以及体现上述内容的各项物质载体和行为方式。一所校容美、校风好、质量高、声誉佳的学校，本身就是一种强大的教育力量。师生置身其间，在长期的熏陶、浸染中，行为得到规范，心灵受到陶冶，素质不断提高。这种行为文化一旦形成，师生就会在潜移默化的氛围中接受共同的价值观念，形成一股信念力量，向着既定的目标努力。当具有特定文化内涵的学校形象被师生认同后，就会以微妙的方式来沟通人们的思想，使师生产生对目标的认同感，从而形成一股强大的凝聚力量，使学校管理产生巨大的整体合力，推动学校不断发展。

让违规者接受制度的惩罚

由于性格使然，很多时候我是怀着宽容之心的，对教师上班迟到、在校园内骑车、课堂上向窗外看、让学生站在教室门口等不恰当行为，常常不好意思直接指出来。但这些看似不经意的行为，恰恰破坏了学校的良好秩序，影响了学生的切身利益，甚至损害了教师为人师表的形象。这些坏习惯可能会蔓延至整个校园，造成极大的负面影响。

这时我会提醒自己，要宽容别人，我信奉宽容是人世间最伟大的精神。但是不知为什么，每容忍一次这些行为，我的心灵就会被拷问一次。宽容一个人容易，可是这对大多数教师、对全体学生和整个校园是极不公平的。

有的时候，我也会恼羞成怒，毅然采取果断甚至武断的处理方法。但当看到对方生气或很委屈的样子时，我的内心又受到了更有冲击力的拷问：这样做是不是不关心和理解教师？是不是我没有能力营造出一种温馨和谐的校园秩序？

最近我阅读了美国作家罗伯特·里肯著的《校长的平衡艺术——做人本校园的“独裁者”》一书。书中提出了如下观点：在特定情况下，校长必须坚持己见，丝毫不能妥协退让；有些时候，如果校长完全依靠关爱与分享，工作根本推行不下去；校长必须富有同情心，又有决断力；对于校长而言，首要任务是让人信服，而不是仅仅做一个在下属心目中富有人道主义情怀的“好人”。

我想，每一名校长都想做个“好人”，但是无论你怎样努力，都很难让所有人都认同你是“好人”，那么是富有人道主义情怀的人是“好人”还是铁面无私的人是“好人”？书中的一些观点启发了我今后应采取的处事态度和应遵循的管理原则。

我认为，首先，校长必须富有同情心和责任心，有宽容的胸怀，能够以身作则；同时，在遇到问题时，要采用恰当的策略和科学的方法，当机立断，直面问题。这也是一种人道主义情怀，有时宽容错误既害人又害己。

其次，校长必须有清晰的管理思路与坚定的信念，有及时抓住机遇不断调整学校制度和修正运行机制的能力，谨慎计划，大胆执行，把问题当作重新前进的重要资源和强大动力。

2011 年，我与学校领导班子成员进行沟通，达成共识，认为在处理一个问题之前，要首先想到制度；在制订制度之前，要首先预测可能出现的问题。

学校借鉴兄弟学校先进的管理理念，遵循“扁平化管理与团队式引领、民主管理与制度化保障、人本管理与学术型引领相结合”的管理原则，在教学改革、教师专业化发展、德育建设、班主任管理、家长委员会建设、师德建设、餐厅与公寓管理等方面制订了一系列新的符合学校实际的管理制度，并注重对科学有效的运行机制的研究，防止在执行的过程中出现执行力不强、人浮于事的弊端。具体操作下放到年级组，政教处、教导处、后勤处等构成二级管理机构，对年级组的所有制度建设和运行机制进行综合监督、指导与评估。校长室为三级管理机构，负责对二级管理机构进行监督、指导与评估，一旦发现问题，立即处理，绝不妥协让步。每位教师不仅是制度的执行者，也是制度的构建者，还是执行制度的领导者，重视管理、重视制度逐渐成为一种常识。

制度是一种协调人际关系的工具，是人的行为的规则或方式。我之所以出现文章开头所陈述的各种苦恼，根本原因就在于忽略了制度的构建，而教师则忽略了对制度的认同与敬畏。同时，学校对执行制度的运行机制的实施也欠科学有效。

孙明强著的《制度胜于一切》一书中有几句话值得我们深思与借鉴：“维护制度尊严，领导为先”“管理就是严肃的爱”“再好的制度不执行也是零”“多反省自己，少埋怨制度”“有效落实制度从沟通开始”“基业长青靠制度”“服从制度——员工的天职，维护制度——团队的使命”“要持续不断地改善制度”“让制度无时无刻不在”。

处理学校出现的问题，是绝不能以校长个人的主观态度决定的，必须依靠制度。制度面前人人平等，不允许有任何特殊与例外。违规者接受的是制度的惩罚，不是校长的惩罚。我似乎窥探到了一名人本化校长的思维本质与行为轨迹，我想这应该成为学校的一种传统与文化，成为一名校长的管理智慧与人格素养。

从教育信仰到教育行为

“为学生的全面发展、终身发展负责”“用文化管理学校”“构建高效、民主、以人为本、和谐的课堂”“中小学教师应是专家型教师”……在文章中、文件中，从很多人的口中，随时可以看到、听到这些内容，可见，这些都是我们追求的教育信仰，但是如何将这些教育信仰转化成教育行为，成了教育的痛点，这是不容回避的事实，尤其是在农村。

近日，我们几个中学校长凑在了一起，作为校长，谈论的自然大多是与教育有关的话题，其中讨论最热烈的话题应该算是学生繁重的作业负担了。

大家都在说：“我的孩子在某某学校上学，晚上作业做到十一点，孩子太累了。”对于校长来说，学生课业负担如此沉重，自己是很清楚的，大家都知道大量的机械性、重复性作业对学生的成长是极为不利的，对教师工作效率的提高也是不利的。大家都在埋怨自己孩子就读的学校和教师，但是在自己所管理的学校里，同样存在类似的严重问题。对于外校，自己是旁观者，当然是看得很清楚的，对于自己的学校，是当局者，却变得糊涂起来。大家希望外校加强学生的作业管理，减轻学生的课业负担，因为自己的孩子在该校就读，而对自己学校学生的课业负担，其减负的意识和决心就减弱了，或根本不想去行动。希望自己的孩子课业负担轻是想到了孩子的全面发展和未来，不关注自己学校学生的课业负担是不希望自己的政绩受到影响。

教师往往也存在同样的问题，自己明明知道增加学生的课业负担是不对的，不希望别人去做，但又怕别人做了，自己所教的学科会吃亏，于是不得不加入这种不正当的竞争中，而可怜的学生便遭了殃，每天不得不拼命地、疲惫地做各科教师布置的超负荷的作业。

大家都明白，课业负担过重不利于学生的生命成长，大家都信奉，高效课堂的变革能让学生走上“当前成绩好、未来发展优”的“轻负高效”之路，但是这些教育信仰很难转化成自觉的教育行为。

以上是难以转化的例子，现实中还有一些盲目的转化、机械的转化。例如，我曾经听某校提出“用文化凝心聚力，靠学研富脑修身”的管理理念。该校校长认为，最早的管理是“人治”，后来人们重视制度建设，现在应该是重视文化建设、文化管理的时候了。

学校文化是什么？学校文化应是为了人们适应社会生存，满足其物质与精神需要，通过多种教育方法和手段所形成的各种行为规范的总称。按理说，作为一所有历史积淀的学校，早就应该能达到“文化治校”的境界，但是为什么每一届校长都要经历“人治”“法治”与“文化治校”三个阶段？我们提倡和建设先进的学校文化的根本任务和目的，不在于为学校师生提供多少好的、优秀的物质和精神“产品”，而在于让学校师生通过这些“产品”的“人性化”的过程，形成先进的、科学的人生观、世界观、价值观，培养高尚的道德情操，掌握先进、科学的技能、技术、方法等，进而提高改造自己、改造社会的自觉性。

大凡管理得好的学校，都提出了以文化管理学校的理念，似乎学校管理的最高境界就是文化管理。有人说：“文化育人，直入人的心灵和精神世界，而学校真正的办学个性和办学特色，也从此而来。”有的学校总结自己的办学经验就是用几年的时间推进学校文化建设，用几年的时间向大家展示文化的力量。还有诸如什么厕所文化、墙壁文化、走廊文化、教研组文化、小组文化、教学文化、交际文化、课桌文化，等等，似乎学校里的一切都是文化的化身，文化无处不在、无所不能。让文化来管理学校，这的确是我们追求的教育信仰，但现实让文化成了牵强附会的管理包装，不假思索地随意否定过去的东西而另起炉灶，让我怀疑这种文化的真正作用。文化既需要传承，也需要创新。但是一人倡导一种“文化”是可笑的，这是信仰盲目转化为行为的无知做法。其实追求科学、和谐、有效的管理的过程，就是在追求真正的文化管理，文化不是喊出来的，是潜移默化的。

在日常的教育行动中，我们不能片面地理解、机械地套用某种教育理念和信仰。我们需要有一种眼光，站在一定的高度，将整个教育世界融入自己的胸怀，而不是蜷缩在某个狭小的角落里，对他人的口号和理念进行膜拜。一旦形成了这种思维方式，我们就会在很多自己过去没有意识到的地方，找到一个教育的“新世界”。

“生成”的理念赋予学校无穷的生命力

一切课程与教学、制度与运行、教师与学生发展、文化与环境构建等，都应该是某一特定理念统领下的产物和表现。有的学校，理念与学校文化展现不相匹配；有的学校，理念不够系统，概念阐释得不够科学；有的学校，理念只是词汇的累加，更迭频繁；有的学校，理念是少数人的“作品”，甚至是广告公司的“杰作”；有的学校，理念跟不上时代发展的步伐，视野狭窄，思维固化，陈旧乏味。我之所以罗列上述现象，并不是不认可这些学校的理念构建（其中的确也有一些值得学习的闪光之处），而是想提出一个命题：理念应该是搜集现成的，在实践前就定好的，还是应该是在实践与顿悟中诞生的？

固然，设计理念是学校追求高品位发展的佐证，是学校文化发展的一条可行之路。但是，这种发展类型的学校如果换了校长，新校长是否能理解或认同前任校长的理念呢？这是目前多数学校都会遇到的尴尬问题。一名好校长就是一所好学校，一届届校长更换，这所学校还是一所好学校吗？于是，学校曲折发展就成了学校持续发展过程中的常态现象。

在与一些校长沟通的过程中我发现，他们都是首先谈理念，然后才谈制度、教学、课程、师生等。为什么这样呢？我认为这是必然的。一所学校、一名校长如果没有清晰的、先进的、适合学生发展的理念，这所学校就必然缺乏灵魂，就不知道往哪儿行走。没有明确的理念指引，学校的一些行动必定是零散的，是阶段性的、低层次的。真正意义上的学校发展，应该是在继承传统的基础上不断创新，在创新的基础上不断修正、积淀传统，最后把一些体现理念的活动、仪式、符号、组织、制度、课程等形成属于自己学校特质的文化。而且这些文化始终是在一种理念影响下自然生成的，是学校所有师生思想中流淌出来的价值观和行为文化。当一所学校拥有了这种意义上的文化，它便是独特的，它就有可能拥有自己整套的习俗、积极的道德观念和独特的道德规范，就能全面、和谐、可持续地发展。可见，“生成”的理念是最有生命力的，可以让学校不因人和环境的改变而改变，使这所学校永远是一所好学校。

我不否认，搜寻一种现成的先进理念，让它来统摄学校的一切，也是学校文化发展的一条可行之路。但是，我更喜欢去捕捉这些生成的理念，因为它们是学校发展的自然产物，是从师生思想中流淌出来的真情实感。学校发展理念在发展前出现还是在发展后出现，其语言是美妙的还是富有哲理意义的，都不是那么重要，关键是学校思想与行为的自然生成。这才是学校追寻文化发展的真谛。这样的学校不会因为人事变动而发生变化，它会永远发展，有无穷的生命力。

教育需要课程与学校共生存

“为学生提供适合的课程”是当下大家所追求的教育理念，或者说是一种教育情怀。这是对应试教育盛行多年且越演越烈，以致剥夺了孩子美好的童年、抹杀了孩子纯真的天性的呼唤与回应。

美国诗人惠特曼曾经深情地说：“有一个孩子每天向前走去，他看见最初的东西，他就变成那东西，那东西也变成了他的一部分。”学校课程就是留给学生的弥足珍贵的“最初的东西”。

钱丽欣老师在《人民教育》2013 年第 1 期撰写的年终综述——《为学生提供适合的课程》一文中较为科学地诠释了课程的内涵：“课程是学生在学校的全部学习生活的总和，包括成体系的知识、必备的素质能力、对世事的理解和经验，及其他有利于学生健康快乐成长的事物。”只有为学生提供适合的课程，才能为每个学生提供适合的教育。一所学校必须有自己的课程理念，这种课程理念必须通过实践来落实，并通过实践来检验。

学校内涵式发展的生长点在于课程改革，课程改革带给学校的变化是深刻的，也会是持续的。清华大学附属小学在其办学行动纲领中就明确提出：“课程是学校最重要的产品，是学校一切工作最终的物化体现，是一所学校师生能力与水平最有力的证物，是学校的核心竞争力。”

在这些理念的引领与激励下，很多学校开始走上课程改革之路。有的学校办成了课程超市，课程琳琅满目，应有尽有；有的学校课程花样不断翻新，令人惊叹。这对学生来说应该是一件好事，这证明学校教育开始觉醒了。但在欣喜之余，我似乎又发现了一些不妥之处。不少学校在匆匆开始进行课程改革时，并没有弄明白教育的目的到底是什么，学校到底是什么地方，教师应该是干什么的，学生的学习本质是什么。如果这些东西弄不明白，所谓的课程改革就只是为迎合教育形势而赶时髦、凑热闹罢了。那种认为课程越多越全越好、越奇越新越好，认为学校一切活动、事务，一切时间、空间都是课程的现象并不一定是好事，课程出现了泛化现象。不遵循学校办学目的的课程不会长久，同时，花样太多，课程的意义和价值也容易淡化。

最近读到张伯苓先生的文章《四十年南开学校之回顾》一文，感受颇深。文章指出："南开学校系因国难而产生，故其办学目的旨在痛矫时弊，育才救国。"南开学校为实现教育救国的目的，对于学生的训练方针，特别注意下列五点：一是重视体育，二是提倡科学，三是团体组织，四是道德训练，五是培养救国力量。"此五项基本训练，以'公能'校训为指导原则。而'公能'校训，必赖此基本训练，方得实现。分之为五项训练，合之则'公能'二义，允公允能，足以治民族之大病，造建国之人才。"

张伯苓先生说："四十年来，我南开学校之训练，目标一贯，方法一致。根据教育理想，制定训练方案，彻底实施，认真推行，深信必能实现预期之效果，收到良好之成绩也。"我认为，张伯苓先生的教育思想与教育实践，仍可作为我们当下各类学校进行课程改革的指导方针和实施策略，唯有如此，才是真正的在办教育。

叶圣陶先生在《如果我当教师》一文中也有一段精妙的论述，其阐明的观点耐人寻味，对我们进行课程改革有很大的启发意义："我不想教学生做有名无实的事情。设立学生自治会了，组织学艺研究社了，通过了章程，推举了职员，以后就别无下文，与没有那些会和社的时候一个样：这便是有名无实……做这种有名无实的事比不做还要糟糕，如果学生习惯了，终其一生，无论做什么事总是这样有名无实，种种实际事务还有逐渐推进和圆满成功的希望吗？我说比不做还要糟糕，并不是抱着多一事不如少一事的心思，主张不要成立那些会和社，不要有图书馆种植园之类的设备。我只是说干那些事都必须认真去干，必须名副其实。自治会硬是要'自治'，研究社硬是要'研究'，项目不妨简单，作业不妨浅易，但凡是提了出来的，必须样样实做，一毫也不放松……每一个机会都不放过。而且，那绝不是一时乘兴的事，既然已经干了起来，便须一直干下去，与学校同其寿命。如果这学期干得起劲，下学期却烟消云散了，今年名副其实，明年却徒有其名了，这从整段的过程说起来，还是个有名无实，还是不足以养成学生的好习惯。”

是呀，决不能让学校课程徒有其名，执行起来决不能“三天打渔，两天晒网”，应该珍惜一切机会，创造一切条件，坚持下去，这才是真正的属于学校自己的课程。与学校共生存的课程才最有价值，才能依其学校目标，实现学校目标，循其校训，落实校训，达到育人的真正目的。

从两位先生的文章中，我们已经领悟到课程改革的真谛，明白了什么才叫作教育、办学校、干教师、成学生。欲实施课程改革，首先必须明确学校的办学目的，也就是学校生存的理由、动力和期望。它根植于办学实践，经过理性思考的提升，应当具有时代精神，适应当前社会发展的需要。其次必须明确校训，即明确学校全体师生应当共同遵守的基本行为准则与道德规范，也就是学校的整体价值取向、独特气质、文化底蕴，蕴含师生的道德理想、人格特点和历史责任。

下面借助一些中外教育家的箴言来解答上文提出的教育的目的是什么、学校是什么地方、教师是干什么的、学生的学习本质是什么四个问题，以期进一步阐述课程改革所需要遵循的规律。

教育的目的在于帮助孩子做好准备，踏实地迎向人生。教育应该鼓励孩子从生活中学习，同时以怀疑的态度检视那些不曾被质疑过而代代相传、一成不变的知识内容。

——（美国）杰·唐纳·华特士

由于太多和太杂的学科造成的青年人的过重负担，大大地危害了这种独立思考的发展。负担过重必导致肤浅，教育应当使所提供的东西让学生作为一种宝贵的礼物来领受，而不是作为一种艰苦的任务去负担。

——（美国）爱因斯坦

要让真理和信任在学校里（同样在家庭里）占据统治地位。要让在学校里所说出的每一句话都结出果实，而不是一朵空花。

——（苏联）苏霍姆林斯基

人的脑袋并不是身体的唯一器官。谁持相反意见的，就是在撒谎。谁相信这一谎言，那他通过各种考试之后，虽然成绩优异，但外表看起来身体已经累垮了，因此，必须经常跑步、做操、跳舞、唱歌，不然大脑袋填满了知识，却只是个残疾人。

——（德国）凯斯特纳

既然学校生活是如此简化的社会生活，那么它应当从家庭生活里逐渐发展出来；它应当采取和继续儿童在家庭里已经熟悉的活动。

——（美国）杜威

我有权利去提请别人注意，去展开有趣的话题，去问那些难以回答的问题，去表扬一个大胆的回答，去谴责掩盖真理，去向学生推荐书籍，去指出前进的道路。

——（美国）彼得·基·贝得勒

我总得在课程方面同时在行为方面，尽力取得他们的敬重，因为我是他们的教师。取得他们的敬重，并不为满足我的虚荣心，只因为如此才证明我对课程同时对那个总的目标负了责。

——（中国）叶圣陶

学生必须有充裕的时间体验和沉思，才能自由地发展其心智能力……说到底，一切教育都是自我教育，一切学习都是自学。就精神能力的生长而言，更是如此。

——（中国）周国平

教育其实并不复杂，只是我们把它想复杂、做复杂了。复杂了，就远离了它的本质，违背了它的规律。学校必须有能与其共生存、共成长的课程，这样的学校才是我们理想中的学校，才能留给学生“最初的东西”，让学生受用一生。

创生校园生活力，绽放学校文化力

一位校长在参观了我校的环境文化、课堂教学、课程开设、学生活动以及其他能体现学校文化的元素后告诉我，她的直观感受是“有秩序、有活力、有效率、有生活、有文化”。这五个词可以说高度概括了我校文化建设的成果与效益，点明了我校文化建设的终极目的与意义所在。

学校文化建设的关键不在于建立健全各种文化形式，而在于文化建设所产生的影响和效能，在于努力提升学校文化力，真正使文化成为展示学校独特形态、凝聚学校成员心志、推动学校长足发展的巨大能源。相对于学校文化来说，学校文化力更具有动态性，它往往通过对学校文化的策划、执行、管理、调控、传播等行为而体现。一所学校有良好的文化元素，并不等于有良好的文化力，而这些文化元素的目标只有在学校成员创造性地、有效地运作，形成良好的文化力之后才能达成。

自2008年开始，山东省利津县北宋一中一直致力于以“减负”为命题的“零作业”教学改革与实践，到目前已经基本构建起独特的实际操作模式。更为可贵的是，“零作业”教学改革与实践使学校文化得以重塑，生成了“零作业”的改革与创新文化，可以说，这种文化打破了农村学校长期沉溺于应试教育的思维定式，破解了农村学校实施素质教育的密码，为新课程改革、重塑农村教师职业生命、促进农村学生健康成长、引领农村精神文明建设等开辟了新的路径。

“1＋0＋0＝100”是北宋一中的办学特色。所谓“1＋0＋0＝100”，指的就是“一个文化磁场＋‘零管理’＋‘零作业’＝成人百分百”。学校是文化传播的主阵地，肩负着带动文化大繁荣、大发展的历史使命。从学校自身而言，北宋一中重视文化氛围的营造，师生在这里共同营造了勤于读书、乐于学习、善于研究、勇于创新的学习风气，尊重包容、和爱互助、诚信淳朴、明礼有仪等美德风范形成一个强大的磁场，影响着每一个成员。对社会而言，北宋一中犹如一个文化磁场，以强大的“同化”作用，影响着社会精神文明构建。开放办学，让家长委员会走进校园，让学生社团活动走进社区、村庄，实现学校教育与社会生活的互动，实现学校公共服务职能。对教育而言，北宋一中是教育改革的先行者，是素质教育的探索者，学校以其先进的教育理念和优秀的教学成果，吸引着省内外的教育同行及教育研究机构前来参观学习，实现教育的共同发展。

“零管理”是一种团队管理模式，有利于培养人的自主管理意识，提升人的自我管理能力，形成“无为胜有为”的良性管理局面。“零管理”崇尚科学高效，学校规范章程，强化执行，从而实现人人各司其职、各尽其能，每个人都能够在制度的指引下自觉遵守规范，并成为一种常态；“零管理”注重民主平等，学校以人为本，决策民主化，管理民主化，从而唤醒人的主体意识，弘扬人的主体精神，发挥人的主体能力，让每个人都能参与到学校管理中；“零”管理重视合作共进，没有完美的个人，只有完美的团队，学校借鉴“团队式引领”管理思想，对小组结构进行优化调整，使先进带动后进，后进主动求发展，从而实现共生共长，并于这一过程中培养师生的集体荣誉感；“零”管理关注文化浸润，学校努力构建独具特色的文化体系，让师生以文化沐浴心灵，在文化的引领下自觉规范个人行为。

“零作业”是创新型、高效型课堂模式，目的在于让学生从繁重的作业负担中解放出来，有更多的时间自主学习，提高学习兴趣；让教师有更多的时间进行自主探究，构建高效课堂。“零作业”不是不学习，而是建立学习型组织，落实学习任务；运用“单元自主学习指导纲要”，提高学生自主学习效果；使用“课堂学习指导纲要”，促进教学环节优化；设计“双休日（节假日）生活指导纲要”，培养学生的创新实践能力，丰富学生的双休日和节假日生活；构建校本课程体系，激发学生的兴趣，开阔学生的视野，促进学生的全面发展。

培养美好人性，塑造美好人格，拥有美好人生，建设一个美好社会，才是教育的根本使命。（朱永新语）“成人百分百”即以此为追求，让每个人都能获得成长，让每个人都能终身发展。“1”强化人的责任意识，“零管理”锻炼人的自我管理、团队协作能力，“零作业”培养人的自主学习、合作探究能力，三者是“成人百分百”的有效保障。北宋一中致力于学生的全面发展，使其形成良好的教养、过人的才智、强健的体魄、高雅的审美；致力于教师的素质提升，使其以教育家、思想家的眼界、胸怀和抱负开展教学，从而实现其教育追求。

学校文化生成后，北宋一中并不是静态地解读其文化形式与文化元素，而是动态地运作，让学校文化找到“绽放”的形式，创造性地、有效地把相应的文化元素逐渐构成系统的、相对集中的文化力，通过这种不断生成、迸发的文化力凝聚内部力量与智慧，同时运用外部各方面的支持因素，不断提升学校的文化竞争力，培育学校的文化生长力，激活持续的文化创新力。

那么如何才能更好地发挥出学校文化力的作用呢？陶行知先生早在1926年乡村学校教职员第一次联合研究会上就提出“生活是教育的中心”“教育应当培植生活力，使学生向上长”。在他眼中，生活力就是“战胜实际的困难，解决实际的问题，生实际的利，格实际的物，爱实际的人，求实际的衣、食、住、行，回溯实际的既往，改造实际的现在，探测实际的未来”的能力。因此，校园生活力其实是教育联结现实生活的能力。

而兴起于北宋一中的“零作业”改革，正是出于回归生活的目的，从校园生活的原点重新出发来表现有规律的、科学的生活，从而实现师生创造生活和享受生活的原初目的。

北宋一中学校文化的顶层设计是这样的：最顶层是“归零教育”，即回归本真的教育，让教育走向真善美；第二层是学校的核心价值观，即学校的校训“志道游艺，抱朴求真”；第三层是学校的三大品牌：一个文化磁场、“零管理”和“零作业”；第四层是学校的办学理念“创领学习，奠基成长”；第五层是学校的行动，即全校每个人、每个时间段和每个空间的实际生活元素与项目，如家长义工行动、乡村少年宫的文化艺术教育、教师成长志愿者共同体、翻转的班会课、问题主体课堂、志道游艺课程、微创新研究、自主生活德育、全人教育实践研究、学生自主管理委员会等；第六层是学校的愿景“农村学校素质教育的探索者”和培养目标“做有担当的现代人”。

为了实现学校文化建设的宗旨和效益，形成一种文化力，北宋一中围绕学校文化进行顶层设计，在课程、教学、教研、德育、管理、制度运行、评价等方面，在教室、走廊、大厅、公寓、餐厅、功能室、操场等地方，都做了系统思考和设计，让学校每一个人在每个时间段和每个空间内的行动和思考都展示出来。这样，学校生活的过程与痕迹就动态地绽放在校园里，从而形成一种特殊的管理思想，达到了用文化来管理学校的境界，学校文化因生活化、可操作性，而自然生成学校文化力，一所真正的走内涵发展的学校应运而生。

学校因地制宜、因陋就简地利用教室外墙上的文化展板来解读和阐释文化治校的发展路径。在每个教室的外墙上，都能看到一块精致的文化展板，从外观结构上看，它是“100”的一种变形，预示着学校的育人观是“成人百分百”，也就是学校育人的目的是让每个学生都能成人。展板由三部分构成：第一部分代表“一个文化磁场”，第二部分代表“零作业”，第三部分代表“零管理”。展板两边镌刻着学校的精神——自信、超越。这一块块展板不仅可以美化走廊和展示内容，重要的是，它的运作可以反映每个班级、每个学生每天的生活状态与生活方式，所有班级的展板交相辉映，展现了全校所有人每天的生活表现、生活创造、生活评价和生活享受的过程与程度。

“一个文化磁场”部分有两个栏目，一个是荐文栏目，可以推荐名家文章，也可以推荐身边教师和同学的文章，目的是营造一方文化阵地，吸引大家积极主动地去阅读名著、欣赏名著，从这些名著中汲取思想、艺术的精华，陶冶性情，润泽品德；同时，激励大家拿起手中的笔，书写美好的人生，记录下自己身边有价值和有意义的人和事，为实现自己的梦想努力奋斗。另一个栏目是“感动人物”展示，“感动人物”的诞生来源于“零作业”和“零管理”的评价结果。

“零作业”这个板块分为三部分。第一部分为学习型组织（即学习小组，四人一个学习小组，每个小组有自己的小组文化）的日评价、周评价和月评价。具体操作如下：每位教师上课时会对各小组自主、合作、探究学习的效果进行当堂评价计分，由具体负责此任务的学生把每一节课各小组的分数公布在教室后面的黑板上（黑板上画有一天共六节课的课堂评价表格），一天课程结束后，再把一天内各小组获得的总分数记录在一张彩色小卡片上，周一的分数放在日评价栏目中的第一个小盒内，周二的分数放在第二个小盒内，以此类推，共有放置日评价卡的小盒五个。一周结束后，把五天各小组所得的分数相加，将总分数写在周评价卡上，写有第一周总分数的卡片放置在周评价栏目中的第一个小盒内，以此类推。四周完成后，即为一个月内各小组的评价分数。月总分数卡片放置在月评价栏目中，这样每个月的优秀小组就会自然选出，优秀小组和表现突出的个人即为月度感动学习型组织和感动个人。第二部分放置的是由学生操作的“我最喜欢的教师”课堂评价卡，上面有学生评选出的教师姓名与学生喜欢的理由关键词，这一活动的实质是让学生自主评价教师的课堂改革情况。第三部分张贴“零作业”监督卡，学生对教师是否布置课下书面作业进行监督，每天的监督内容及时公开。

“零管理”这个板块也分为三部分。第一部分是学生自主管理评价表，内容包括自习、“两操”、卫生、纪律等日常管理情况，具体操作办法与“零作业”板块中的学习型组织评价方式一致。第二部分是“做有担当的现代人”主题教育活动展示，通过展示学生的自主管理活动成果，实现学校的育人目标。第三部分是自主管理监督台，促进学生进行互相管理，加强自我管理、自我约束的习惯和能力的培养。

这种形式的展板设计理念与运作方式，体现了学校管理的价值观，是北宋一中学校文化建设的一个缩影。学校文化建设的整体设计思想其实就是通过创生校园生活力，打通教育与生活的联系，让学校文化力动态地作用于校园生活，让丰富的校园生活在文化的统摄下形成可操作的、可评价的文化力量，让全校每个人都能感受到自己的人性受到尊重，个性有发展的空间，让所有学生养成良好的习惯，在他们的成长过程中打下足以让学生记忆终生的美好教育印记。这样，一所学校也就形成了良好的生态文化。

完善学校内部治理结构是学校改革创新的应然选择

在当前教育综合改革的大背景下，体现以学生发展为本，着眼于学生的全面发展和创新实践能力的培养，建设“依法办学、自主管理、民主监督、社会参与”的现代学校制度已摆在了所有学校的面前，学校走改革创新之路势在必行。

我是一名农村中学的校长，对农村学校的现状比较熟悉。据我观察与调研，很多学校还存在一些落后于社会、教育和文化变革的陈旧思想观念，严重阻碍了新课程改革和学校的管理创新，致使学校长期固守管理老路，运转缓慢低效。

有些学校不敢大胆改革过去科层式的管理架构，学校内部管理人员普遍存在“官本位”的思想，不注重自身的专业成长。学校政治思想工作薄弱，政策执行力差。受社会多元思想的影响，教师的主人翁意识、集体精神、责任意识和道德感滑坡，出现较为严重的职业倦怠现象。学校领导班子缺乏学习意识、创新能力和团队精神，在一些重大问题上不能充分论证。学校各职能部门协调配合不够。学校管理只看重校长与主要行政人员的作用，管理目标没有落实到人的发展与生命成长上，缺乏以人为本的理念和民主思想。学校没有形成民主和自由的组织气氛，教师的话语权没有受到学校应有的重视。家长参与学校民主管理的机会较少，仅限于参加几次家长会，且只是被动地接受班主任的教育。学生在学校中处于被管理的地位，成了“应试机器”，与教师平等、民主的关系还没有真正建立。学校的各项制度建设忽视学生、教师、家长的积极作用。

之所以存在以上问题，究其根本原因，还是学校内部治理结构出了问题，欠完善、运行不够科学的内部治理结构，导致了学校组织机构设计行政化，各职能部门之间难以协调，不能各司其职，不能很好地实现学校的办学思想和教育价值；学校内部的决策、执行、监督等系统的构建流于形式，决策层缺少相应的学术支撑，执行层疲于应付，监督层在某些问题的考虑上缺乏大局意识；教师成长动力不足，培养学生的创新能力和实践能力的难度较大；学校办学自主权的界定不具体、不明确，校长负责制难以落实到位。

从某种意义上说，学校管理就是对学校组织系统内外诸因素进行优化组合，从而高效实现育人目标的一种活动。对学校内部治理结构的管理与创新应该是学校一切管理创新的根基。因此，最好的解决办法就是从管理体制和机制入手，调整学校教育生产关系，解放教育生产力，推动学校从被动保守型管理向自主创新型管理模式转变。如此，学校课程与课堂教学、教育评价与管理等方面的转型与改革创新才有可能。

那么如何理解学校内部治理结构呢？我的理解是，在正确处理学校办学自主权和解决学校价值观问题的基础上，实现校长、中层干部、教师、家长和社区的教育角色的重塑，健全学校组织系统、决策系统、执行系统、监督系统、评价系统的布局设计，让这些系统中的代表在学校组织设计中直接呈现，发挥力量，形成有效的管理体制和良好的运行机制，努力提高各个系统的执行力。要对各种主体的责任、权利进行明确的定位，形成相互支撑、相互制衡、相互促进的内部结构，从而构成合理的学校管理体制。

完善学校内部治理结构有何方式呢？河南省洛阳市第一高级中学校长张欣认为，完善学校内部治理结构需要教育思想的正本清源，回到以学生为本的价值轨道上来。无论是课程的设计还是课堂教学的实施，必须以学生为主体，即学生是主人、主角；教师因为学生的成长而发展，并获得职业幸福。从改变课堂入手，从学生出发重构学校的各种关系，应是完善学校内部治理结构的主要切入点。

例如，昆山前景教育集团在新课程改革的潮流中积极推行学校内部治理结构的综合性改革，探索创新了董事会领导的团队负责制、中层管理者普选制、教师团队自主管理制、三级家长委员会评价制、专家领导的课题研究制、学生团队自主管理制等若干组织形式，初步形成了决策、执行、监督、评价的多元自主管理的体制与机制，能够真正使“权力放到位，角色定好位，关系理顺位”，较好地解决了教师职业倦怠、评价方式单一等问题。

北京市海淀区玉泉小学校长高峰认为，传统意义上，学校的组织机构是以管理为中心来设计的，其目的是保证学校的平稳运行和教学质量的稳步提升。但是这样的组织架构在今天会遇到更多的问题，譬如，现在的学校更需要教师团队的发展与合作，更需要整合所有资源推进课程的实施与落地。

玉泉小学根据自身的情况，对学校组织重新进行了顶层设计，以课程为核心，对决策、执行、反馈的组织运行和学术推进进行了重建。一方面，将组织运行与学术推进分开。为保证教师全身心地围绕课程与教学这一核心运行，必须提供一个良好的学术研究环境，将组织运行与学术推进分开，管理系统的任务主要应对上级的硬性任务，学术系统则专注于课程的实施与研究，学校实行“两条腿”走路。另一方面，在管理上将年级作为运行主体，弱化中层管理部门的职能，将更多的管理和运行放到级部。

近几年，山东省利津县北宋一中在完善学校内部治理结构方面也进行了大胆尝试，变学校科层式行政化管理为学习领导式扁平化管理。在教师群体中，依据其内在需要与兴趣，相继组建了多种学习型组织。通过“教学改革研究者共同体”，激活教师开展教学改革的内驱力，催生教师个性化的教学风格；通过“教师网络学习共同体”，引导教师从网络中获得学习资源，促进自身的专业化发展；通过“校际伙伴互助共同体”，为教师寻找外校名师，提供交流互助的机会等。这种变革学校传统管理机制的尝试和创新行动，使教师职业生命实现了重塑。同时，学校大胆引入社会力量参与学校管理，积极引导学生团队进行自我管理。家长委员会代表和课程开发志愿者可以自由进出学校，听课、值班、做义工等，参加学校的各种决策和管理，并进行有效监督。这些举措使学校形成了师生、家校共治共管的良好局面。此外，学校还把一些权力委托给专业管理人员和教学权威人士，把一部分考评权还给了教师、家长和学生。

从上述几所学校完善内部治理结构的成功做法中，我们可以得到如下启示。

首先，要解放思想，依法办学，改革管理模式，实现真正的教育放权。政府要向学校放权，实行“政校分开，管办分离”的科学机制。政府应当是教育体系的构建者、教育公平的维护者、教育投入的保障者、学校运行和教育质量的监督者。要依法确保学校的办学自主权，如人事管理自主权、教师职称评审权、教师自主招聘权、自主招生权、教师绩效工资的自主分配权、课程改革自主权等。

学校要根据课程改革的需要重新厘定框架，打破传统的科层式管理模式，探索实施扁平化管理模式，建立扁平化创新组织，形成适应教育变革的新型管理机制。要注意进行合理分权，管理者尽可能使决策权向组织结构的下层移动，让下层单位拥有充分的自主权，并对决策的结果负责，提高决策的质量。同时要构建创新型组织文化，使每一位人员成为自觉的创新者，实施以价值观为基础的领导。

学校要向教师、学生、家长和社区放权。各级教育行政部门及其附属教研机构要把教学自主权还给教师，学校要明确并保障教师对学校事务的知情权，以及参与学校事务的管理权、监督权、决策权等；尊重、支持并保障学生对学校事务的知情权，对涉及自身教育权益的各种学校事务的参与权、表达权、监督权；学校要支持家长委员会与社区理事会依据章程自主开展活动，保障家长委员会与社区理事会对学校教育活动的知情权、参与权、监督权等。

其次，要完善学校基本制度。根据改革要求，厘清原有的学校制度，建立、健全和完善学校基本制度。比如，要修改制订与改革创新相适应的学校办学章程。学校应该根据社会形势变化和学校自身改革发展实际，对学校章程提出修改要求，提交学校教职工代表大会（以下简称“教代会”）讨论通过。通过对学校章程的修订与落实、学校发展规划的制订，进一步规范学校的办学行为，使学校工作走上规范化、法制化管理轨道。

学校要完善校长负责制，健全民主管理制度。进一步明确校长的职责与义务，健全领导班子建设的各项规章制度。建立学校自主管理制度、校长办公会议制度、党组织及教代会保障监督制度、领导干部学习制度、听评课制度、廉洁自律制度、财务审批制度等，规范领导管理行为。建立民主化管理模式与运行机制，实现决策过程民主化、监督系统完备化和民主管理操作规范化。完善教代会制度，实行重大问题集体决策制度、校务公开制度、教职工评议学校领导制度等。建立全员育人导师制度、班级教导会制度、教书育人“一岗双责”制度、学生学习生活指导和心理教育制度。组建各类校内学习型组织、学生文化社团，形成环境育人的长效机制等。

再次，要加强对制度运行机制和手段的研究与探索，努力提高管理效能。要明确制度制订的过程是一个民主化实践的过程，切忌主观主义；重要制度建设要充分征求教职工的意见，并经教代会通过后方可付诸实施；要注意各项制度之间的协调，形成完善的民主决策、日常管理、监督制衡的机制，达到学校各有关人员权力、责任、义务的统一；要增强制度建设的针对性、简明性和可操作性，真正做到有标可依、有章可循、简便实用；要提高制度的执行力，完善运行机制，保障制度执行的合理性、公开性、持续性。

完善学校内部治理结构，必将面临一些全新的挑战。作为一名校长，要有不断学习的能力和习惯，有改革创新的勇气和智慧，有宽容民主的胸怀和精神。在完善学校内部治理结构的行动中，首先要明确学校的核心价值观，确定好学校的章程、办学理念、发展方向，明确学校的特色追求与学校愿景；要定位好学校内外组织和人的角色，理顺组织与个人之间、组织内成员之间、团队与团队之间的关系；要遵循学校文化传统，切忌急于求成、有功利心；要充分调动起干部、教师、学生以及社会（包括社会组织和家长）参与学校管理的积极性，推动学校管理全面创新，走向深度改革。

第五章

现场透视——教师变革的追问

让教师失语的教育现场

与不少教育同人回忆自己学生时代的课堂情景时，挥之不去的总是老师的浓浓情感、诙谐话语和多才多艺。初中时的一位语文老师，他讲课讲到兴奋处时会清唱一段京剧《沙家浜》，或者会即兴打起太极拳来，乒乓球、象棋等样样都行；高中一位政治老师，他的毛体书法特别棒，他还会组织大家与当地军队一起搞联欢活动，鼓励学生根据社会形势撰写实证小论文；一位班主任有时会与我们一起带上锅碗瓢盆，去河边、树林里野炊，他与学生一起越野长跑，一起打球、唱歌。记得那时，教师的教学风格千姿百态，也能放得开，在教室内外，他们按照自己的教育理想与思考，进行着大胆的教学实践。

我们怀念那些不唯教材、不拿课本就能侃侃而谈，使整堂课妙趣横生的老师；怀念那些与我们在课间一起喜怒哀乐、共同享受生活的老师；怀念那些多才多艺、影响我们生命走向的老师；怀念那些精心研究问题、筛选习题、认真批阅作业、尊重学生劳动成果的老师……

然而，为人师近二十年的我，却没能重拾当年我的老师们的那些思想和本领。综观当下整个教育领域，也没有呈现出当时的教育景象。教育有了模式，人必须按照一种理念和形式去操作，这让教育如同生产流水线一样；教育用所谓的一些文化包装和满天飞的理念迷惑了教师的心智，让我们的一线教师变成了“教育哑巴”；教育成了消费一些“专家”的思想或智慧的市场，让最该有发言权的教师们都不得不隐匿起来，过着“世外桃源”般的生活，慢慢松懈懒惰起来，失去了主动创造的斗志。

其实，我怀念的那些老师，就是今天新课程改革所期待的教师，他们的思考与行为就是基于课程标准的试验与实践。从他们身上我们能感受到，每一位教师就是一门课程，他们都身怀丰富、独特的课程资源。

但是现在，课堂被训练题塞得满满的，课下作业、课外辅导占据了学生的课余生活，使学生的时间、健康和能力被无情地剥夺了。教师很少有时间和勇气沉思教育理想与情怀、开展课程资源开发与课堂改革创新、关注自身的专业成长与人文素养提升，更多的只是简单机械的训练和考试，追求的是学生的分数和自己的教学成绩，离真正的教育渐行渐远。在这种教育环境下，时间已经成了提升教育质量的主要工具，思想、价值、效率、资源、文化等这些影响教育质量和内涵发展的重要元素被忽略了。教师变成了被动运作的“教育机器”，缺乏自己的思想、个性和独立人格；拥有自由、民主、批判精神的教师少了，他们消费的是一些“专家”的理论、校长的智慧、现成教材的内容，甚至是各级教育行政部门的文件和检查。教师成了一群可怜的教育失语者，当所有教师都像一群没有思想和表达的绵羊一样，凭借牧羊人手中鞭子的指挥谋生的时候，这样的教育景象是多么可怕。

可喜的是，现在我们的教育开始觉醒了，规范办学、课程改革、教学创新等一系列改革创新行动展开了。为了全面快速推进这些行动，与之相应的各类现场会纷纷登场。但在这些用来展示经验成果的现场会上，我也发现了一些同样让教师失语的现象。

最近参加了三次教育改革与创新现场会，有三种现象引发了我的思考。第一场是学校展示课程改革成果的现场会，那天学校展示了不下五十种校本课程，可谓琳琅满目、异彩纷呈。教师社团也做了精彩表演，如跑步、做广播体操与合唱，让不少与会代表深感震撼。这是一所农村学校，能取得这样的成绩的确令人赞叹。在赞许和肯定声中，我却在思考：这些课程是否与学校的育人目标和核心价值观相匹配？这么多的课程能否成为学校教育教学的常态？这些课程是在学校自由研究状态下自下而上生成的，还是校长模仿理念的自上而下的产物？其实我想说的是，这种现象是教师真正理解课程改革的自觉之举，还是学校行政力量推行的产物？是充分尊重教师话语权的课程，还是人为累加的外在力量的课程？我担心这些课程在更换校长之后能否仍然成为学校教育教学的常态。课程开发热背后的真相是什么，今后会出现什么样的教育，这是我所深思和期待的。教师失语的课程改革、无法形成学校传统文化自觉的课程改革，终究是缺乏生命力的。

第二场现场会给我印象最深的是所参观学校高档、独特的课程资源。有一所学校有一个类似博物馆的课程资源室，里面甚至陈列着一些文物；有一所学校建立了无土栽培实验室；有些学校的走廊里、功能室里都陈列着或悬挂着许多名家书画作品。这些学校的文化档次和品位很高。但是我想关注的是这些学校中教师原生态的课堂生活，那里才有教师真实的声音、先进的思想，可惜我们没有机会走进课堂。记得有个记者曾经想到我校采访，我说我们只是一所农村学校，没什么可看的。他说："我们又不是去看高楼大厦。"这句话让我感动了许久。我认为，我考察到的只是一些被学校理念包装的豪华建筑和装饰，而没有走进这些学校与众不同的生活和思想，没有感受到属于这些学校的一个个生命的现场和故事，就不能感受到这些学校的传统文化、道德与精神。

第三场现场会上，有一位专家的一句话给我很大的启发，他说："越走进教育的现场，教育越有效。"也就是说，我们不能只是跟着理念跑，跟着一些人跑，而要有自己的表达，要身临教育的境况。这次我没有随着学校解说员指引的路线来观察学校，那些展板，那些表述，都是精心加工润色的。我感兴趣的是教师的课堂，课堂里那些鲜活的生命与问题。暂且不说学校推行的课堂模式和教学理念，也不说授课教师的素质与表现，从学生在课堂上不主动表达，从整个地区选拔优秀教师到一所学校授课展示改革成果这样的现象看，我就产生了一种怀疑。课堂应该是教师和学生真实的展现，应该是学校教育与教学改革原生态成果的展示。为了现场会的完美而让一些属于学校主人的教师隐藏起来，剥夺他们展现的机会，这本身就是教育的一种浮躁与虚假，这不是为了师生未来生命的教育。一部分教师的失语，体现的是教育的愚昧与无奈，是教育的沉沦与可笑。即使被选拔出来授课的教师，当时的话语也可能是被动的表达，而不是来自自己心灵的、充满勇气和智慧的声音。教育现场上虚假的声音同样是教师失语的表现，这些教师不过是一些教育功利者的傀儡。

让教师失语的教育现场可能还会延续一段时间，因为这种流行的信念或者说是意义追求，是一种潮流，它现在的力量还很强大，强大得让如此多的教师都变得沉默了。

敬借董洪亮老师力作《教学解释——一般问题的初步探讨》中的观点，作为我结束本文的理性梳理：教育是一个话语的过程，是一个话语的世界。但是当下这个话语世界充满了太多“归于沉默的声音、广泛传播的声音，也不乏古往今来被视为经典的声音”，它们形成了一座巨大的漂浮在海上的冰山。当我们在不假思索地称颂着经典的声音、权威的声音，为那些精彩的声音痴迷地呐喊的时候，我们却不能看到冰山的海面以下部分，我们不能听到所有的声音。一些声音确实会掩盖另一些声音，但是这种掩盖没有经过思想的论证，如果我们听不到教育世界的全部声音，我们就不能真正理解这个世界。

以当下的课程改革为例，改革开始后不久，教师们普遍出现了失语现象，不知道课该怎么上，课上了之后不知道对自己的课如何评价，这种普遍失语现象的产生，正是因为改革的外在强力作用和思想之外的力量造成了教师话语行为的犹豫甚至中断。改革者向教师提出了新理念、新要求、新规范、新方法，但是教师无法为自己的行为提供属于自己的理由，也无法从自己的理由出发自主地采用某些教学方法与教学手段，不能自主地完成原本属于自己的言行。教学的技艺因素与意义因素被分开了。他们不得不等待他人为自己完成解释，这种等待，这种外在强力作用不可避免地就造成了普遍失语的现象。

我们必须把教育世界和生活归还给他们的主人，由每一个个体完成教育的话语解释行为。要不断关注和善待教育世界中所有人的那些原初的问题，切忌借一些形式的场面掩盖常态的真实问题。只有这些原初的问题显现出来，并被表达和解决，我们的教育世界才会真正变成一个百花齐放、百家争鸣的美好世界。

如此“期末忙”，忙掉了什么

当今时代，各行各业运行节奏越来越快、业务量越来越大是事实，作为以教育为主业的学校，自然也无法隔离这种社会现状。毋庸置疑，教育因其复杂性及其所担负的众多责任，往往把学校推到人人皆可评论、人人皆可指责的境地，于是，各行各业、各路人等都可发号施令，履行督导职责，而学校只有默默承受，乖乖应对。

期末时间到了，学校开始忙起来。学校要忙着准备复习，迎接考试；教师要忙着帮助学生梳理一学期所学的知识点，解答学生的疑难问题；学生要忙着归纳一学期习得的知识，提升自己的能力；领导则要忙着为师生好好服务，创设一个安全、宁静的学习环境。这样的忙，应该是学校常态。

但是，这种常态在不少地方、不少学校已经成了一种久违的奢望。听听下面这位一线教师的真实声音吧，也许会让我们有所警醒。教育到底在干什么？这极其不正常的“期末忙”，是谁为之？又是谁之责？这是需要我们思考的问题。

期末检查忙

期末，进入一学期最后的复习阶段，按理说各项检查已经接近尾声了，但事实并非如此。期末，检查却接二连三不断，仅是安全方面的检查就有四五次，且每次名称不一，如校舍安全检查、食品安全检查、交通安全检查、消防安全检查，等等。每次检查都有一个评估标准，好在检查的内容基本是相似的，只需要每次重组档案，更换封皮。课程实施也要查看结果，看是否严格落实上级要求，如是否开齐开全课程，是否按文件规定的作息时间执行，是否真正开设校本课程和地方课程，是否以考试分数评价学生，是否真正为学生“减负”等。课程改革也要看成效，普法工作也要验收，财务也要审计……上面各级科室都要总结自己的工作，不到学校实地检查怎么能够获得一手的材料和数据呢？可要知道，教育局的科室何其多，有督导室、教研室、基教科、师训科、办公室等。另外还有公安局、消防大队、交警大队、卫生防疫站、食品药品监督局等。好在各项检查都费时不多，且皆言明不扰乱学校正常教学秩序。检查方式无非是这些检查者跟着学校相关负责人走一圈，翻翻档案而已。

期末检查的效果如何呢？从检查时间看，时间均较短，因此即使发现了非常明显的问题，但因马上放假解决问题的可能性也不大。从检查内容看，交叉雷同的较多，反馈中赞美、肯定较多，指出问题较少，大多检查甚至省略反馈。从检查方法看，翻阅档案，粗略看看校园，除了卫生能一目了然，其他的听听学校的相关负责人介绍一下情况就可以了。学校领导一贯的应对策略则是把一些改进的措施或下学期的计划眉飞色舞地描绘一下。

看来“期末检查忙”，实效并不大，大多不过是为了自己的工作在学期末能够画个圆满的句号，充实自己的档案罢了。

期末考核忙

各项功课基本结束，期末学校考核，如对地方课程、校本课程的考核也就开始了。面对学校的考核，教师们不得不忙起来，不管是专职的还是兼职的，只要你负责一个项目，就要认真准备。可以暂时停止自己的备课，停止自己的教学，一切均以迎接考核为重。原先开设的课程要整理收集、美化包装，原先没有实施的，现在要重新做、立即补。学生也忙起来了，手抄报、小制作、摘抄等临时性的各种速成作业就来了。

从考核的评委来看，大都是学校的年级组组长和中层干部，这样的考核又与年级组、教师评优树先挂钩，所以在考核的过程中人为因素是比较突出的，有失公平的现象也是屡见不鲜。而且考核人员的专业不一致，所以评价结果有失水准也就用不着大惊小怪了。

从考核的时间段来看，这些考核本应该注重过程性评价。因为如果课程实施过程中发现有问题时可及时进行调整，落实不到位时可及时督促务必到位。而在期末进行一锤定音式的考核对课程的落实会起多大的作用呢？只不过徒增师生的负担而已。

以上所举实例是学校内部的一类考核现状，学校内部像这样的考核随时会进行，如教案设计考核、读书笔记质量考核、会议记录积分考核、教研活动次数考核，等等。至于上一级的各类考核类似期末检查，也是名目繁多，如课程实施考核、综合督导考核、学生综合素质评价考核、校长中层干部考核、学校文化建设考核、教师成长考核，等等。

由此可见，“期末考核忙”，实效也不大。期末考核让学校和师生既忙碌又恐惧，他们的时间常常被分解得支离破碎，本来设计好的学习和复习计划都泡了汤。

期末复习忙

期末考试在即，复习忙按说是常态，但是现在的一些学校期末复习也忙得“变态”了。语文等文科的教师会把百十多页的课本揉上好几遍，不断地听写、检查背诵，外加试卷练习；数学等理科的教师则会拿出惯用的“题海战术”，做试卷、讲试卷，于是学生手中的试卷如雪花般纷纷扬扬。每天，各班教室里都会传出接二连三的抗议声，但都被为了期末考试的正当理由压了下去，学生们在作业的苦海中挣扎，甚至熬夜做作业，抄袭的现象屡有发生。很多教师开始占课、抢课，学生喜欢上的体育、信息技术、美术、音乐课等渐渐地消失了，怒斥学生、挖苦学生、惩罚学生的现象在校园里渐渐多起来……练习、考试是期末期间学生的唯一生活方式。

孔子云，“温故而知新”。但是，这种“快餐式”“填鸭式”的复习方式是真正意义上的“温故”吗？从作业内容来分析，大部分作业是一些机械性的重复抄写或计算，显而易见，其目的不单纯是为了复习，大多是教师在争夺学生的课下时间，怕学生课下不学习自己所教学科的知识，这是一种什么样的心态啊？也许有的教师会说，“我就布置了半个小时的作业量啊”，但是学科多啊，叠加起来的作业量也就非常可观了。

繁重的作业，表面上是为了孩子，其实是在毁掉孩子的美好童年，毁掉他们对学校的热爱、对责任的承担。千篇一律的作业，实质上是对孩子的不信任、对学习的一系列误解、对竞争力错误地关注。过多的作业使我们的孩子拥有的自由越来越少。

我们忙着这样复习，是否意识到它已经远离了教育的本质，忽略了学习的规律？教育的这种“异化”会压垮孩子稚嫩的双肩，换言之，会压垮中国未来希望的脊梁。

让我们来看看加拿大的孩子们在期末都忙点儿什么吧！

5月9日：社区活动中心的中国舞学期结束，赶在母亲节汇报演出。

5月11日：滑冰俱乐部组织期末比赛，评选优秀学生并颁奖。

5月20日：童子军外出活动，称作nature walk，就是围着鹿湖公园步行转了一圈，沿途观察各种植物、动物等。

5月21日：学校运动会。

5月22日：游泳俱乐部期末活动，包括户外烧烤BBQ等项目。

5月27日：学校组织的一个spring fair，有很多活动，家长和孩子都可以参加。

5月29日—30日：艺术中心的芭蕾舞学期末会演。

6月3日：学校组织的谢师宴，可以给老师买礼物，也可以带食物，或者家长做义工。

6月4日—6日：童子军组织野营活动。

6月10日：童子军发奖仪式及授予各种徽章，年终庆祝活动，校内组织期末会演排练。

以上这些活动，虽然大部分不是学校组织的，但是学校很体谅孩子们，这段时间里老师们不会布置太多的作业，一般只要求做20分钟阅读。学校图书馆也从两周前就关门不再对外借书了。这一点，和以往平时的假期基本也是一样的。以往每到周末或假期，孩子们很少有作业，看来学校老师一点都不担心孩子们假期玩疯了，还想方设法“开绿灯”呢。

当然，不同的国家，国情不同，文化有差异，很多做法自然有很多不同的地方。但是通过比较，我们的内心里是不是感受到了我们孩子的无奈与痛苦，感受到了我们孩子未来的渺茫，一种民族危机感油然而生？

我们不应该误解了“忙”的本意，应该按规律来忙，按实际来忙，尊重孩子的生命，尊重他们的童年、少年时光，切不可因追求表面文章，为了个人的利益，让自己的灵魂迷失方向，害人又害己。

谨防新一轮课程改革演化成另一种课业负担

课程改革已然在中国基础教育领域的各中小学深得人心，大家已基本达成共识。国家课程、地方课程、校本课程这三级课程体系的构建已为多数人所理解与认同。三级课程的整合、国家课程的校本化、校本课程的多样化和个性化，开始在各中小学大力实验推广。有的学校开发了上百种校本课程，有的学校将所有教育行为皆视为课程，国家课程“变了脸”，校园里出现了“课程超市”。“课程整合”的概念应运而生，“课程校本化”成了学校的热门词，是课程改革而非教学改革的观念变得流行起来。

看到教育本质的回归，我欣喜之余，心中隐隐感到担忧。在大家还没有真正理解课程的内涵与意义的时候，还没有彻底摒弃不良教育现象的同时，因过于渴望课程改革的热度，追寻课程改革的高度，纷纷效仿他人课程改革的经验，而使得学校、教师和学生又增加了一类新型的课业负担，其表现为学生的书包越发沉重，作业越发繁多，自主时间越发减少。有些地方或学校并没有真正静下心来去慢慢地体验和探索课程改革，而是在追求热闹，不断地做着一道道现成的加法题。在为了促进孩子们多样化和个性化成长的幌子下，不知不觉地脱离了教育规律。看来，不少家长对学校一阵风式的开发校本教材、开设名目繁多的校本课程产生怀疑是不无道理的。孩子们的精力和时间是有限的，承受不了这么多令人眼花缭乱的课程与活动，他们还缺乏准确地、有主见地选择的能力。

教材编写不是任何教师都有能力或应该去做的事情，国家课程是不能随意弱化的，校本课程是不能因一人或几个人的意见就随便开设的。过于强化外在价值的课程改革，花样不断翻新的课程与教材，让我们的课堂失去了应有的意义，也让教师误认为课程改革就是课程整合与开发校本课程，不再投入精力和时间去研究课堂中鲜活的生命个体，研究应对来自课堂中生成的问题的策略，发现与创造在教学生活中因生命相遇而灵光乍现的课程。

对于“课程”这一概念，中外专家都有科学的阐释。但当问及一些教育者“教育是什么”这一命题时，很多人会回答：是课程，因为有什么样的课程就有什么样的教育。名目繁多的课程改革，不断涌现的创新课程，会不会挤掉支持教师和学生内在生命价值展现的空间？会不会演化成一场轰轰烈烈的功利性、表面化的短暂运动？会不会让我们忽视了学生成长的规律和学校的育人使命？

我们是否静下心来认真想过，如何把国家课程校本化，如何把地方课程与校本课程打通，如何开发各种校本课程，如何脱离国家课程自编课程等这些举动，有些地方的做法是不是显得仓促和粗糙？是不是违背了国家政策、精神？是不是与教师、学生和教材的内在生命相背？

有一线教师说：“不管你有多么先进的教育理念，多么好的教学模式，教育的落实最终取决于站在讲台上的那个人。只有教师有强大的内驱力，明白自己在干什么，为什么这么干，他才能自信地朝着这个方向前进，才敢大胆地在前进的道路上进行创造。我参加过很多课程改革现场会、公开课或优质课观摩，但是现在都变得非常模糊。为什么？因为有太多的东西不属于自己。一次包装了的课程展示看起来很漂亮，但当你回归教室，回归常规，卸下所有的包装，课程会是什么样子呢？如今，多数课程改革并不是自下而上的，而是自上而下的。也许是出于引领，认为教师不明白怎么改革，但是这让教师们更加找不到方向了，他们变得不够自信，变得沉默了。很多地方仍然倡导‘一刀切’式的课程改革，使得教师们去遵从这个模子，失去了自己的空间，丧失了创造力，丧失了风格。即使有些所谓的表白是尊重教师的思想和权利的，但我并不相信。”

美国帕克·帕尔默撰写的《教学勇气——漫步教师心灵》一书中有这样的观点：在完整的、不分裂的自我中，可以编织一张非常有凝聚力的网，用于把学生、学科和自我统统编织到一起，使每个人生活经历的每个重要线索都得到尊重。这样一种内部整合的自我，才能够建立优秀教学所依赖的外部联系。比如，让教师们进行以教材整合为手段的课程改革也是不现实的，因为它仅仅以教材内容作为整合目的。我的理解是，课程改革应该是教师生活、学生生活、社会生活与教材的多面有机整合，是一个相对完整的整体。成功的课程应该能够触及教师和学生的生命内核，教师和学生会以开放的心态对待课程，从而能与真实的生活相遇。

日本教育家佐藤学在他的论著《静悄悄的革命——课堂改变，学校就会改变》中也阐述了类似的观点：创造以学为中心的课程，具体来说，就是把与对象物的接触和对话、与学生的接触和对话、与自我的接触和对话作为单元而加以组织。不论是学科学习还是综合学习，都是把"活动的、合作的、反思的学习"作为一个一个的单元加以组织的，可以说，这就是创造课程。

一次我与几个同事谈起课程改革，其中一位教师说，在一次上课时，他选择了说一段评书作为课程的引入，学生听得非常投入，兴趣盎然。20世纪70年代的这群人，都是听着《三国演义》《岳飞传》等评书长大的，那时，放学后听评书是我们的头等大事，当然那时没有多少家庭作业。是啊，"听书"不就是一门课程吗？那时，类似这样的课程与我们的生命相遇，构成了我们生命成长中的一部分。现在的孩子过多地接触视觉的东西，他们也需要以倾听的方式进行思考与成长。"对，建立评书馆。"大家异口同声。评书课程材料有现成的，也不贵。评书馆的建设，建议学校一室多用，稍微布置一下，感觉温馨安静就可以了。

第二天，我们一起向校长提出建议，校长说："好创意，我也有同感，我们就应该根据学生的兴趣爱好、教师的生命经历、社会的文化元素等来创造课程，这样的课程最有价值。"

听说有一位老教授，讲一门课程20多年了，但每每讲到动情处，仍然会热泪盈眶。这才是我们需要的课程改革结果，课程并不是多多益善，也不需要标新立异，而是需要传承与坚守，需要用复杂的生命历程来解读其丰富的课程价值。

让学生的生命、教师的生命与社会的文化元素建立联系，与课堂活动形成对话，尊重每个人生命中的重要经历，创造自下而上、触及人的生命内核的课程，创造自我认同与自我完整、以学为中心的基于合作与生命相遇的课程。这样的课程来自生活，能走进人的生命里，它不再是一种负担，而是一种兴趣。

厘清学校的文化传统是学校课程规划的首要标准

最近帮助几所学校构建课程规划方案，有些许感悟。当身处每一所学校，走进课堂，观其情景，与人相遇对话时，均能感受到历史积淀下来的、由学校中一代代教育者和一批批学习者传承的当地区域的独特、鲜活的文化元素。遗憾的是，这些体现在校园各处的文化元素、学校历史发展过程中的珍贵资源，却安静地沉睡在校园里的各个角落，像是死的东西，大家似乎都对其视而不见。

不少学校的办学理念不成系统，即使有的学校自认为已初步形成系统的理念，但自己不会解释，只是一些口号式的累积和随心所欲的设计；有些学校的校训、校风、教风、学风等各说各的话，体现不出学校文化的统一价值观；有个别学校甚至不明白校训的概念与内涵，把校训与课程混淆起来，如把特色课程“经典阅读”当作校训；有的学校则没有明确的育人目标。

不少学校在追求课程改革的过程中，忽视自身学校文化的实质和特性，竞相模仿一些品牌学校或企业文化建设的理念，忽视学校文化的生成性和原创性。这些并不符合学校自身特点和发展要求的文化建设，导致学校文化难以铸成学校永久的精神品质得以传承。

不少学校借助教育投入的大幅度扩增，盲目热衷于硬件和环境建设、大型专题活动、媒体宣传、品牌设计等，甚至为了迎合某些形势的需要，导致价值观紊乱，把物质、精神、行为和制度的文化建设孤立看待，没有意识到四者是有机的整体。

有的学校组织结构的变革与管理创新不适应当前整个教育改革的新形势，不适应学校新文化的渐进生成。对教师开发的文化产品（如教案、课件）或教师的课程、课题研究成果等，不注意进行有效的管理，致使学校生成的一些创新文化得不到及时积淀与传承。

还有的学校打着“文化管理学校”的大旗，却不能真正让学校文化回归教育本质，定位到课程与教学上，突出“人的发展”这一根本宗旨。不少学校的课程开设形同虚设，教师的课程意识淡薄。在课堂上采用启发、自主、合作、探究等新型教学方式还没有成为所有教师的共识，限制学生思维的现象仍然存在。

不过，令人可喜的是，有很多学校已经意识到上述现象和问题，开始明白课程育人的重要性，认识到一所学校应该有自己的整体课程规划和课程体系架构。但是，不少学校一时找不到构建课程体系的切入点，为了快速迎合课程改革的需要，便不假思索地随意实施叠加式的课程架构，甚至不惜重金聘请专家或公司为其策划设计，给教师和学生增加了负担，引发了大家对改革的不满和抵触情绪。

进行课程改革，构建学校整体课程规划，首先需要寻找到学校文化的源泉，洞悉学校的办学精神与核心价值观。

近期读到杨四耕老师的一篇文章——《源头清：学校整体课程规划的基本要求》，颇受启发。文中有这样的观点：课程规划是学校层面的课程实施，因此，学校整体课程规划应该是学校自己的规划，任何个体或组织都不能代替学校主体来做规划。学校整体课程规划源于学校自身的困惑与理想，不同学校之间发展现状不同，不能完全沿用国家与地方的课程计划，也不能照搬其他学校的课程规划模式。学校是课程发展之所，课程规划的目的在于提升学校课程的整体价值，进而解决学校面临的课程问题，促进学校的永续发展。学校课程规划的首要标准在于以学校为本，反映学校的历史传统和适合学校的现实情况。只有如此，才能真正发挥学校在理想与现实之间的中介作用，保障学校、教师和学生获得适切的课程，保证课程规划存在的价值与意义。

2015 年，我接受学校派遣，到一所乡镇学校工作一年，任务是帮助该校构建自己的课程规划方案。我深入学校，一节课一节课地听下来，与教师和学生近距离接触，与校长和中层干部沟通，甚至与学校保安、司机、接孩子的家长等交流。我仔细地了解学校的外部环境，如学校在整个区域中的位置、与其他学校和社会机构的联系、地域文化和资源等，细心地研究和领会学校的办学目标、定位与愿景、组织机构与管理、教师素质结构与生存状态、生源状况与学生的学习方式、学校软硬件建设与常规管理制度等。

我努力寻找课程政策与学校历史和现实之间的结合点，对学校的办学历程、课程发展基础、师生状况和学校整体发展生态环境做出全面、系统、客观的分析，了解与课程发展密切相关的内外部优势、弱势、机会和风险因素，进行系统思考、谨慎判断、清晰定位，以实现学校继承优良传统与新时代改革创新的有机统一，保证整体课程规划的可行性与认可度。

这是一所九年一贯制学校，所在镇是少数民族聚居区和外来人口密集区。学校还是区、市级民族团结教育示范学校。“民族团结教育”是该校的特色课程。学校的文化内涵是“浩融・和谐”，办学理念是“为人的发展服务”，教风是“博学善教，教人求真”，学风是“勤学好问，学做真人”，校训是“团结、勤奋、求是、创新”。

我深入课堂听课，与该校校长、中层干部和部分师生反复对话，认真观察调研学校内外环境，细致探究学校的历史传统与课程发展现状，在此基础上，从其文化理念系统中抽取了两个字——“融”和“真”，“融・真教育”应运而生。“融・真教育”是指学校遵循教育规律，回归教育本真，办有思想的教育，办减负增效的教育；学校生活应洋溢着和谐自然、真诚待人的良好风气；教师要淡泊名利，勤于耕耘，尊重学生个性，讲真话，授真知，以满腔的热情书写无悔人生，做“融・真教师”；学生要待人友善，乐于助人，善于发现，勤于探索，在生活中发现知识，在实践中检验知识，以善良的本性编织美好的未来，做“融・真学子”。“民族情怀，勇于担当”的育人目标十分明确，它是“融・真教育”的追求愿景，是学校办学理念的信念指向。

学校课程整体框架随即也有了清晰的思路，即构建“融・真教育”课程体系，实现课程育人功能。

“融・真教育”课程体系的宗旨是，着力整合课程资源，优化课程结构，形成学校课程特色。在课程设置方面充分考虑各科课程的育人价值及育人效力的聚合，依托课程，带动课程发展和教师发展，促进学生的全面发展、特色发展和可持续发展。在落实核心素养过程中，提升学生的综合素质。

“融·真教育”课程设计的主体架构指导思想是，基于学校“民族情怀，勇于担当”的育人目标，遵循国家课程、地方课程和校本课程三级课程体系，构建以促进全体学生综合发展为宗旨的课程模型，用以引领学校的整体课程建设与实施。

具体来说，就是按照课程标准的要求，结合学校的具体情况，对国家课程和地方课程进行校本化开发，全面落实国家教育方针，面向全体学生，强化培育学生的综合素养，切实减轻学生过重的课业负担。

校本课程依据学校具体实践资源，构建“融和课程”和“求真课程”两大课程群。“融和课程”以学校的特色课程“民族团结教育”为主课程，在“民族”上下功夫，挖掘各种优秀资源，从学科渗透、主题课程、学生社团、特色活动四个渠道，做到学校、班级、学生层层落实，使民族团结教育具体化、形象化、生动化。争取社会力量积极迈入课堂，与学生一起共享民族风采，感受五十六个民族是一家、爱我中华的浓厚情感。另外还有“学段衔接课程”和“学校教育、家庭教育、社区教育三结合课程”。“求真课程”主要由“修身课程”“发展力课程”和“综合创意实践课程”三部分构成。旨在培养学生的交流能力、担当精神、创造力、现代意识、团队精神等核心素养，引领学生体验、理解并积极践行社会主义核心价值观；重视培养学生的实践创新能力，开发学生的潜能，丰富学生的实践经历，强调知识在现实生活中的综合应用。

只有厘清学校的传统历史文化，明确学校课程发展的传统、优势与困难，才能发现学校的课程构建依据与资源，激发学校由内向外、自下而上的变革，促使学校直面课程与教学实践中的关键问题。因此，可以说，对学校历史传统进行全面梳理、总结提炼，是整体课程规划的一项首要的、前提性的和基础性的实施策略。

说起学校“无缝隙管理”，就令人心生寒意

眼下，很多学校提倡学校管理精细化。有的学校不知是受以前“军事化管理”经验的影响，还是想创新“精细化管理”理论，提出了“无缝隙管理”理论，而且越来越多的学校纷纷效仿，成了“无缝隙管理”的坚定执行者。

关于学校的“军事化管理”，我猜想首先提倡该理论的人可能是一名转业到教育界的军人，抑或是一名比较了解军营生活的教育管理者。学校热衷于施行的原因，可能是看中了“令行禁止”的好处：对于士兵来讲，服从命令是天职。校长如果是长官，教师就是士兵；教师如果是长官，学生就是士兵。

说起“无缝隙管理”，就令人心生寒意。所谓的“无缝隙管理”，其实就是要求教师全天候地把学生盯紧。一位网友在博客里这样写道：“不是我不想当老师，而是我不想像看守犯人那样监视学生。学生是人，是正常人，不是奴隶。”从这段痛彻心扉的文字中，我们可以想象学校的“无缝隙管理”是什么样子。且不说“奴隶”一词，“监视”两个字就够我们这些做教师的深入反思了。

那么多的人热衷于“无缝隙管理”，根源在于这种管理方式是应试教育的“助手”。在这种管理方式下，学生必须一门心思地坐在教室里提高应试的能力。对于某些急功近利的教育管理者来说，综合素质的提高实在太过遥远，只要学生的学习成绩提高了就能名利双收。

令人担忧的是，这样管理既损害学生，又损害教师，最终损害的是教育事业的健康发展。

首先，“无缝隙管理”对学生能力的培养不利。在很多教育管理者看来，能够用最快的方式让学生掌握一种技能或一门学科知识是最重要的。

为了达到这个目的，他们不惜采用“填鸭式”的教学方式。这种教学方式忽视了学生的经历和体验，对培养学生发现并独立解决问题的能力不利。从另一个角度来说，这种教育方式剥夺了学生犯错误的权利。美国当代名师莎伦·德雷珀说：“犯错误是最好的学习方式。”学生害怕犯错误，害怕变通，就会渐渐失去从错误中学习的乐趣。

其次，“无缝隙管理”使学生失去了自由生长的空间。学校教育是培养人的事业，学校管理不同于企业管理。作为一个多层次、多结构、多因素的有机集合体，学校要尽可能地采用灵活多样的教育管理方式，尽可能地做到因人而异。可能有的人会说，学校之所以实行“无缝隙管理”，就是为了洞悉学生的一切，以便因材施教。在目前应试教育的大环境下，学校收紧管理的出发点就是强调知识的灌输、成绩的提高。

作为一名教师，我时常感觉到，不少教师就像管家婆，不管是针线还是簸箩都一起抓到手中。学生如果时刻都在教师的主导之下学习，没有一点属于自己的空间，就会成为学习上的傀儡和木偶。教师常常抱怨学生思维僵化、不知变通，究其原因，是这种没有缺口的管理很难让学生有鲜活的思想。

再次，“无缝隙管理”让民主思想难以落地生根。学校实行“无缝隙管理”，显示出管理者对学生不信任，不相信学生能够自主学习。在一个处处都存在“第三只眼”的校园内，学生学会的恐怕只是伪装；在简单粗暴的管理方式面前，学生感受到的可能只是专制的力量。

总而言之，“天缝隙管理”难以提高学生的综合素质。现在的“无缝隙”会导致学生踏入社会后“漏洞百出”，这绝不是危言耸听。

重形式轻内容、重统一轻个性的教改该改改了

前段时间，我有幸走进四个地区的五所学校，学习研究他们的课改理念和方案。在课改方案从理念到操作基本相似的情况下，各所学校却呈现出不同的状态。

有的学校克服种种困难（如师资老化、生源差等），激发全体教师进行课改的热情，全面推行教学改革，已经触及操作层面的问题，如学案的规范设计、小组合作学习的建设、评价机制等；有的学校囿于各种困难（如怕影响学生成绩、教师对改革有抵触心理、上级教育主管部门的评价等），仍没有达成全员进行课改的共识，不能下定决心，找不到合适的推行策略，也没有课改典型经验；有的学校已经主动推行课改多年，有了一些经验，但是满足于现有成果，对课改理念与策略缺乏深度思考和内涵探索（如课程整合、问题生成等）；有的学校已经有了成形的、有效的课堂模型，但缺乏提炼与提升，不能转化为可供全校推广的资源。

这些学校如果选择继续推进课改，必须要立足实际、聚焦问题、锁定目标、基于主题、自主构建、分层实施。

比如，第一种情况的学校，课改主动性较强，有自己的目标和策略，可以按照学校要求对教师进行指导，为其提供资源，帮其完善策略，及时提炼成果，并进行适度的宣传；第二种情况的学校，希望上级教育主管部门转变评价思路，校长则要进一步解放思想，加强重视程度，理清教学改革与教学质量的关系，并把自己的课改实施方案梳理清晰，在理念符合实际的基础上，寻找科学有效的操作策略，加强针对性指导，聚焦课改主题，迅速培养典型；第三种情况的学校，需要进一步反思、梳理过去课改的经验与问题，传承已有课改成果，寻找新的课改切入点，高位引领，突破课改表层现象，走出课改高原期，将部分骨干教师培养成为课改先锋，

认真研究、学习课程标准与理念，精心设计课改的各项工作，探寻有效的课例研讨机制；第四种情况的学校，要有推广已有课改经验的意识，帮助骨干教师对理论和操作进行系统提炼与梳理，形成操作手册，通过课例研讨的方式在学校全面推广。

同时，要找到这些学校课改中真正弄不明白的问题，如学校课改方案理念雷同，每个学校的个性到底是什么？课改方案实操性怎样修正，才能适合不同学校的实际切入点？如何从每个学校的历史传统出发，寻找本校优秀教师的智慧财富，作为教学改革的依据与基础？问题设计、学习方式、展示反馈、评价理念怎样才能和谐科学？课堂教学与学生课外学习、教学改革与课程改革、教的方式与学的方式、教学观念与学生学习习惯、备课方式与课堂教学方式、课改理念与学校治理机制等如何能达到有机融合？课堂改革与课程改革的关系以及教学改革与教学质量的关系应如何正确理解？

总之，只有明确学校的优势与不足，才能发现学校教学改革的依据与资源，激发学校由内向外、自下而上的变革，促使学校直面课程与教学实践中的关键问题。切莫拿一些拼凑的理论或现成的方案指导学校改革，更不能把它们作为适合所有学校的“真理”或“灵丹妙药”强行让学校或教师就范。重形式轻内容、重统一轻个性的教改该改改了！

学校教研活动为何总在低效循环

教研活动是学校管理与教育教学活动的必修课，是学校最重要的常规工作之一。按理说，教师们应该能够接受这样的活动，并能从中有所收获和启发，提升自己的专业水准。但事实是，不少学校的教师并不喜欢本校的教研活动，常常抱以应付的态度，甚至有些抵触。

最近收到几个学校教研组的建设计划，其工作要求大体如下：制订学科学期教学研究活动计划，撰写学期教研工作总结，指导本学科开展教研活动；配合教导处组织本学科教师实施教学常规要求，包括备课、上课、作业批改、检测等基本要求；定期开展教研活动，组织教师学习教育教学理论，深入研读课标、教材，及时传递教学改革动态，努力推进高效课堂建设；组织教师开展教学研讨课活动，收集有利于教师学习与研究的相关资料，收集整理教师的优秀教学成果、经验，组织教师开发符合实际的教学资源等。教研活动内容包括学习教育教学经验文章、观摩优秀教学视频、集体备课、听课、评课、议课、参加各级各类竞赛等。

大家可以看出，这种教研组建设和活动要求笼统而难以操作，目标不明确，措施不具体，缺乏创意和实效性，难以看出如何通过教研组建设和活动推动学校课程与教学改革，促进每一位教师的专业成长。尤其是这些陈词滥调式的要求和活动一定是每年都如此炮制和推行。这样的低效重复性的教研活动怎么会受到教师的欢迎？可以说，它已经成了教师的心理负担和精神压力，影响了教师正常的工作和生活。教师产生职业倦怠，与这种教研活动关系极大。

有效的教研组建设绝不能有“皇帝的新装”的思维习惯，应该结合实际落到实处。它应该是一种文化，是教研组成员共有的行为规范体系以及自觉的精神和价值观体系，它关系到每位成员在教研组这个群体和组织内的生存方式和状态。

教研组建设是一种动态的文化过程，它要求教研组组长根据不同的发展阶段，寻找不同的问题和契机，依据不同时期教师的成长需求，提出不同的目标和创建策略，从而层层推进，不断有所创造。因此，教研组建设必须从以“事物”为核心转到以“人的生命成长”为核心的价值观念上来，用整体性和过程性的思维方式，通过有效的活动安排，使学习和研究的意识、态度渗透并转化到教师日常的教育教学生活中，通过实现日常化而达到过程化。

教研组组长也要从被动地听从命令转化为主动地为组内的每一位成员营造适宜其专业成长的文化氛围，将抽象的理念转化为教研组成员的具体行为。教研组组长要努力担当教师状态的解读者，教师发展的促进者，教研组文化的诊断者、策划者和创建者角色。同时，教研组组长还要率领本教研组成员，以教研组文化产品的创建与管理为核心，营建新型的教研组文化，定期举行教研组文化产品的交流评比和推广介绍活动，一起打造学习型、研究性品牌教研组。

苏霍姆林斯基说，学校的许多教学工作做不好，究其原因，正是在于人们天天、月月、年年都在重复同样的缺点，无休止地议论却又不能改正这些缺点。因此，无论是校长、教研组组长还是教师，不要仅仅只是看见缺点，而要去力图分析如何从源头上消除产生缺点的原因，然后再研究后果。

建议学校指导并支持每个教研组从信念作风、队伍建设、课程教学、校本教研、知识管理、特色建设六个方面制订详细的发展规划，全面分析教研组和教师个人的知识结构、能力结构、生命背景、精神需要和成长目标，把教研组建设和活动的宗旨落实到教师个人的专业发展和生命成长上。这样，教研组才能引领本学科的新风尚，积极尝试学科民主生活建设，发挥学科功能，推进学校课程与教学改革，激发广大教师积极主动参与教研组建设的活动，为学校发展贡献智慧和力量。

“重教轻学”的教学传统为何依然盛行

我时常参加不同地区学校的听课调研活动，今年又到几所学校听了几节课，看了几所学校的教学改革方案。我发现，课堂中的问题依旧是多年来的老问题，一些新理念或创新项目也只是暂时的包装，不过是在公开课、示范课、研究课等课堂上展示而已。学生仍然“被教着”“被学习着”，教师仍然在走“复习—导入—新授—巩固—拓展—小结”的固定程序，最后布置课下作业。

一套持续了几十年的教学模式为什么还能流行？过去是一支粉笔、一块黑板、一张嘴，可现在信息技术如此发达，电子白板、云技术、声光电等各种学习工具应有尽有，学习资源、课程资源异常丰富，但这种“重教轻学”的教学传统依然盛行。

浙江省教研室的张丰老师分析认为，我们的课堂是一种“接力问答式”的课堂，教师借问答的形式将学习内容一点点地引发、展开、呈现出来，学生学习的主要方式是“听中思考”与“听中接受”。这种师生“接力式”的对答，只不过让教室里“弥散”着“学习的元素”而已，而学习是否真实却很难说。在这样的课堂上，学生的回答常是一些迎合性的猜测，这种参与是虚假的。由于学生思考不深入，师生的现场对答常是肤浅的互动。从表面上看，学习内容在课堂上都出现过了，但学生是否真正理解并接受，教师并无把握。于是，心存顾虑的教师便把课后练习当作重要的补充性手段。以讲代教、以听代学、以练补学成为当前课堂教学活动的一大特点。

新课程改革以来，不少学校先后提出了符合不同学情和学科规律的学习理念，如先学后教、以学定教、少教多学、生本课堂、以学习者为中心的课堂等，也努力倡导过自主、合作、探究、体验、对话的学习方式，但能够真正落实这些先进的学习理念和学习方式的学校并不多。

要想转变学生的学习方式，必须先转变教师的教学方式。这就需要教师转变思想，提升自身的专业技术和专业素养，而这需要投资，有长远和历史的眼光来思考和实现。但有多少学校愿意花这笔钱和耐心来做这件好事、大事？于是大家不自觉地选择采用成本最低的、风险较小的教学方式，就不足为怪了。

2015 年 9 月 16 日，马云在北京师范大学启动“马云乡村教师计划暨首届马云乡村教师奖”，评选出的 100 名“马云乡村教师”每人获得 10 万元奖励及专业发展支持。但根本性的问题还是不能解决。这些教师没有离开他们的学校，没有脱离原先的教育管理机制，他们有可能还是会拼命地加班加点、频繁地考试训练、布置超量的课下作业，甚至因这个奖励变得更加起劲。

上述现象的根源在于“分数主义”，各级教育管理部门向学校要成绩指标，要升学率，学校便跟教师要分数，教师自然向学生要分数。教学课时一定，教师便把目光都瞄向课下，争抢学生课下的自主学习和休息时间。课堂上，教师也尽力加大课堂容量和难度，哪里还来得及关注自己教的方式，关注不同学习特点的学生的诉求？抓紧讲完、抓紧做题，就成了大家推崇的最流行的教学方式。

学校为了迎合这种教学方式，还会制订一系列的配套管理制度和措施。从上到下，充斥着标准化的达标督导、考核评价，教育管理的着眼点不是让教师和学生从学校里尽量得到最好的东西，而是根据分数将教师、班级、学生划分出等级。用一些呐喊式的标语、口号来教育教师和学生，让他们学会顺从与乖巧，以迎合各级教育管理部门和学校的需要。

我曾与很多教师交流过，他们大都明白这些道理，也都想改变这种课堂教学的现状，但是学校不提倡，他们不敢改变，而且对于用学生成绩来评价教师工作业绩的做法，他们也不想改变。此外，面对过多的教学内容与繁杂的教育任务，也不能改变；再加上学校缺少“明白人”的专业指导和引领，总体上不会改变。

叶圣陶先生曾说：“我以为好的先生不是教书，不是教学生，乃是教学生学。”我提倡让学生去自学、去尝试、去探究、去发现。教师根据学生的自学情况进行点拨引导，灵活设计自己的课堂。但是，我们的教育环境、学校是否给教师这个机会?

自上而下行政式的课改有一定作用，但缺乏生命力，因为它容易破坏和污染学校的传统文化，容易让功利的东西“复活”。真正的课改应该唤起教师的文化自觉，营造一种自下而上的改革创新的自然环境，人人都是课改的领导者，形成一种促进教师成长、学生成人的良好风气。

教育微信群，“水泊梁山”齐聚义

寒假期间，我被众多朋友和家人邀请进各式各样的微信群，这些微信群以各种名义建群约客，如某某读书群、某某创新群、某某学科群、某某研究群、某某机构群，等等。群主以约请到更多的群成员为荣，群成员以被他人约请为傲。

尤其令我惊奇的是，这样的教育群、教师群越来越多，看起来火得很，大有“燎原”之势，一个假期我竟然被邀请进数十个教育微信群。为什么有人要建群做群主？为什么有人积极响应愿意进入这些群？这是自媒体时代的何种心态？有什么利弊？我一时难以解释清楚。

大凡这些教育群，对于群主来说，一般有如下几种功能：一是推介自己的研究成果与实践项目，一方面是想得到大家的关注，希望有更多的人认同并参与他的项目研究，另一方面是想借助群成员的鼓励和意见，促进自己的研究深度推进；二是一些教育培训机构欲借微信群扩大宣传面，以取得更多效益；三是想寻找各地志同道合的朋友，排除在僵化教育体制下产生的孤独感，感受生命和思想的存在感；四是真正聚集一些有学习力、有相同志趣的人，寻求各方力量、资源和机会，携手实现自己的教育理想；等等。

参与微信群的成员一般会有如下几种心态：一是享受被他人邀请、关注的情感快乐；二是寻找自己的虚拟知音；三是抱有猎奇心理或侥幸心态，发现自己成长中需要的、可为自己所利用的贵人和可借鉴的经验，实现自己的专业发展；四是聚焦一个专题，寻求同伴的支持和帮助，促使自己的研究实现深度发展；五是想看看外面的世界，了解他人的生活现状与精神风貌；等等。

玩微信群的人，有普通教师、专业研究人员、媒体人、大学教授、学生、家长、教育行政人员等。微信群有本单位的，有本地的，有跨地域的，甚至是跨国的。好像一旦进入一个群，大家就像一见如故、相见恨晚的朋友一样，那么轻松、自由、放得开。自媒体时代把人们的情感距离拉近了，使大家的思想得到交流，资源得到分享，理念和研究成果得到推广和普及。教师的交流和专业成长突破了学校的围墙，突破了教育体制的约束，在“互联网+”时代，教师以自我需求为导向、以自主发展为主要方式、以自觉发展为动力源泉的“自专业”时代已经来临，并且大有破竹之势。

在大家享受信息时代带来的便捷的同时，我们是否意识到其造成的一些负面影响给教育改革和学校管理带来了新的挑战？那些为了寻求他人抚慰或帮助而蝇营狗苟的人，那些沉浸于一些碎片式的经验或满腹牢骚的宣泄中而不再静心读书、潜心研究的人，那些为了迎合所谓的高人或贵人而低三下四以求赢取利益的人等，是不是像一些“微信乞丐”？这些人催生了另类道德绑架。

往积极的方面想，希望这种民间的群体能发挥其应有的力量，形成新时代教师专业发展的新形势，转变中国教育的现状。因为这种群体把人最基本的情感诉求放大到教师群体，成功地打破了教师群体之间的封闭状态。

希望这些人群真能有一种勇气和智慧实现“自专业”成长，敢于突破学校体制的框架，大胆地追逐自己的教育梦想，不断开拓自己的成长空间。也希望教育部门和学校发现这种现状和现象，对新形势下的教师群体进行科学有效的专业发展和精神成长的引领与研究。

很多学校为什么仍然在原地打转

最近看了某地五所农村学校的教学改革方案，基本状况如下：虽然五所学校的教学改革方案名称叫法不一，但具体理念和环节基本雷同；过多地累积理论，照搬概念，更多地关注外在的教学模式构建；备课、上课、课堂内外不能有机衔接，学案基本是习题的汇编；虽然引用了诸如以学定教、少教多学等先进的教学理念，也尽力体现新课程改革倡导的自主、合作、探究等学习方式，但不见科学有效的操作评价方式和策略。奇怪的是，五所学校的教学改革方案都没有学习目标环节设计。从中不难看出，五所学校都缺乏课程观，缺乏基本的教学论知识，不能构建课程改革体系下的教学变革，没有通过改进教育方式、治理方式和评价方式来实现教与学方式的转变。

现在教育改革如火如荼，为什么很多学校仍在原地打转，不愿意寻求变革或改善？教育、课程与教学相互隔离，教育等于完成教学任务，教育就是做题、考试，是多数农村学校的办学现状。

然而，我们能够完全怪罪这些农村学校吗？在我国，长期以来，课程决策权大都掌握在课程专家和学者的手中，课程政策的推行和实施主要依靠自上而下的行政命令方式，教师只是课程的实施者和执行者，没有课程的开发决策权。即使现在允许学校和教师研发、开设校本课程，但也由于教师水平较低、学校资金匮乏、校长干部课程领导力欠缺，再加上应试的压力、各级教育管理部门对学校和教师的等级评价，致使该项工作举步维艰。还有一个重要的原因，就是研发和开设校本课程，会耽误、影响国家课程的授课时间，影响学校、教师和学生的教学成绩。

黄武雄先生的论著《台湾教育的重建》中有如下论述：当下台湾的教育百病丛生，主要是两个原因导致的：一是升学主义，一是管理主义。

先说升学主义。每个学校的校长和教师都最重视升学率，升学率的高低常决定校长的升迁、教师的聘用等。学校不仅不去保护学生，使他们尽量不受升学的污染，反而推波助澜，以升学挂帅。许多学校每次周考或月考过后，都将全校学生依分数高低排名，鞭策学生，鞭策教师，也鞭策家长正视子女在学校的考试成绩。它的根源，来自升学的窄门，经由学校配合炒作，扩散成众多家长对学校分数的计较。

在升学主义的笼罩下，原本只是统一教材，现在连进度、考试、评分都统一了。教师的专业自主性受到遏制，学生个体间的心智差异也难以受到照顾。好的教师失去了施展抱负的空间，在升学现实中妥协、消沉，甚至逃离，而靠体罚与恶补提高考试成绩的教师则备受肯定。

再说管理主义。教育行政部门办教育的着眼点不是让学生从学校里尽量学到、得到最好的东西，而是将学生划分等级，这是管理主义最典型的标志之一。招生时，不同的学校按照分数线依次录取，使得学校和学生从起点开始就不公平。学生的水平不是取决于自己学得好不好，而是要考虑别人学得是否好，这是对学生发展中人格的扭曲。

德育上的管理主义更是司空见惯。是非对错的观念，只有通过孩子与外在世界的互动才能逐步建立起来，才会内化为孩子自身的价值观，但我们相信的是标语、口号、宣传、教导、训斥和奖励，以为这就是德育。在这样的环境下，孩子只学会了顺从与乖巧，以迎合家长和教师的心理。

在行政领导教学的现实下，教研组的功能只是执行行政命令，讨论统一命题，规定评分标准，统一进度，统一考试，将教师的教学个性钉死在墙上的统一进度表上，将学生的个性抹平在统一测试试卷上。教师的工作，只有听令与执行，而无讨论、创新、尝试与进步。教书变成日日重复、平淡无趣的工作，职业倦怠是中年教师的普遍特征。

黄武雄先生对台湾教育问题根源的论述，其实也是我国大陆诸多教育问题长期存在的深层次原因，是许多农村学校不敢实践与尝试先进教育理念、大胆进行课程与教学改革的根本原因。

当然，有很多有识之士看到了这些问题，也进行了很多有意义的探索，但是这些尝试对改变为数众多的农村学校只是杯水车薪。下面我简单罗列一下其他制约农村学校改革与发展的不利因素。

一是农村学校普遍存在结构性缺编，致使一些学科非常薄弱，甚至不能开齐、开全课程。教师职称结构不合理，职称名额偏少，导致教师的日常工作出现不正当竞争，互相诋毁、弄虚作假等问题屡见不鲜，影响了教师的工作积极性和职业形象。

二是不少乡村教师课程与教学理论知识欠缺，视野不够开阔，简单照搬教学参考资料，处理教材、驾驭课堂的能力较差，教育科研能力较低。教师流动性较大，骨干教师队伍薄弱。教师学习、培训的机会少，缺乏专业引领，教师自主发展内驱力不足。

三是学校缺乏民主管理意识，多数农村学校仍然倾向于严格的科层式管理，教师时时处处受权威控制。管理评价机制过于强调教师晋级、评优等方面的价值和影响，依靠硬性指标、量化指标、外部利益驱动教师参与。农村学校普遍存在教育教学任务繁重的现象。有些活动不考虑教师实际，教师处于被动应付状态，牺牲了许多思考教育和自我成长的时间和机会。

期待每一所农村学校都能自觉地根据自己的条件，了解自己的问题，不再抱怨，主动寻找出路。期待每一位农村教师在改革中能充分发挥自身的积极性，热爱自己的事业，激发自己的教育情感，专心致志地投入改善教育的现实行动中去。

当然，最重要的是，期待政府、教育部门和学生、家长之间形成真正的联盟。只有大家都认同存在的问题，诚心诚意地通过教育改革解决问题，并把这个计划定成长期的而不是急功近利的方案，学校才能大胆地实践先进教育理念，实施课程改革，农村教育才能不再落后。

处处讲人情是对人性化管理的曲解

不少学校由于过分关注人性化管理，出现了一些尴尬局面。例如，对教职工的一些违纪行为不敢果断干预，教职工间形成了一种所谓的“你容忍我，我容忍你”的新型同事关系。每当遇到问题时，大家还互相安慰：“这是人性化管理!”人性化管理理念带来了新的管理问题。

用所谓的讲人情代替必要的管理，实际上是对人性化管理的曲解，这是管理者无知的表现。以尊重人为前提的管理没有错，但是当我们容忍很多人的不当行为时，我们也在泯灭某些人最起码的道德品行，使一些丑陋的人性迅速滋长起来。

我们提倡人性化管理。所谓人性，是指人所具有的正常的感情和理性。人性化管理强调的是尊重和顺从人性，培植的是人善良和优秀的习性。放任人的缺点，纵容恶习，便是对人性的践踏。这不叫人性化管理。要知道，不断完善制度，在制度面前人人平等，也是人性化管理的重要内容。

人性化管理要建立在讲规则的基础上，对讲规则的人进行人性化管理，会收到很好的效果；对不讲规则的人进行人性化管理，不仅管理者会遭遇尴尬，也是对不守规则者的纵容。如果不能科学地展开人性化管理，就不能避免“泛人性化管理”。人性化是前提，规则是保障，二者相辅相成，学校就会井然有序，朝气蓬勃。

因此，人性化管理的前提是要分清人性的善恶，让真善美显示出来。古圣贤讲：“君子慎其独也。”其实，这就是人性化的最高境界。《三字经》开宗明义：“人之初，性本善。”我们要相信人性具有真善美的一面。这就需要领导具有人性化意识，首先要立己，其次是引领，再次是约束。立己是对被管理者的尊重，是最大的人性化；引领的关键是要了解每个下属的特点，要知道他们需要什么，他们的价值观和思维方式，寻找“牛鼻子”。人性化管理最难拿捏的是约束。以我个人的体验，就是要抓住机遇，智勇并重，对事不对人，力争达到“让人格感召人，以行动引领人，以感情影响人，以制度培育人”。

人性化管理其实是受中国传统文化的影响，中国人讲究按情、理、法处事。我们在具体实施人性化管理时，应该首先“依法行事”，过程中可灵活讲究人性。人性化管理绝不是口号，应该是行为，应该是过程，应该是境界，应该是品位，最后才有内涵上的意义，才能真正关注到每一个生命的质量！

践行适合各个学段学生的教育才是硬道理

有校长提出，眼下初中教育面临“四困”：一是道路选择之困。在不少人看来，小学可以生动活泼地抓素质教育，高中可以大张旗鼓地抓应试教育，唯独初中面临着若生动活泼地抓素质教育学校就活不过今天，死抓应试教育又活不过明天的尴尬境地。二是教师发展之困。有人说，小学教师的快乐能被人看到，高中教师的辛苦会被人想到，唯独初中教师的辛苦别人觉察不到。三是学校价值之困。初中教育在基础教育中理当承上启下，而现实的处境却是有点不上不下、两头受气。四是学生教育之困。小学生因为年龄小比较容易管理，高中生因为自我管理能力加强不需要耳提面命，唯独处于青春期的初中生不好管。

对于上面的观点，我持相反态度。我曾经在纯初中学段学校工作过十七年，又在一所“九年一贯制”学校做了五年校长，现在就职于一所“小、初、高十二年一体”的学校，对各个学段的特点与现象较为了解。

我认为，小学、初中、高中三个学段都要搞素质教育，坚决放弃应试教育。搞适合各个学段学生的教育才是我们当下和今后思考的主要命题。

我在纯初中学段的学校曾经主导了一项以“减负”为主题的教学改革，采用“倒逼机制”，不允许教师布置机械重复的课下书面作业，把自习课还给学生，任何教师不得无故进入教室补课。此举用意在于逼迫教师把精力和时间用于改进课堂教学，教师不能占据学生的课下时间，便不得不采取“精心备课、精选问题、少讲多学、当堂反馈”的教学策略，在当时取得了显著效果。

在“九年一贯制”学校任校长期间，我在以前教学改革的基础上继续推进，走上了一条“专业减负”道路。具体做法是重新设计备课方式，创造了“单元自主学习指导纲要”“课堂学习指导纲要”和“双休日（节假日）生活指导纲要”三大学习载体供师生使用，把学习的权利还给学生，使教师的职业生命得以解放，读书、研究成了教师的日常生活常态。校本课程、综合实践活动、学生社团建设、志愿者服务活动等项目如雨后春笋般慢慢活跃在校园里。课堂教学、教师成长、课程建设、家校合作、学校文化等都得以重塑。学校从此走上了品牌建设之路。

2014年，我走进了一所“小、初、高十二年一体”的学校，该校正在探索基于“十二年一体”的课程建设与育人模式变革之路，根据学段特点，学校改革全面开花。有些是分学段进行，如选课走班改革在初中和高中学段推行；有些是三个学段同时推进，如语文学科的“个性化阅读”“学生大讲堂”“综合实践活动”“课堂教学改革”等改革项目。三个学段都有丰富多彩的活动和课程，高学段学生给低学段学生志愿服务，低学段学生到高学段教室参观，三个学段各有特色，相得益彰，学校的教学质量迅猛提高。

可见，小学、初中、高中三个学段都能搞素质教育，关键是要摸清各个学段的课程、教学与学生的特点，大胆进行各种改革与创新。

而教师发展之困，更是无稽之谈。教师成长的规律是一样的，怎么会有小学、初中、高中之分？读书、学习、研究、创新、改革等都应该是教师发展的主要元素。三个学段的教师的劳动各有特点和分工，不能以“快乐”“辛苦”为标准来进行比较。快乐不快乐、辛苦不辛苦，主要不是在哪一学段的问题，而是内心感受的问题，是否真心喜欢自己的岗位和工作才是决定快乐与否、辛苦与否的主要因素。做好与小学和高中的衔接是初中学段教师的职责，不履行承上启下的工作任务，却感觉自己不被重视是失职的表现。

三个学段的学生的心理与生理各有特点，对三个学段的学生进行管理各有对应的策略，也各有自身的难点。只强调初中学段的学生难以管理是不恰当的。我长期从事初中生的教学和班级管理工作，我认为，只要尊重学生，了解他们的性格特点，真心地爱他们，公平对待每个学生，初中生并不难管理。对于处于青春期的孩子，只要顺应其成长规律，理解他们，采取恰当的教育方法，就能与他们成为朋友，与学生一起活动、一起读书、一起欢笑是多么快乐，怎会有难以管理之感？感觉初中生难以管理，这种认识本身就存在偏见，青春期的孩子是不能用控制的方法来管理的，教师需要转变自身的角色。比如，我班有一名学生喜欢写剧本，家长坚决反对，要求她放弃写剧本、专心学习，孩子就以不学习来表示抗议。而我在坚持做她第一个忠实的读者的同时，与其家长沟通，争取到了家长对孩子的理解与支持，孩子从此开始努力学习。只要勇于走进学生的心灵世界，真诚地与其沟通，理解并包容他们，他们的表现都会让你感动。

最后再次重申，认为有的学段只能搞素质教育，有的学段只能搞应试教育的观点是错误的，也是愚蠢的。我们都应该积极行动起来，自觉地探索，勇于实践适合各个学段学生的教育才是硬道理。初中教育“四困”之说是教育无为的表现，是教育者缺乏改革勇气和创新精神的托词。

教育是大事，但要从小事做起

我是从 20 世纪 90 年代初开始做教师的。当时我所接触到的仅仅是教育、教学、班级管理、学校活动等几个简单的概念和名词，聚焦于教学，也只是诸如上课、备课、作业、考试等几项工作。

那时，学校不实行集体备课，教师们都是在自己的宿舍里办公。学校也没有多少检查，一学期一次听评课活动，每月一次例会，每天的日常教学管理工作按部就班地进行着。教师们下课后经常聚集在教室外或某位教师的宿舍里自由交流，交流的内容非常广泛，但这是教师们互相学习的时间，很多年轻教师就是在这样的环境里成长起来的。

学校每天的第一项活动是跑早操，师生都参加。下午有学生的课外活动时间，常常可以看到操场上有教师或学生在打篮球赛，而最热闹的则是师生的篮球赛，我最喜欢看裁判员漂亮的裁判动作，也佩服他们的公正态度。歌咏比赛、体操表演、演讲比赛、越野赛、运动会、板报比赛、书画比赛等活动样样都会开展。教师喜欢和学生一起活动，学生也喜欢帮助教师做事。学生和家长都非常敬畏教师，教师也非常尊重学生。学校生活每天既严肃又紧张，既团结又活泼。

记得那时的教师都有自己的绝活儿，语文老师会拉京胡，数学老师象棋下得好，英语老师能写工整的毛笔字……那时没有多媒体，没有高档的实验室和教学器材，但是教师们都认真研究板书设计，自己制作实验器材和教具，都尽自己最大的努力把课上好。教师很清贫，每月 200 元左右的工资，有时学校还不能按时发放，职称指标让给老教师，年轻教师抢着干活儿，但是那时的教师安贫乐教，幸福指数很高。

每次参观学校校史馆，我最感兴趣的就是欣赏老教师们当时的用品，那些老教师的备课笔记最让我震撼。备课笔记中的每个字都是一笔一画书写得非常认真，一行行规矩工整，还有他们再次备课用红色笔标画的痕迹与旁批，有些还有粘贴上的材料。为了上好一堂课，他们得查多少资料，请教多少同事，他们精心地研究教材、研究学生、研究教法、准备教具，不知熬了多少个不眠之夜。从这些老教师的教案中我体会到了一名教师献身教育事业的斗志和精神，体会到了他们对待工作、对待每一堂课和每一个学生的真情和责任，这样的教案是极有价值的作品，是他们真正的研究成果。

我之所以有这些感慨，源于最近与一些教育圈内的朋友的交流。当下教师的待遇、教学环境等都已远远高于或好于以前，但是教育出现了很多违背常识和规律的现象。

首先我听说的是教师待遇的提高。提到这一点，朋友们的脸上难掩喜悦与满足之情。高级教师的工资涨到了7000多元，中级教师的工资涨到了6000多元，尤其是给一些教龄长的老教师补了两万多元。听后我也很兴奋，但是继续听下去，我开始忧虑起来。

一位教师说，现在的教师工作积极性很难调动起来，干多干少、干好干坏一个样，没有奖金和福利的激励。现在的学生很难管理，不敢打，不敢骂，只许说好。由于社会道德感滑坡，诱惑或侵犯学生的事件时有发生，而学生一旦出事，家长就怪罪学校和教师。从上级领导到学校，只要安全不出问题，谁还关心学生的成绩？与一些校长交流，也有类似论调。校长责任大于天，动不动问责，而权力又小如针尖，校长的工作积极性也大打折扣。

与一位教育局领导交流，我们都感觉到不少学校的管理是在简单机械地重复，缺乏改革与创新精神。认为多一事不如少一事，干多了容易出问题，承担的责任会更多，是一个重要原因。多数学校以不出问题，顺顺利利完成上级交代的任务为最好状态。与一位学校中层干部交流，觉得现在的学校教研活动纯粹是在应付，根本没有效果，因为学校布置的任务太多，教师的时间都被切割得很零碎，都忙于完成任务，做不到深入和细致地开展教研。忙得来不及备课就得去上课，来不及与学生沟通学生就已经出问题了。于是备课抄现成的教学用书，布置作业用现成的教辅材料，考试题随意拼凑，上课懒得板书，准备实验怕麻烦等违背教学常识的事情频频发生。

更令人忧心的是，好多学校、校长和教师动不动就被人上告，搞得人人胆战心惊，不敢大胆做事。教育领域内人际关系越来越不和谐，互相猜忌打压，有些地方甚至为了一个职称名额而大打出手。多数教师对培训研修深恶痛绝，怨声载道。不少教师虽然有很多闲暇时间，却不用于读书学习。

现在很多人动不动就忽悠教师什么慕课、翻转课堂、云技术，动不动就搞什么课程改革、教育工程，动不动就总结什么教育理念、经验。其实还不如停下来多关注一下教师的心灵与精神，多关注一下教育的规律与本质，多关注一下孩子的真实需要与生命成长。教育无小事，事事是教育，我真的担心，大家今后会不屑于或无暇再关注和关心这些身边的教育小事。

生活常识教育学校不该越俎代庖

陶行知先生有句名言："生活即教育。"将学习与生活实际联系，是值得提倡的教育理念。但是，陶行知先生的这一教育思想内涵是丰富的，我们不能误读。

中国有句俗话，"三岁看大，七岁看老"，可见家庭教育的重要性和不可替代性。据报道，成都部分民办学校小升初有一道考题是"内裤和袜子能否一起洗"，这是一道生活常识题，应该属于家庭早期教育的范畴，是每一位家长应该教给孩子的最基本的生活常识。

家庭教育和学校教育各有分工，各有自己的功能和任务。有些家长会对孩子说"你只要好好学习，家务活不用你干"，便是剥夺了孩子参与劳动、感恩父母、学习生活技能的机会。为了孩子好而每天奔波劳碌的家长们，如果不遵守家庭教育的基本规律，不能担负起家庭教育的使命和责任，可能会使孩子养成不良的生活和学习习惯。许多家长把孩子成长、成才的希望寄托在学校和教师身上，总是无奈地对老师说："孩子最听老师的话，我把孩子就交给您了。"家庭教育呈现缺位状态。

教育家裴斯泰洛齐说："为克服家庭局限性的消极后果，人们建立学校。但是，人们绝不能因此而期望，学校包括了对人教育的全部内容；也绝不能因此而期望，学校能替代父母、客厅和家庭生活的地位，能为心灵、精神和职业教育做必须做的一切。"学校教育的主要任务应该是进一步加强在家庭生活中已形成的思想、习惯、爱好和能力，而培养孩子的生活习惯和生活技能，主要应是家长的责任。如果学校专门去教孩子"内裤与袜子能否一起洗"，是越俎代庖。

家庭教育是培养孩子生活习惯和品性的，学校教育是教授知识、培养人才和促进人的发展的。但是现在不少学校的功能似乎已经扩展到教育孩子的方方面面，喊出了“为孩子的一生幸福负责”“为孩子的终身发展负责”“为孩子的一切负责”等口号，听着很是振奋人心，但是学校不要忘了自己的主要职责。

随着信息化时代的到来，学生的学习不仅仅发生在学校里、课堂上，他们接受的思想与价值观也不仅仅依靠学校教育和家庭教育。学校教育和家庭教育将会面临新的形势和挑战，两种教育形态都应该回归各自的位置，承担起各自的教育任务，相互学习，相互渗透，相互支撑，各负其责。

江苏凤凰教育出版社
《行知工程》系列丛书目录

系列	序号	书　　名	作者	定价
教育探索者系列	1	《走出庸常——以教师转变引领学校变革》	李志欣	40.00
	2	《教育，静待花开——陪伴孩子一起成长》	武金际　王玉英	40.00
	3	《悦读立人——校园阅读文化体系构建策略》	杨世臣	30.00
	4	《教育智慧何处来——一位特级教师的思考手记》	付立金	30.00
	5	《和雅文化——校本课程的创新构建》	汤善香	30.00
	6	《让个性绽放精彩——学校课程体系整合与创生》	谢建伟　徐淑萍	30.00
	7	《让每个学生都幸福——最能润泽生命的学校文化建设》	谢建伟　张新喜	30.00
名师成长系列	8	《情怀·智慧·境界——教育名家演讲录（2）》	钟惠河　李榲琬	35.00
	9	《情怀·智慧·境界——教育名家演讲录（1）》	钟惠河　李榲琬	30.00
创新教学探索系列	10	《让阅读滋养学生语文素养——语文阅读教学策略与实施》	李洪芹	38.00
	11	《学校体育密码》	连仁都	36.00
	12	《我家住在〈诗经〉里》	李日芳	40.00
	13	《〈红楼梦〉里的语文课》	李日芳	30.00
	14	《品世界名画，学精彩作文 ——特级教师的“名画”作文教学法》	李日芳	36.00
	15	《学生数学整体思维培养 ——小学数学结构化教学的探索与实施》	颜春红	45.00
	16	《基于核心素养的体育与健康校本课程建设》	赵卫新	35.00
	17	《把古文教活——激活文言文课堂的教学策略》	刘小华	35.00
	18	《做童年面前最合适的人——我和孩子们的“童化语文”》	曹丽秋	30.00
	19	《玩出精彩作文——张化万活动作文教学经典策略》	张化万	35.00
	20	《让学生把母语用精彩——“语用课堂”的探索与实践》	佘小红	30.00
	21	《“备”出课堂精彩——备学式教学的课堂实践与思考》	张旭兰	30.00
	22	《神奇的阅读教室——带学生踏上美妙的阅读之旅》	李祖文	30.00
	23	《打造有生命力的课堂 ——“两步八环节”教学模式探索与实践》	查联智	30.00
	24	《最能培养学生探究能力的课堂 ——小学科学与信息技术单元整体课程实施与评价》	李怀源	30.00
	25	《最能激发学生运动天赋的课堂 ——小学体育单元整体课程实施与评价》	李怀源	30.00
	26	《最能提升学生艺术素养的课堂 ——小学艺术单元整体课程实施与评价》	李怀源	30.00
	27	《“生命语文”探索——焕发语文生命力的思考与实践》	王自成	30.00
	28	《粘连作文教学：让习作成为有个性的自我建构》	黄瑞夷	30.00
	29	《备学式教学——在体验中建构数学思维》	单广红　范雪梅	30.00

系列	序号	书名	作者	定价
创新教学探索系列	30	《向着自主进发——自主教育的创新实施智慧》	朱亚红	30.00
	31	《写中学——让学习更有效的学科写作教学》	钟传祎	30.00
	32	《小学科学实验总动员——大科学课堂有效提升学生创新力》	江美华	30.00
	33	《小学语文单元整体课程实施与评价》	李怀源	30.00
	34	《小学英语单元整体课程实施与评价》	李怀源	30.00
	35	《小学数学单元整体课程实施与评价》	李怀源	30.00
	36	《让教学更能激发智慧——"思维碰撞"课堂的建构与实施》	程和方	30.00
	37	《构建语文综合课新模式——家庭、社区、学校协同教学》	黄瑞夷	40.00
	38	《自主创新让教学成为有效引领》	蔡　隽	30.00
教育求索系列	39	《区域规范性教研共同体建设及其实践》	陈宗成	40.00
	40	《让诗意润泽心灵——德育校本课程的开发与实施》	陈亚兰	40.00
	41	《联想形象识字教学——让学生感悟汉字神韵》	侯忠彦	50.00
	42	《思维导图教学法：一位历史老师的教学探索》	罗培生	35.00
	43	《让经典滋养人生——名著导读教学策略（中学）》	郑建忠	35.00
	44	《关注每一位儿童的发展——语文小班化教学的探索和实践》	何慧玲	40.00
	45	《让生命诗意地栖居——诗意教育的理念建构与实践探索》	钱丽美	40.00
	46	《怎样上好语文课——时鹏寿解析精彩课例》	时鹏寿	45.00
	47	《让书香浸润生命——时鹏寿伴你品读经典》	时鹏寿	35.00
	48	《开在手心里的花——一位优秀教师的教育情怀》	詹雪莲	40.00
	49	《学科建设与教师发展——中学数学》	杨志文	30.00
	50	《欣说教育那"一亩三分地"——一位一线教师的教育微思考》	王庆欣	30.00
	51	《爱的守望——一位一线教师对教育的坚守》	林卫红	30.00
	52	《思政教学的人文力量》	戴晓华	30.00
	53	《师道新说——给教育者的30条箴言》	徐　卫	30.00
	54	《快乐数学——初中数学教学方式探索》	孙国芹	36.00
教育思想者系列	55	《名校之道——陶继新对话名校长（5）》	陶继新	42.00
	56	《名校之道——陶继新对话名校长（3）》	陶继新	42.00
	57	《名校之道——陶继新对话名校长（4）》	陶继新	40.00
	58	《父母要成为子女的精神导师——五个孩子走向卓越的奥秘》	陶继新	43.00
	59	《治校之道——小学名校长的办学智慧(1)》	陶继新	35.00
	60	《治校之道——中学名校长的办学智慧(1)》	陶继新	40.00
	61	《品鉴教育文化盛宴——陶继新序跋屯集》	陶继新	45.00
	62	《为什么而出发——一位研究者对教育本质的沉思》	齐　健	35.00
	63	《高效教学的道与术——陶继新教育讲演录》	陶继新	30.00
	64	《铸造一流教育品质——陶继新区域教育巡礼》	陶继新	35.00
	65	《名校之道——陶继新对话名校长（1）》	陶继新	30.00
	66	《名校之道——陶继新对话名校长（2）》	陶继新	35.00
	67	《教育，一切从孩子出发》	黄　俭	30.00

系列	序号	书　　名	作者	定价
新父母教程	68	《一年级的孩子》	陈文芳	28.00
	69	《二年级的孩子 》	陈文芳	28.00
	70	《三年级的孩子》	钱静霞	28.00
	71	《四年级的孩子》	谢　云	28.00
	72	《五年级的孩子 》	陈　春	28.00
	73	《六年级的孩子》	袁卫星	28.00
	74	《七年级的孩子》	焦晓骏	28.00
	75	《八年级的孩子》	钟　杰	28.00
	76	《九年级的孩子》	凌宗伟	28.00
国际教育系列	77	《美国教育面面观——一位特级教师眼中的美国教育》	邵淑红	35.00
教师软实力系列	78	《教师人际沟通力》	黄爱华　夏丽娟	38.00
	79	《班主任教导力》	黄爱华　戴诗银	38.00
	80	《教师执业道德力》	黄爱华　夏丽娟	38.00
精彩课堂系列	81	《基于核心素养的数学教学》	赵红婷	35.00
	82	《中学生核心写作能力培养》	陶　波	36.00
	83	《给孩子更好的数学课堂》	易增加	30.00
	84	《小学生阅读素养的提升策略》	邵巧治	35.00
	85	《从语文素养走向生命成长 ——小学语文读写课堂教学密码》	曾海玲	30.00
	86	《真实的品德课》	朱淑秀	30.00
	87	《英语课堂学习共同体——新型的师生交互学习场》	杨延从	30.00
	88	《指导自主学习——初中数学学与教的研究与实践》	刘其武	30.00
	89	《玩出精彩的课堂 ——小学低年级教与学方式转变研究》	陶红松	30.00
	90	《让生命之花自主绽放——语文个性化教学建构策略》	商德远	30.00
	91	《让学生亲历知识——主体参与下体验式学习的实施策略》	何世祥	30.00
名校系列	92	《从校本课程走向学校课程——锡山高中课程探索之路》	唐江澎等	35.00
	93	《让每个孩子都成志 ——清华附小主题阅读课程的实施探索》	窦桂梅	30.00
	94	《让每个孩子都成志 ——清华附小主题实践课程的实施探索》	窦桂梅	35.00
	95	《向着朝阳走去——清华附小合作办学实践探索》	窦桂梅	30.00

系列	序号	书名	作者	定价
校长领导力系列	96	《学校细节管理的执行力》	林文明　王林发	30.00
	97	《校长智慧统筹的领导力》	谢耀丰　蔡丽姗　王林发	30.00
	98	《学校持续发展的研究力》	林文智　宋佳敏　王林发	30.00
	99	《学校和谐融洽的协作力》	陈一平　郭雪莹　王林发	30.00
	100	《学校教育提升的引领力》	谢文东　关敏华　王林发	30.00
	101	《学校团队成长的学习力》	黄纪　蔡美静　王林发	30.00
	102	《学校高效管理的创新力》	张旭	30.00
	103	《学校成功管理的决策力》	邱黎明	30.00
	104	《高品质学校生长要素》	王益民	30.00
	105	《校长高效教学领导力提升策略》	徐世贵　郭文智	30.00
新思维系列	106	《让后进生学习有后劲之 36 计》	严育洪	30.00
	107	《教育中的“不一定”——打破教育的 19 种思维惯式》	严育洪	30.00
教师修炼系列	108	《如何炼就课堂好声音——教师美嗓保健实用宝典》	薛建洲	30.00
	109	《与学生一起成长——90 后教师的心路反思》	王　晗	30.00
	110	《教育，爱与宽容——教师心灵礼仪修炼》	许力争	30.00
教育家核心思想系列	111	《叶圣陶论写作》	叶圣陶 著　李怀源 选编	30.00
	112	《叶圣陶谈阅读》	叶圣陶 著　李怀源 选编	30.00
	113	《多元智能理论的本土化应用》	刘治富	30.00
	114	《大教育家最具施教力的教学思想》	白刚勋	30.00
学生心理解码系列	115	《在人生的春天播种——十四岁，写给青春的一封信》	白宏宽	30.00
	116	《孩子问题行为一点通——只有好老师才知道的学生心理谜底》	严育洪	30.00
校本研修系列	117	《徜徉语文教研》	肖俊宇	35.00
	118	《校本研修资源的开发与利用》	陈朝林	30.00
	119	《校本研修与教师专业成长》	吴积军	30.00
	120	《卓越教师经典研修成长策略》	刘天宝等	30.00
	121	《特色校本课程开发范例解读》	刘永平　李秀伟　张雪梅	30.00
	122	《高效校本研修模型构建艺术》	刘素雁	30.00
	123	《走向实践的教研——中小学教育科研引领与应用》	江　敏	30.00
教育管理力系列	124	《缔造唯美教育——延奎小学素质教育实施策略》	易增加	30.00
	125	《让普通学校崛起的 20 个细节——“生命为本”教育团队成长密码》	李其玉	30.00
	126	《“走”出教育的精彩：走动式学校管理文化构建》	罗　军	30.00
	127	《校长兵法：学校管理四十六计》	皮大鹏	30.00

系列	序号	书名	作者	定价
班级文化系列	128	《活力班级的文化建设》	胡　珏	30.00
	129	《做幸福的班主任》	吕　丽	26.00
高效能教学系列	130	《高效能教师的10个好习惯（中学卷）》	张　瑾	30.00
	131	《让作文落地生根——提高写作实效的教学策略》	黄桂林	30.00
	132	《高效能作文教学5项修炼》	陈步华	30.00
	133	《高效能校长的10个好习惯》	张　勤	30.00
	134	《高效能教师的10个好习惯（小学卷）》	谢　英	30.00
	135	《高效能语文教学5项修炼》	王其华	30.00
新课程探索系列	136	《语文新课程的批判与重建》	葛桂斌	30.00
美国名师教学译丛	137	《美国名师游戏教学本土化应用：幼儿园》	（美）玛西娅 L. 泰特 著 胡珍　瞿菁　编译	30.00
	138	《美国名师游戏教学本土化应用：小学英语》	（美）玛西娅 L. 泰特 著 杨永华　张心影　编译	30.00
	139	《美国名师游戏教学本土化应用：小学数学》	（美）玛西娅 L. 泰特 著 谢艳红　编译	30.00
	140	《美国名师游戏教学本土化应用：小学科学》	（美）玛西娅 L. 泰特 著 刘丽萍　编译	30.00
	141	《美国名师游戏教学本土化应用：小学社会》	（美）玛西娅 L. 泰特 著 姜梅芳　编译	30.00
	142	《美国名师游戏教学本土化应用：小学音体美》	（美）玛西娅 L. 泰特 著 尹立志　编译	30.00
生态化校园系列	143	《文化管理——构建生态和谐校园的必由之路》	付全新	30.00
	144	《点燃学习的激情——构建校园生态化学习型组织》	杨树岳	30.00
	145	《课改突围——构建学校生态化教学体系》	杨树岳	30.00
教育新思考系列	146	《语文教育向何处去》	王　丛	26.00
	147	《教育，就是做好普通的事》	孙志毅	27.00
	148	《走出语文的偏见——让学生体悟文本的原义》	丛智芳	30.00
	149	《让语文教学更高效——批注式阅读教学探索》	韩中凌	30.00
	150	《读写互促——探寻学以致用的语文教学》	曹　龙	30.00
	151	《跳出数学教数学——用文化融通数学教学》	马建秀	27.00

系列	序号	书　　名	作者	定价
名师感悟系列	152	《让心灵伴着歌声成长——22位音乐名师的教育智慧》	陈　璞	30.00
	153	《超越自我的教师——32位名师的成长感悟》	李卫东　李秀伟	35.00
	154	《心灵的守护者——19位名班主任的教育智慧》	王晓松　曲文弘	30.00
	155	《名师感悟班主任有效工作艺术90例》	符礼科	30.00
	156	《名师感悟有效教学90例》	林高明　徐玉烟	30.00
信息化教学系列	157	《巧用白板教语文——信息技术与语文教学操作指南》	蒋丽清	30.00
	158	《跨越式实现高效课堂——信息技术与课程整合高效教学方案评析》	陈　玲　刘　禹	30.00
教师必读系列	159	《教师必学的16堂修养课》	武宏伟	30.00
	160	《教师不可不知的教学心理效应》	叶勇军	30.00
	161	《班主任不可不知的管理效应》	奚一琴	30.00
	162	《教师不可不知的教育心理效应》	孙　媛	30.00
	163	《校长不可不知的管理效应》	谢申刚　张金豹	30.00
	164	《成为好教师的7项修炼》	王福强　李维华	30.00
	165	《如何让学生会学习》	龙　冰	30.00
	166	《如何让学生爱学习》	周震宇　许小燕	30.00
核心教学主张系列	167	《新生代语文名师核心教学主张》	许友兰	30.00
行思讲坛系列	168	《灵动而朴素地教语文——潘文彬的微格教育生活》	潘文彬	30.00
	169	《师爱无疆——润泽学生心灵的教育故事》	侯忠彦	30.00
	170	《怎样反思更有效——促进教师专业发展的反思策略》	诸贝贝	30.00
	171	《成为高度自觉的教育者——写给后课标时代的数学教师》	许卫兵	30.00
	172	《哲思数学课》	刘全祥	30.00
	173	《智慧数学课——黄爱华教学思维的实践策略》	黄爱华	30.00
	174	《童趣数学课》	徐　芳	30.00
	175	《把学生教聪明》	严育洪	30.00
	176	《教师最应该规避的教育误区》	杨坤道	30.00
	177	《用语文的方式教语文——潘文彬教学主张与实践智慧》	潘文彬	30.00
	178	《怎样让阅读教学更有效——提升教学能力的十种读诵模式》	汪秀梅	28.00

系列	序号	书　　　　名	作者	定价
行思讲坛系列	179	《让生命在润泽中起舞 ——当代小学生最需要的主题班会》	吴联星　罗　琳 冯卫东	30.00
	180	《让生命欢快拔节 ——当代中学生最需要的主题班会》	冯卫东　吴联星	30.00
	181	《课堂因生成而精彩——高效教学的生成智慧》	张文质	30.00
	182	《回到每一个人的生命化教育 ——张文质二甲中学教育行动录》	张文质	30.00
	183	《中小学生如何学会合作》	张玉彬　刘昕昱	40.00
中国教育变革之路丛书	184	《百年树人师何为 ——教师队伍建设困顿与出路》	将丽珠　李玉向	30.00
	185	《入园何时不再难 ——学前教育困惑与抉择》	曾晓东 范　昕　周　慧	30.00
	186	《三尺书桌何处寻 ——流动人口子女教育困难与破解》	范先佐	30.00
	187	《苦旅何以得纾解 ——高考改革困境与突破》	郑若玲	30.00
	188	《择校纠结何时了 ——择校问题困局与治理》	曾晓东　周文海 曾娅琴	30.00
创新教学思想系列	189	《“大问题”教学的形与神》	黄爱华　张文质	30.00
教育漫笔系列	190	《课堂，诗意地栖居》	吴书华	30.00
教学提升系列	191	《有思想地教阅读 ——让学生学会品读文字真意》	王学东	30.00
教育艺术提升系列	192	《藏在师生体态语言里的教学智慧》	张　宇　廖生波	30.00
教学全手册系列	193	《小学习作教学全手册》	郭家海	30.00
	194	《中学写作教学全手册》	郭家海	30.00
	195	《情境教学操作全手册》	冯卫东	35.00
	196	《合作教学操作全手册》	李春华	35.00
	197	《探究教学操作全手册》	周新桂	35.00
	198	《自主教学操作全手册》	诸葛彪	35.00

系列	序号	书　　名	作者	定价
教学全手册系列	199	《创新教学操作全手册》	王　玮	35.00
	200	《班主任工作全手册》	刘沛华	35.00
	201	《新教师工作全手册》	周震宇	35.00
	202	《学生心理健康教育全手册》	刘海莉　刘春杰	35.00
	203	《高效教学操作全手册》	马友平	35.00
创新人才培养系列	204	《创新人才培养校园科普精品课程开发与指导——人大附中创新人才培养》	罗　滨	30.00
	205	《创新人才培养特色校本课程开发与创新人才培养——清华附中"国际安全下的科学技术"课程构建与实施》	王殿军　方　研　赵宏雁	30.00
	206	《创新人才培养：学校实验室建设与管理》	刘克文　杨发丽　杨　平	30.00
	207	《创新人才培养：数学探究活动开发与指导》	马云朋　韩继伟	30.00
	208	《创新人才培养：化学研究活动开发与指导》	王　磊	30.00
	209	《创新人才培养：物理探究活动开发与指导》	廖伯琴	30.00
	210	《创新人才培养：地理探究活动开发与指导》	张建珍　陈　澄	30.00
	211	《创新人才培养：生物探究活动开发与指导》	张迎春	30.00
	212	《创新人才培养：理念探索与思维突破》	王晶莹	30.00
新生代通派名师系列	213	《简约数学教学》	许卫兵	30.00
	214	《语文教学的本真——情意课堂展现母语之美》	吴建英	30.00
	215	《语文课堂的理想追求——欢快达成三维目标》	董一红	30.00
	216	《阅读教学的真髓——意象构建读出文学的真美》	祝　禧	30.00
	217	《美术教育的真谛——审美人生教育让生命绚丽成长》	陈铁梅	30.00
	218	《语文教学的理想境界——无痕教学润泽生命》	李　凤	30.00
	219	《儿童作文的本义——嬉乐作文让儿童乐并成长着》	王笑梅	30.00
	220	《名师是怎样炼成的》	王建明　王笑君	35.00
幼师成长系列	221	《幼儿行为背后——教师如何读懂幼儿的心思》	吴亚英	30.00
	222	《最具教育力的 22 种幼儿教育思想》	杨　达	30.00
	223	《幼儿教师必知的安全应急措施》	杨　达	30.00
	224	《幼儿教师必备的教育技能》	李　玲	30.00
	225	《卓越园长 21 条幼儿园管理策略》	周　丹　江东秋	30.00